本书是教育部人文社会科学研究一般项目"生产性服务业与制造业协同集聚的形成机理及空间效应研究：以长三角城市群为例"（17YJA630009）的最终研究成果

生产性服务业与制造业协同集聚的机理及效应研究：以长三角城市群为例

陈晓峰　著

中国财经出版传媒集团

经济科学出版社
Economic Science Press

图书在版编目（CIP）数据

生产性服务业与制造业协同集聚的机理及效应研究：
以长三角城市群为例/陈晓峰著 . —北京：经济科学
出版社，2020. 10
ISBN 978 – 7 – 5218 – 1682 – 2

Ⅰ . ①生… Ⅱ . ①陈… Ⅲ . ①长江三角洲 – 生产
服务 – 服务业 – 产业发展 – 研究②长江三角洲 – 制造
工业 – 工业发展 – 研究 Ⅳ . ①F726.9②F426.4

中国版本图书馆 CIP 数据核字（2020）第 116757 号

责任编辑：周国强
责任校对：蒋子明
责任印制：邱　天

生产性服务业与制造业协同集聚的机理及效应研究：
以长三角城市群为例
陈晓峰　著
经济科学出版社出版、发行　新华书店经销
社址：北京市海淀区阜成路甲 28 号　邮编：100142
总编部电话：010 – 88191217　发行部电话：010 – 88191522
网址：www. esp. com. cn
电子邮件：esp@ esp. com. cn
天猫网店：经济科学出版社旗舰店
网址：http://jjkxcbs. tmall. com
固安华明印业有限公司印装
710 × 1000　16 开　18 印张　280000 字
2020 年 10 月第 1 版　2020 年 10 月第 1 次印刷
ISBN 978 – 7 – 5218 – 1682 – 2　定价：86. 00 元
（图书出现印装问题，本社负责调换。电话：**010 – 88191510**）
（版权所有　侵权必究　打击盗版　举报热线：**010 – 88191661**
QQ：2242791300　营销中心电话：**010 – 88191537**
电子邮箱：**dbts@ esp. com. cn**）

序
在全球产业链重组趋势下寻求
产业集聚的最佳方式

从 2008 年美国金融危机开始，西方发达国家提出并逐步实施"再工业化""制造业回归"等战略构想。同时，近年来新一轮科技革命与产业变革的迅猛发展正推动全球价值链不断深化与重塑，全球价值链分工形态的扩张逐步出现收敛性变化，尤其是在全球新冠肺炎疫情错综复杂与中美战略博弈持续反复的特殊时期，全球产业链正面临着重大的重组趋势：

一是在纵向分工上趋于缩短，就是原先在产品生产过程中分散在不同企业中，以工序、环节为对象的纵向分工体系，缩回到单个跨国企业内部进行，一个企业内部可能包含了不同的工序和环节。可以把这种倾向所导致结果称之为"纵向一体化"，是一种逆"产品内分工"的行为。它可能不符合比较优势和规模经济的原则，但是却符合缩短供应链的安全可控的要求。二是在横向分工上趋于区域化集聚，是指原先被拆散分布到不同国家不同企业生产的工序和环节，回缩到一个国家或若干邻近的国家，如美加墨自贸区进行集中生产，从而在一个区域形成产业在空间集聚化的趋势。因此，如果把全球供应链分工纵向缩短、横向集聚的趋势综合考察，也可以很明显地得出，为了在产业链内向化演变中获得分工的利益，纵向分工也可以在一个专业化的产业集群中，采取纵向非一体化的形式，把生产的工序和环节交给不同的企业集中在特定空间进行。这样就能避免全球供应链在回缩中可能损害经济效率的情况出现。

如果上述趋势成立，那么这一产业链演化倾向与加入 WTO 之后的中国嵌入全球价值链的模式就出现了高度的相似性。在实践中我们观察到，中国嵌入全球价值链的方式是一种"双重嵌入"模式，即企业加入产业集群、产业集群又抱团嵌入全球价值链的全球化模式，① 具体来看，在现实中中国企业嵌入全球价值链的模式主要有两种：其一是在跨国公司主导的国际生产体系中进行，即通过争取跨国公司大买家发包订单的方式直接嵌入全球价值链；其二是企业首先加入地方制造业集群，然后这些制造业集群抱团整体嵌入全球价值链。在改革开放的早期阶段，中国企业嵌入全球价值链的形式大多属于第一种，即以单体形式独立嵌入外资主导的全球价值链。第二种嵌入形式的大规模流行，一般认为是在 2001 年中国加入 WTO 之后。②

产业集群中成员企业抱团嵌入全球价值链，与单体企业孤立嵌入全球价值链相比具有很多竞争优势：一是集群内可以有大量中小企业参与，这有助于形成发达的生产和技术网络，形成分工精细的供应链体系和生产性服务系统③。二是集群中成员企业抱团嵌入全球价值链，有根植性的地方创新系统和地方生产系统提供保障。地方创新系统借助产学研网络，通过知识溢出、学科交叉、产业融合等途径提高创新效率，营造创新环境。地方生产系统借助产供销网络，通过地方化经济和城市化经济等外部效应，降低生产成本，优化营商环境。三是集群中成员企业通过抱团式嵌入全球价值链，依托公共机构提供的各种生产性服务和集体行动，能够深化单体企业的产品升级和工

---

① 目前全球价值链理论的分析框架，主要在产品内分工结构中研究发达国家企业（发包者或链主）与欠发达国家企业（供应商或接包者）的关系。早期的研究大多关注的是单体企业独立嵌入全球价值链，而对现实中企业加入产业集群、产业集群又抱团嵌入全球价值链的现象研究关注不够。这些研究也难以真正揭示改革开放以来中国企业嵌入全球价值链的特征性事实、原因和效应。

② 刘志彪，吴福象. "一带一路"倡议下全球价值链的双重嵌入 [J]. 中国社会科学，2018 (8)：17 - 32.

③ Elms D K, Low P. Global value chains in a changing world [C]. World Trade Organization，2013：171 - 183.

艺升级，克服单体企业功能升级面临的种种困难。四是与早期中国企业参与跨国公司主导的被俘获型的全球价值链相比，产业集群抱团嵌入全球价值链一方面能继续为跨国企业代工，有助于深化全球价值链的国际合作，另一方面通过将总部放在国内，工厂集中地放在当地工业园区的方式，能够对抗各种不确定性风险，还可以主动融入发达国家主导的全球创新网络，实现全球价值链、国内价值链和全球创新链等之间的战略互动。

这就是说，欧美日跨国企业对全球供应链的重组趋势，总体上与中国地方化的产业集群发展态势高度一致。这意味着未来全球产业的竞争态势，将会从过去跨国公式总部面对无数分散供应商（工厂）的格局，转化为集群对集群的竞争。这将使全球产业竞争对最终市场的争夺更加激烈，竞争的程度和水平空前提高。为此，中国企业和政府必须做好充分的准备。

基于中国企业对全球价值链双重嵌入的现实，未来中国政府怎么在全球产业链重组趋势下寻求产业集聚的最佳方式？我认为主要应该主动地推进上述那种既加入全球价值链又嵌入产业集群的全球产业链集群的建设步伐。最近黄奇帆先生在一些演讲活动中，提出来要加快建设产业链集群的思想，即中国要抓住欧美部分产业经济衰退的机会，加快"引资补链"，在粤港澳大湾区、京津冀、长三角、成渝地区双城经济圈等地区重点打造一批空间上高度集聚、上下游紧密协同、供应链集约高效、规模达几千亿元到上万亿元的战略新兴产业链集群。① 这个思路在全球供应链松动以及回撤的趋势下，确实是有利于实现加快世界级先进制造业集群建设步伐，增强其国际竞争力的目标。

近年来，中国制造业正面临着"高端回流"和"低端分流"的双重困境，以及成本优势削弱和外销需求下行的内外挑战。一些过度依赖传统制造业的地区，正面临着发展动力逐步衰减的困境。同时，生产性服务业发展既是现阶段中国产业升级的潜力所在也是短板之一。而且，在日趋激烈的市场竞争面前，以"分离式集聚"为特征的传统市场分工所带来的"外部性"绩

---

① 黄奇帆：新冠疫情蔓延下全球产业链重构的三点思考 ［EB/OL］. （2020 - 04 - 07）. https：//3g. 163. com/3g/article_cambrian/F9IOL8R405349AL5. html？ isFromOtherWeb = true.

效日渐式微。事实上，中国制造业要想突破长期面临的"大而不强"困境与全球价值链"低端锁定"陷阱，不仅要从"要素驱动"向"创新驱动"转变，实现从传统的劳动密集型比较优势和低端代工，向以技术、品牌和服务等价值链高端的全面升级，还亟须沿着加快建设全球产业链集群的思路，在不同的地理空间维度和集聚方式上，实现制造业价值链功能环节与高端生产性服务的优化匹配，构建能充分发挥集聚经济效应、外部经济效应和网络经济效应的空间协同布局。

党的十九大报告明确提出，要支持传统产业优化升级，加快发展现代服务业，瞄准国际标准提高水平，促进我国产业迈向全球价值链中高端，培育若干世界级先进制造业集群，并再次强调了现代服务业对先进制造业发展的重要支撑作用以及促进制造与服务协同发展的要求。在现代经济增长中，促使生产性服务业与制造业的协同集聚，建设具有强大竞争力且空间相对集聚、功能深度耦合的全球产业链集群，不仅是一种普遍的产业组织形式和重要的产业发展政策，也是推进城镇化和产业结构转型的新引擎，有利于形成互动互促、融合共生的区域协调发展新机制，能最大限度地促进生产性服务业的"黏合剂"与"助推器"作用发挥，有利于加速初级制造业要素向高端攀升，并实现价值链的分解、延伸与重组，从而赋予价值链更多核心技术与服务，促进价值链的整体升级。

城市群是未来产业发展的主要空间载体和重要地理单元，长三角城市群作为中国经济最具活力、开放程度最高、创新能力最强的区域之一，一方面拥有大量的制造业集聚区和相对完备的生产性服务业体系，在诸多产业领域已经形成世界级产能和集聚优势，这是其构筑国内大循环中心节点与国内国际双循环战略链接的最为有利条件。另一方面，该区域总体上仍然处于"爬坡过坎"的关键时期，产业同构、低端锁定与逐底竞争等现象也一直是阻碍由"行政区经济"向"一体化经济"稳步推进的沉疴痼疾。2018 年，在长三角区域一体化上升为国家战略后，在交通、市场等方面"一体化"扎实推进的带动下，该地区产业整体联动发展态势正加速形成。但客观来讲，目前尚未形成大一统、全方位、多层次的协同发展格局。因此，在决胜全面建成小康社会并即将开启"十四五"新征程的关键节点，对长三角城市群生产性服务业与制造业的协同集聚问题展开系统深入研究，有助于揭示产业协同集聚的内在机理、影响因素及演化规律，也将为新时代中国产业政策与区域经济政策的结合研究开辟新的学术领域，相关研究结论还可为政府部门推动全球产业链集群建设、产业组织形态重塑，服务资源优化配置，乃至在更大程度上分享产业协同集聚效应，并促进城市（群）各类集聚区间的分工合作与协同演进提供发展路径与思考空间。

南通大学经济与管理学院的陈晓峰教授近年来一直致力于区域产业集群问题的研究。同时，作为省级重点高端智库——江苏长江经济带研究院的研究员，他长期聚焦国家战略需求，围绕相关主题深入一线展开了大量的实地调研与扎实研究，对长三角区域经济与产业发展有着较为深切的理解判断，而且在这一领域已取得了一系列研究成果并产生了一定的社会影响。本书既是作者所主持的教育部人文社会科学研究一般项目的最终研究成果，也是其在产业协同集聚领域积极探索的集中呈现。综观全书，我觉得主要有三个比较明显的特点：

第一，本书融合多学科理论知识、坚持问题导向与目标导向、注重经验证据，以协同集聚的"特征描述－机理解构－效应协调"为逻辑主线，尝试从"产业－空间－制度"等维度，构建相对完整的理论分析框架，以协同集聚现象分析为切入点，以制度分析比较为关节点，探索性研究协同集聚在"产业－空间"交互作用中的机理、效应与路径，避免了对产业集聚单一视角研究的种种局限。

第二，本书突出产业整体与内部结构变化、强调需求关联与成本关联、聚焦协同集聚效应的结构性分解与组合，注重产业自组织性与交互性，并基于动态演进中的要素互补、价值链匹配、空间协同定位等视角来破解产业协同集聚这个"黑箱"，避免了整体分析不够深入的诸多缺陷，具有较好的方法论借鉴意义。

第三，本书还突破了封闭的单一城市空间，将研究内容从局域空间（城市内）向广域空间（城市群）进行深化拓展，即城市内部产业协同集聚净效应如何在城市间加以整合利用，在"产业协同集聚"与"区域协调发展"之间搭建起理论联系通道，深化了对产业协同集聚效应的完整认识。在此基础上，尝试从经济增长、结构调整和绿色发展等维度来分析产业协同集聚支撑区域高质量发展的作用路径，初步形成"产业协同集聚→空间功能分工→城市高质发展"的政策分析框架，为政府制定精准化的产业政策与差别化的城市发展战略提供一个新选项。

根据长三角区域高质量一体化发展国家战略的目标，长三角城市群肩负着建设成为"全国经济发展强劲活跃的增长极"和"全国经济高质量发展的样板区"的重要使命，其有条件、也有责任在加快形成国内国际双循环相互促进的新发展格局中先行探路、率先突破。随着集群化、数字化、网络化、服务化的深入推进，抓住中国新一轮城市群（都市圈）经济发展的政策红利，以生产性服务业与制造业协同集聚为突破口，培育形成一批产业关联性强、空间协同性好的全球产业链集群，是畅通大国经济中区域"小循环"的关键所在。陈晓峰教授的这本著作，立足于制度变迁的一般规律和产业发展的基本实践，对长三角生产性服务业与制造业协同集聚的现象、趋势、机理、效应、路径等方面做出了较为全面而深刻的测度与解读，为纵深推进相关问题研究提供了自己的独特视角和方法体系。我相信，该书的出版将激发更多研究者对这一系列问题的重视和兴趣，并从中汲取有益的启示，研究视野、思路及方法将进一步开阔和创新。也期待，在这一领域能有更多的高质量研究成果问世。

教育部首批文科长江学者特聘教授（经济学）

国家高端培育智库"长江产业经济研究院"院长

2020 年 10 月于南京大学

前　　言

　　产业集聚作为经济活动分布的一种地理特征，被认为是一国（地区）生产率和竞争优势的源泉之一。改革开放以来，中国产业集聚的成功实践为区域经济增长注入持续动力，进入 21 世纪后，随着要素成本的上升和环境规制的趋紧，单一产业集聚的种种局限性不断显现出来，学界也逐渐认识到产业集聚不仅是单一产业在空间上的不断集中，更应伴随着相关产业的协同集聚。随着工业化和城市化进程的深入推进，生产性服务业集聚与制造业集聚的关系问题是一个无法回避的重要议题。两者既可以在水平与结构、体量与质量、内在与外在、等级与次序等不同视域下独自展开，又可以在协同集聚的耦合机制下达到辨证统一。在寻求高质量发展的新时代，生产性服务业与制造业的协同集聚不仅演变成一种普遍的产业组织形式和重要的产业发展政策，也逐渐成为重塑城市内部产业空间结构的主导力量。现阶段，中国生产性服务业与制造业已分别呈现出较强的集聚化态势，各类产业集聚区如雨后春笋般不断涌现，但在价值链整合层面，关联产业间价值创造及创新机制的协同效应并不显著，而且，在部分中心城市或大城市中，服务业迅速集聚的同时在空间上也对制造业形成一定程度挤压。这不仅在很大程度上弱化了产业集聚的竞争力效应，也对区域间产业协同集聚及至城市间分工协作机制的运行形成阻滞。因此，以更广阔的跨区域视界，多维度考察生产性服务业与制造业协同集聚的动力机制、生成路径及其多重效应变化，对拓宽和深化产业集聚理论的研究空间、对充分发挥我国产业集聚的竞争优势效应、对微观经济组织拓展价值链网络并合理有效地嵌入集聚经济圈的战略选择，都具有重要的现实意义和直接的应用价值。

产业集聚论题最早可追溯至马歇尔（Marshall，1890）对产业"杂居"问题的探讨，20世纪90年代初新经济地理学兴起则为产业协同集聚的创新研究奠定了新的理论基础。埃里森和格莱泽（Ellison & Glaeser，1997）是最早将"协同集聚"概念化的，相比于集聚概念，协同集聚更侧重于关联产业在产业与空间两大层面的双向动态协调过程。国内外学术界在产业间协同集聚度的测算、存在性检验、差异性比较等方面积累了一定的研究成果，沿着这一研究方向，协同集聚的机制及其效应成为近年来研究的兴奋点所在，但现有成果在产业维度与空间维度之间并未形成稳定的"交集"，特别是在生产性服务业与制造业跨行业协同集聚方面存在理论盲点。本书基于长三角地区产业联动与空间协同定位等特征性事实的经验分析显示，生产性服务业与制造业协同集聚具有产业和空间双重属性，而且两者之间存在双向传导的特质，决定这种传导效率的则是制度变量。有鉴于此，本书架构了一个由"产业－空间－制度"三构面所形成的理论框架，在这一分析框架内，作者以产业协同集聚的形成机理及效应解构为重心，刻画产业间协同集聚机理的决定因素，试图深度解析关联产业间跨区际协同集聚的内生性机制。其中，理论分析层面主要借鉴维纳布尔斯（Venables，1996）的垂直关联模型（CPVL）并引入生产性服务业部门，通过模型推演，从中间投入品与产业关联的角度诠释协同集聚的生成条件。实证分析层面，考虑到产业集聚研究的适宜区域层次不宜太高，故以长三角城市群26个（地级及以上）城市为例，基于2007~2017年间生产性服务业与制造业的两位数行业代码样本数据，综合运用 Malmquist-Luenberger 指数、莫兰指数、标准差椭圆、VAR 模型、脉冲响应函数、联立方程 SUR 估计、SEM/SDM 模型和动态面板回归等计量方法展开相应的实证分析。

本书的主要研究结论可简要概括为：第一，从产业层面来看，长三角生产性服务业集聚与制造业集聚呈现出一定的稳态收敛态势，但产业关联度强且空间集聚度高的行业组合配对占总组合配对数的比例仍旧偏低。两大产业的空间分布差异较小且方向性趋势具有一定的协同性，但生产性服务业集聚的滞后也导致了协同集聚的空间拓展性尚显不足。第二，规模经济、价值链匹配、空间临近、商务成本节约、制度支持等构成了生产性服务业与制造业从产业、空间联动演进为协同集聚的主要条件。在中心城市的辐射方面，省会城市对周边城市的辐射作用要大于上海这一特大中心城市。在特定城市空间内，存在一个均衡租金水平使得协同集聚双重效应的协调度最大，这也就内生出一个最优的城市规模问题。第三，体现需求关联的制造业可获得性对生产性服务业区位选择具有显著正向影响，而体现成本关联的生产性服务业可获得性也对制造业的区位选择也具有正向显著影响，但相对而言后者的影响程度会更大一些。其中，交通运输和通信业的发展对两大产业的空间联合布局发挥了重要作用。第四，协同集聚在促进城市经济发展中具有一定的门槛特征和行业/空间异质性，其经济效应只有在跨越一定的经济体量和人口规模后才能充分显现。协同集聚促进了产业结构合理化水平提高，但对产业结构高级化水平存在倒 U 形影响。协同集聚虽然有助于本地绿色全要素生产率的提升，但其空间溢出效应却并不明显。总体而言，市场化程度与人力资本水平的正向作用有待提升，而政府干预的负面作用应尽力避免。

上述研究结论拓宽了新经济地理学的应用范围，拓展了生产性服务业与制造业间的关系，特别是疏通了产业属性和空间属性之间的传导过程，并印证了产业协同集聚是长三角城市群进行空间布局调整及产业转型升级的现实选择。具体而言，对比以往研究本书的主要创新之处在于：第一，在综合多学科理论知识的基础上，尝试将产业、空间和制度三构面进行整合并纳入同一分析框架中来，并基于行业与空间异质性验证了相关因素对产业协同集聚的影响关系与作用强度，明晰了产业协同集聚的内生机理，避免了整体分析不够深入的缺陷。第二，从价值链与城市空间两大视角剖析了生产性服务业与制造业协同集聚中双重效应的主要特征、生成机理及其协调演进过程，并以城市内"最大化协同集聚净效应"为根本宗旨进行多维度检验，避免了对产业集聚效应单一视角研究的种种局限，为城市基于"服务－生产"的空间结构调整与功能优化提供一个新思路。第三，突破了孤立封闭的区域和城市概念，将产业协同集聚拓展到更加开放的城市群空间范畴，重点考察产业协同集聚的综合效应（经济效应、结构效应及绿色效应），并从经济能级和人口规模双重视角对协同集聚效应的演进规律及其门槛特征进行系统刻画与计量检验，可促使各界的关注焦点从单一地注重提升产业集聚度，追求专业化或多样化集聚效应迁移到对集聚的空间、产业与制度抉择上来，进而为实现长三角城市群更高质量一体化发展提供理论佐证和实践指导。

产业协同集聚是一个历久弥新的重要研究议题，相关理论、政策和实践也一直处于动态变化之中，仍有待进一步的研究和完善。本书正是笔者前期在这一领域积极探索和潜心研究的集中呈现。当然，限于理论水平、实践经验及时间精力，本书难免存在疏漏和不足之处，恳请各位读者批评指正！

目　　录

第一章

绪　　论

第一节　研究背景及意义

一、现实背景及意义

自 20 世纪 70 年代末以来，伴随着工业化与城市化进程的不断推进，西方发达国家普遍进入了服务业为主导的现代经济社会。统计数据表明，OECD 国家中服务业增加值占国内生产总值（GDP）比重的平均水平是 70%，而这种"服务业主导"的经济增长模式并不是以传统的服务业为主要成分，而应该以知识/技术密集性高的生产性服务业作为主要组成部分，产业链附加值中越来越大的比重来源于产品研发、市场营销、物流配送等价值链两端的生产性服务活动。在西方一些主要发达国家，生产性服务业的增长速度超出了整个服务业的平均增长速度，并逐步取代制造业成为经济增长的主要动力和创新源泉（Bayson，1997）。2016 年中国人均 GDP 达到了 8000 美元，长三角城市群（以下简称为长三角）26 个主要城市的人均 GDP 超过了 13000 美元（当年价计算），按照钱纳里模型的标准，中国已步入工业化中期阶段，而长三角已经整体上进入了后工业化时代，在这一阶段，制造业已无法通过简单的增加投入来实现规模经济、结构优化与转型升级，产业效率的提升越来越取决于在不同的生产活动之间建立起互相联系（Riddle，1986；顾乃华，2006）。2014年8月国务院也印发了《关于加快发展生产性服务业促进产业结构调整升级的指导意见》。中共十九大报告指出，现代服务业是实体经济和制造业发展的重要支撑，特别是生产性服务业，具有专业性强、创新活跃、产业融合度高和带动作用显著的特点。因此，充分发挥生产性服务业集聚效应对城市经济的发展具有重要作用。目前，就全国范围而言，生产性服务业与制造业各自的集聚化态势虽已比较明显，但产业间的协同发展机制尚不完善，部分制造业企业尚未真正实现内部服务的市场化，继续遵循"大而全、小而全"的发展模式，产业低端化、同构化、碎片化和粗放式发展现象比比皆是，很难形成对生产性服务业的有效需求，而且不同地区间的产业协同发展水平也差异较大。这直接或间接导致了服务业整体占比仍然较低以及生产性服务业发展明显不足（谭洪波，2015）。同时，一个显而易见的事实是，近年来在要素成本上升和环境规制趋紧的大背景下，一些过多依赖传统制造业的地区正面临发展动力逐步衰减的困境，而且在日趋激烈的市场竞争面前，以"分离式生产"为特征的传统市场分工所带来"外部性绩效"日渐式微。因此，大力推进产业集聚，实现生产性服务业与制造业协同（集聚）的"双轮"驱动发展模式将有助于解决产业发展中的各种短板问题，从而避免中国处于全球价值链低端成为低水平的世界工厂（Gaulier et al.，2007），这也是高质量发展阶段中国经济发展的一大新引擎。

虽然，工业集聚现象在现实产业发展中表现得更为普遍与典型一些，但产业集聚并非只是制造业与高新技术产业本身独有的规律，有规律的产业集聚也出现在商业、金融业等服务业领域。例如，纽约曼哈顿、伦敦、东京和上海陆家嘴的金融服务业集群，硅谷和印度班加罗尔的IT服务业集群，法国的马恩拉瓦莱地区的研发、商务休闲业集群，北京中关村IT及中介服务业集群，上海张江高科技园区，苏州工业园区，等等。目前产业集聚的一个显著特征就是生产性服务业集聚的地区往往制造业比较发达（如长三角城市群），维拉尔和里瓦斯在克鲁格曼的"中心－外围"模型的基础上增加了生产性服务业部门，基于一般均衡的分析框架得出生产性服务业集聚在区域中心（核心城市），而制造业集聚在区域外围的空间分布状态。比较典型的是作为长三角龙头的上海市正与周边地区一起打造世界级先进制造业集群，而同时，上海正逐步退出低端制造业，着力打造多类生产性服务业集聚区。目前，在长三角已形成了一些现代服务业集聚区，它们以先进制造业和现代服务企业为服务对象，能够以最快的速度和最有效的高级要素投入提供复合的产品和相关服务，不仅形成了集群内部企业间差别化竞争格局，也使集群内服务业与制造业之间形成了协同定位与协同集聚的嵌入机制（刘志彪，2012），如常州武进的津通国际工业园就是其中的一个典型。因此，从产业分工与关联的角度来看，产业集聚不仅仅是单一产业在地理上的不断集中的过程，更应该伴随着相关产业的协同集聚。近年来随着中国（上海）自由贸易试验区、全球科创中心建设、新一轮长三角一体化等制度红利的逐步释放以及长三角打造具有全球影响力的世界级城市群规划的组织实施，长三角城市、产业发展的互动融合与共生演进态势日益明显。但客观来看，这种良性互动协同格局更多仍是局限于部分中心城市的高端服务业与先进制造业（曹东波等，2014），尚未形成大一统、全方位、多层次的格局。以上海市为例，生产性服务业与制造业之间的整体协调度不高，基本处于勉强协调和初级协调的阶段（崔向林、罗芳，2017），第二、第三产业之间也缺乏足够的虹吸效应（王如忠、郭澄澄，2017）。

另一大现实背景是，改革开放以来，我国的东部沿海地区凭借其独特的区位优势和强大的都市"欢宴效应"（conviviality effect）[1]吸引力成为本土制造业、FDI 及各类要素的高度集聚地。但近年来，该地区出现了较为明显的产业同构和过度竞争现象，生产要素拥挤效应（congestion effect）明显（汪彩君、唐根年，2011），由于国家区域发展战略重心的逐步调整使得上述一些地区的政策优势逐渐褪去，随着资源约束以及环境压力、劳动力与商务成本逐步攀升，一些产业集聚区内的制造业企业的自主创新能力与产业地位的协

---

① 所谓"欢宴效应"，是指人口越多，社会交互作用的潜能就越大。2009 年世界银行的发展报告指出，中国的东南沿海不仅是人口迁徙和各类要素的集聚地，也是中国贫困化率较高的集中区域。

调性徘徊不前，并纷纷出现向较远地区及国家扩散迁移的迹象。而且，中国目前较多生产性服务企业在经营过程中过度依赖外部因素，而对核心竞争力的培育和投入不足（陈艳莹、鲍宗客，2013）。此外，刘志彪（2012）指出，以产品出口导向、承接国外产业转移和本国低端要素嵌入为主要特征的第一波全球化红利已经透支，这也造成了本土高端要素需求市场的严重扭曲并进一步抑制了本土生产性服务业发展。因此，中国的全球化战略还需转型升级，抓住第二波全球化机遇，利用本国大市场吸收国外高级生产要素，尤其是要利用其创新要素发展本国创新经济，从更高层面上推进生产性服务业与制造业协同集聚发展与转型升级。新经济地理学认为，由于市场扩大效应、价格指数效应和外部性而导致的产业集聚的循环累积因果效应不可能无休止地进行下去，制造业集聚效应呈现倒 U 形特征，存在一个由拥挤效应给定的"拐点"，无法自动实现长期收敛。此外，在一些国家（地区）的大城市中由于过度重视生产性服务业的集聚化发展，出现了中心城区制造业"空心化"现象（在一些"去工业化"国家较为明显），在后金融危机时代随着一些发达国家"再工业化"呼声日益高涨，一些中心城区的生产性服务机构（企业）在这一倒逼机制下，为了贴近市场、满足制造业的需求，也随着本国制造业的迁移而迁移。上述关于生产性服务业与制造业间"集聚－过度集聚－扩散－再集聚"这一看似迂回的现实印象背后，值得深思的是，由于生产性服务业内生于制造业，中国制造业的集聚先于生产性服务业集聚发生（这与西方发达国家类似），那么率先集聚的制造业是否对生产性服务业具有带头作用，反之后发的生产性服务业集聚是否进一步促进了制造业集聚？两者在协同集聚过程中是否存在明显的区域与行业边界？不同的空间对位、行业结构序列与组合配对对产业协同集聚有何影响？其协同集聚效应的生成机理与释放途径又将是什么？长三角城市群是中国经济活力最强、发育最为成熟的城市群之一，具备坚实的产业基础（见图 1－1）和特点鲜明的区域合作模式，拥有大量的制造业集聚区和相对完备的生产性服务业体系。在新时代中央赋予了长三角合理打造"一极三区一高地"并成为全国排头兵和示范的战略使命，但其城市格局中存在明显的多中心圈层结构，而且产业同构与过度集聚等沉疴旧疾也始终存在。若能以该地区为例，针对上述系列问题进行深入思考与研究，将会揭示生产性服务业与制造业协同集聚的内在规律，这对于促进产业结构优化升级，提升地区产业竞争力以及在更深层面上推进第二、第三产业的协同可持续发展具有十分重要的现实参考及推广价值。同样，这对于通过城市间产业的分工与互动促进制造业效率提升，缓解中国经济下行压力也具有极为深远的决策指导意义。

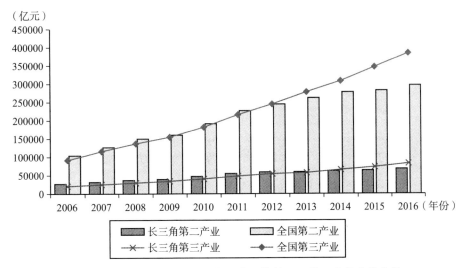

图 1-1　2006～2016 年长三角和全国的第二、第三产业产值变化

资料来源：2007～2017 年《中国城市统计年鉴》中相关数据经笔者整理而得。

二、理论背景及意义

产业集聚作为产业发展演化过程中的一种地缘现象，是很多发达国家（或地区）经济发展的最重要特征之一，同时也为国内外的相关学者提供了极为丰富的研究素材与分析空间。产业集聚现象不仅发生在制造业内部，还大量发生在制造业和作为其中间投入的生产性服务业之间，因此，就产生了"如何在原有集聚理论的基础上揭示两大产业集聚之间的内在影响因素"这一重大命题。从早期新古典经济学的集大成者马歇尔到新经济地理学的开创者克鲁格曼已经形成了完整而又成熟的理论框架，产业和空间因素都被纳入其中，目前的理论研究基本上都在马歇尔（Marshall，1920）外部经济理论和克鲁格曼（Krugman，1991）的"中心－外围"模型上加以推理演变，国内外的相关实证研究文献也是不胜枚举。产业协同集聚作为上述研究的延伸与拓展，其研究重心在于两者协同集聚的机制及效应分析。这一话题可最早溯源至马歇尔（Marshall，1890）对产业地方化问题的讨论①，但直到新经济地理学兴起之后才得到了规范的讨论。现实中，多样化的产业倾向于协同集聚，没有城市是完全单一产业发展的，即使是好莱坞和硅谷也不例外（Helsley & Strange，2014）。而产业协同集聚作为一种介于多样化与专业化之间的集聚经济形态在中国几乎所有城市都普遍存在（胡尊国等，2015）。产业协同集聚的概念最早由埃里森和格莱泽（Ellison & Glaeser，1997）提出，其更注重于不同产业集聚间的内在联系，也是当前产业互动融合发展背景下对产业集聚理论的一种深化。他们提出的产业协同集聚指数被广泛用于产业间协同集聚的实证研究中。维纳布尔斯（Venables，1996）通过建立一个垂直关联的产业集聚模型，分析了"需求关联"和"成本关联"两大作用维度下关联产业间的协同集聚，这为建立协同集聚分析框架提供了有益的方法论借鉴，而后续的相关研究也大多围绕着制造业进行。总体来看，现有研究更多聚焦于单个产业集聚，而对于关联产业集聚间的联系，无论是在空间视角和行业视角的研究，或在内在机制与集聚效应的分析方面，上述分析框架尚存许多理论盲点和研究空白。由于中国现代服务业发展的整体滞后及成本病的普遍存在，现阶段制造业的产业外部性更多地表现为产业内的协同集聚效应（范剑勇，2009；贺灿飞、肖晓俊，2012）。对于具有较强产业关联的生产性服务业与制造业协同集聚的研究则实属罕见，已有的一些零星研究主要停留在产业内集聚效应的刻画以及产业间集聚的比较，未能很好地融合相关理论与学科知识构建一个系统而完整的理论分析框架（范式），分析也不够系统深入，产业协同集聚的生成机理和传导路径还始终是一个未能被很好破解

———————

① 在马歇尔看来，产业集聚的形态可分为两类：一类是同一产业企业的集聚或曰"群居"，另一类就是不同产业企业的集聚或曰"杂居"。

的"黑箱",阻碍了全方位支撑体系的有效性评价和政策措施的形成。客观来讲,对关联产业间协同集聚的实践认知要高于其学术研究进展。

以上的理论与现实背景激发了我们对产业协同集聚这一新话题的关注,这也正是一个为新经济地理学研究所相对忽视的话题。针对这一话题的深入研究,可使我们的关注焦点从单一地注重(盲目)提升产业集聚度,追求专业化与多样化集聚效应迁移到对产业间协同集聚的空间、行业与制度抉择上来,以期实现产业(区域)间的分工协作与功能互补,提升协同集聚效应。追根溯源,经济增长动能转换的根本落脚点是产业发展,当前,中国经济正处于增长动能转换和寻求高质量发展的关键时期,产业与城市之间的开放、复杂、多维的网络化格局正初现端倪,转型升级与融合创新也遇到了前所未有的挑战。而且随着"中国制造2025"和"互联网+"战略的深入推进,产业集聚柔性化、一体化与联通化的特征越发明显,要素组合方式与企业生产方式及技术选择将发生重大变革。在这一大背景下,生产性服务业与制造业在空间区位选择和互动机理方面表现出一些新的特征(模式)。基于上述考虑,本书以长三角为例,围绕生产性服务业与制造业协同集聚这一话题展开的一系列理论与实证研究,必将为产业集聚的相关研究开辟一个崭新的学术场域,并具有极强的理论增值价值和深远的实践指导意义。相关研究结论可为政府部门推动产业协调发展与转型升级、产业组织形态重塑,服务资源优化配置,在更大程度上分享产业协同集聚效应,并促进城市各类集聚区间的分工合作与协同演进提供发展路径与思考空间。

第二节 研究的目标与内容

一、研究的主要目标

由于制造业整体数据的易得性和集聚显著性,目前对于产业集聚的研究以制造业居多,对生产性服务业集聚的实证研究层面还大都停留在采用不同的测度方法、选择不同的区域层次对集聚度进行特征分析与比较。理论分析层面则主要是嵌套制造业集聚的分析范式展开诸如集聚模式及影响因素的研究。在实证分析层面，大都从产业集聚的行业属性（经济性质）和空间属性（地理性质）两大视角而展开，由于不同研究视角之间的割裂导致理论建构、政策含义与产业（企业）实践相去甚远。同时，制度因素通常被视作一个外生的控制变量被引入。事实上，如果制度障碍较多，在现实世界中就表现为要素自由流动困难与交易成本上升、集聚的区域与行业边界就越发明显，集聚的空间效应和行业效应持续性也大打折扣。由于生产性服务业内生于制造业，因此，研究产业集聚不是孤立进行的，不仅仅要强调产业各自独立的发展和内部各产业集聚，更应该关注生产性服务业和制造业在协同机制作用下形成的各种集聚效应。就中国现阶段而言，突破要素瓶颈与制度障碍实现集聚效应在两大产业间的释放与传导、互动与协同，对于有效促进生产性服务业集聚和实现制造业高端化战略显得尤为重要。但由于这一课题涉及面非常广泛，内容极其复杂，因此，本书研究目标重点设在以下方面：从产业、空间和制度三个维度来厘清生产性服务业和制造业协同集聚的生成机理。在此基础上形成一系列的理论假说，并通过相关计量模型进行实证检验。最后，基于实证结论和国内外相关实践经验，以城市综合发展质量增进为导向，从政策层面探寻产业协同集聚效应生成及演进的主要路径（特点）与要素支撑体系。

二、研究的主要内容

基于上述研究目标，本书从"产业－空间－制度"层面拟就生产性服务业与制造业协同集聚的生成机理、协同集聚双重效应的刻画及其协调、如何从经济增长、产业结构优化和绿色发展等维度进一步提升长三角产业协同集聚的能力/质量等几个问题展开具体研究，初步形成"产业协同集聚→空间功能分工→城市高质发展"的战略分析视角。

（一）产业协同集聚理论分析框架的构建

由于产业协同集聚理论分析框架的缺乏，也导致了在这一领域存在很多理论分歧，在一些结果的解释上也存在一些模糊地带，相关研究也很难向纵深拓展。因此，本书在对相关研究成果进行深度梳理的基础上，借鉴新经济地理学关于产业集聚的一般分析框架，试图将"制度"这个约束条件纳入产业协同集聚的分析视野，从"产业－空间－制度"层面寻求协同集聚的生成机理以及协同集聚效应在空间和产业层面的协调优化，并基于相关数理模型进行推理和验证，为从理论上深入分析产业协同集聚提供了一个新的理论视角与研究途经。这也是本书研究的理论基础与逻辑起点。

（二）产业协同集聚关系的存在性检验

生产性服务业与制造业协同集聚问题是产业集聚研究的延伸与拓展。从现实印象上判断，按照产业发展的结构序列，在中国可以肯定的是制造业先于服务业集聚，那么率先实现的制造业集聚能否拉动服务业集聚？或者说后发的服务业集聚能否真正促进制造业集聚？从单纯的产业联动到形成兼具产业与空间特征的协同集聚需要具备什么条件？此外，另一大明显的缺陷是，现有的理论解释与实证检验更多的都是从产业集聚整体上的分析，虽然，生产性服务业与制造业具有较强的产业关联性，而且两者的集聚又同属空间概念，但毕竟由于行业异质性也使得两者具有不同的空间诉求。产业集聚的不同空间对位与细分行业的组合配对势必会对两者的协同集聚产生不同的影响，若能揭示上述的内在关系，这对于制定合理的、有针对性的产业协同发展政策极具指导意义。

（三）产业协同集聚的双重属性及其协调性

马歇尔（Marshall，1920）所指出的产业集聚三大外部性除了对单个产业具有很强的解释力外，对不同产业的协同集聚也有一定的参考价值。因此，在一个特定的城市空间内产业协同集聚的过程可将其归结为在不同条件组合下生产性服务业集聚与制造业集聚所产生的互补效应/挤出效应，至于何种效应占主导以及能否实现长期动态均衡，在很大程度上取决于"产业－空间"两大因素之间的交互作用以及相匹配的制度环境。本书参照"经济－环境"

耦合模型和相对多样化指数来刻画城市内产业集聚双重效应的协调度，并以此为中介变量从产业链、城市空间和制度环境三大维度对影响双重集聚效应协调度的主要因素进行计量检验，以期揭示产业协同集聚效应的生成机理及其多主体、多因素、多尺度等权变特征。

（四）产业协同集聚与城市经济发展质量

由于视角、方法及数据的不同，现有研究对产业协同集聚能否促进城市经济增长、效率提升、结构优化、绿色发展等方面仍莫衷一是。有鉴于此，本书基于长三角 26 个城市（地级及以上）2007～2017 年的面板数据，重点回答产业协同集聚是否影响以及如何影响经济增长（规模与效率）、产业结构优化（合理化与高级化）和绿色发展（GTFP 提升），并系统检验各类效应的空间/行业异质性。考虑到城市规模是产业集聚效应强弱更替及释放传导的关键性决定因素，因此，这里对每一种效应都基于城市规模（经济规模和人口规模）进行了门槛回归估计，进一步厘清协同集聚效应的演进规律及其门槛特征，从而为政府制定精准化的产业引导政策和差别化的城市发展战略提供决策佐证。

第三节　研究的总体思路与框架、研究的重点与难点

一、研究的总体思路

目前，关于生产性服务业与制造业协同集聚的研究还没有一个完整的理论分析框架，现有研究主要是基于马歇尔外部性的理论分析框架（Jed Kolko，2007），这种研究更多的是基于产业互动层面的分析（这一层面的研究已极其丰富和深入），对于空间层面的分析更多的是停留在空间分布的现象性描述上，相关研究还不够系统深入。本书认为，生产性服务业与制造业的协同

集聚不仅具有空间和产业的双重属性，而且，产业互动与空间协同之间不是分立替代而是可以相互传导的。但由于行业、空间异质性及资源稀缺性的作用，这就使得在特定的城市空间内这种协同集聚效应的生成、释放及传导过程中必然会伴随着互补效应与挤出效应的动态交错与协同匹配过程。此时，合理有效的制度因素起着关键性作用，但迄今对产业协同集聚制度层面的研究尚显不足。因此，基于相关研究的可拓展之处，本书融合多学科知识，以协同集聚的"特征描述 - 生成机理（影响因素） - 效应协调"为逻辑主线，尝试从"产业 - 空间 - 制度"等维度构建相对完整的理论分析框架，通过理论模型推演与计量模型验证，结合现实数据对产业协同集聚的生成机理进行阐释。在这过程中，注重协同集聚效应的结构性分解与组合，充分考虑制度因素对生产性服务业与制造业协同集聚的影响，并从宏观、中观和微观多维度提出相关政策建议。

二、研究的总体框架

在以上研究思路的指导下，本书在融合产业集聚理论、分工理论、价值链理论、交易成本理论、协同理论及产业经济学、区域经济学、制度经济学、新经济地理学等相关理论知识的基础上展开一系列综合分析，研究的总体框架如下：

第一章，绪论。基于经济全球化与区域经济一体化的时代大背景，立足于长三角经济转型、产业演进及其空间布局的实际情况（区域协同→产业协同），全面阐述本书的研究背景及意义，研究的目标、研究的总体思路及框架、具体的研究方法、概念的界定及本研究的创新与不足，这是研究的基础所在。

第二章，理论回顾与文献综述。对产业集聚理论发展过程、研究重心迁移做出总体描述。主要是对产业集聚的影响因素、形成机理与集聚效应进行多层次、多维度的研究综述。基于产业、空间二维视角对生产性服务业与制造业协同集聚的相关研究内容进行梳理、比较与拓展，为本书寻找理论支撑并拓宽研究视野。在理论梳理与文献分析的基础上初步构建本书的理论分析框架。

第三章，产业协同集聚的形成机理与条件。首先，从产业联动的理论基础、动力机制、主要模式与策略选择方面寻求生产性服务业与制造业联动发展的主要条件，并从产业整体及内部要素分解与重构（资本和劳动）两个维度构建产业联动的机理模型，通过理论模型推演探讨产业联动机制；其次，对维纳布尔斯（Venables，1996）的理论模型进行拓展，分析两大产业空间联动的主要因素进行解构；最后，本书认为并非所有具有联动关系的产业都能形成空间协同集聚。因此，在前文分析的基础上，拟从内外部规模经济、空间临近、运输费用与商务成本、制度因素等角度阐述产业联动促进空间协同集聚的机理，也为后续产业协同集聚的理论假说的提出以及相关实证分析的深入展开打下坚实基础。

第四章，产业协同集聚的现实考察：产业与空间特征。这一章主要从产业和空间层面对产业协同集聚状况进行分类描述。主要涵盖三个方面的工作：第一，基于2012年江苏、浙江、安徽、上海三省一市投入产出表的相关数据对长三角（地级市及以上）生产性服务业与制造业的产业关联程度进行测算；第二，选择相应的集聚测度指标对两大产业的集聚度变化趋势进行直观判断，对E-G协同集聚指数进行修正，并选取生产性服务业和制造业的特定细分行业两两配对作为研究对象，对不同产业组合配对的协同集聚程度进行测算与比较；第三，在上述产业关联与空间协同集聚度统计分析的基础上对相关指标进行标准化处理，分别以协同集聚度和产业关联度为横纵坐标，尝试构建"产业－空间"四象限分布图，对长三角产业协同集聚进行二维综合评判。并以物流业为例对产业关联、空间协同集聚间的作用机制及演进规律进行深入剖析。

第五章，产业联动与集聚依存性的计量检验。这一章主要是在上述统计分析的基础上，从产业联动、集聚关系和空间协同定位等层面对两大产业的依存性进行全面实证分析，以进一步明晰长三角生产性服务业与制造业演进关系与交互影响。相应的计量检验主要从三个部分展开：第一，主要是建立

VAR 模型和脉冲响应函数，基于时间序列数据从整体上印证生产性服务业与制造业相互关系及其作用程度；第二，主要是剔除了一些外生影响因素后，基于长三角 2007 ~ 2017 年相关（城市与行业）面板数据，借助 OLS 分析，以从整体上检验两大产业集聚间是否也会呈现出与产业联动特征相同的依存关系；第三，主要是以维纳布尔斯（Venables，1996）的垂直关联模型为基础，利用联立方程模型进行面板数据的估计，以验证基于产业内生关联的两大产业区位分布的相互关系，是对上述实证分析内容的进一步深化。

第六章，生产性服务业与制造业协同集聚形成机理的经验求证。在对长三角生产性服务业与制造业协同集聚特征性描述以及前文对产业协同集聚的机理分析基础上，对产业协同集聚的内在逻辑及其双向传导问题进行分析，尝试将"产业联动←制度匹配→空间联动"的三维度理论分析框架具体化，并从产业前后向关联、知识溢出、商务成本、中心城市辐射及相关制度因素等方面提出相关理论假说，结合城市群内 26 个城市 2007 ~ 2017 年的面板数据利用空间计量模型进行经验求证。在此基础上，充分考虑生产性服务业的行业异质性，借助 OLS 回归模型与空间计量模型比较分析不同的行业组合配对（主要是两两组合配对）情形下生产性服务业与制造业（行业整体）协同集聚的实现机制。

第七章，协同集聚效应及其解构：互补效应与挤出效应。由于产业集聚存在一定的产业与空间边界（边界内成长、边界外衰落现象并不少见），这使得集聚效应对不同产业部门的差异化影响已成为这一研究领域的方向和兴奋点。现实印象中生产性服务业与制造业协同集聚实际上只是一个结果，并不是一个过程，这一过程可将其归结为在不同的条件组合下生产性服务业与制造业在特定城市（区域）内部集聚所产生的互补效应和挤出效应[①]，本章

---

① 由于行业与空间异质性就注定了产业协同集聚处于一个动态演进过程中，这一过程虽不改变两大产业间的投入产出关系，但相互作用的强度和幅度会发生变化，体现在集聚效应上就是互补效应与挤出效应的交替出现。本书所涉及的互补效应主要是从产业视角上理解的生产性服务业对制造业效率提升，而挤出效应指的是由于空间范围容量有限、要素资源稀缺及其他制度因素所导致的产业集聚间的互相排挤现象。

尝试构建产业协同集聚效应变动中的一个中介变量——协调度，所要探寻的就是如何准确刻画作为互补效应和挤出效应中介变量的协调度，它的形成机制是什么？当协调度为多少时协同集聚互补效应达到最大？与之对应的城市最优规模有何特征？

第八章，产业协同集聚对城市发展质量的影响。在上述对产业协同集聚效应的多重属性进行解构基础上，本章主要借助动态 GMM 模型、空间计量模型、门槛回归模型等对产业协同集聚能否影响以及如何影响城市经济增长（规模及效率）、产业结构优化升级、绿色全要素生产率（GTFP）提升等问题展开实证分析，进一步明确产业协同集聚效应的异质性因素及城市规模门槛特征（空间/行业边界），特别是如何利用上述协同集聚效应的空间外溢从而在有限的空间范围内实现合理的产业布局与功能优化。上述问题的解决将有助于为实现长三角城市群更高质量一体化发展提供新思路。

第九章，主要结论、政策启示及研究展望。在中国目前的现实情境中，对生产性服务业与制造业协同集聚及其实现路径的考察有一个根本出发点，即服务于产业转型升级与区域协同重构的战略目标。本章主要是概括全书研究的主要结论，指出进一步研究的方向，并以"最大化互补出效应，最小化挤出效应"为指导思想，以"空间结构调整－产业匹配性最优－制度衔接能力提升－集聚净效应最大化"为传导路径，借鉴一些国家或典型地区推进产业协同集聚的成功经验，有针对性地从优化产业协同集聚的空间组织模式、实现城市的功能化差异、提升产业集聚间的制度衔接能力、拓展相关行业的价值链网络与服务交流平台等多维度提炼出相应的政策建议。

三、研究的重点与难点

如何融合相关学科的理论知识构建生产性服务业与制造业协同集聚的理论分析框架，明确产业、空间和制度因素在产业协同集聚中所起的作用及其先决条件，并以此为支撑研究上述两大产业协同集聚中的关系（是单向促进还是双向传导）是本书研究的理论重点。在此基础上，对产业协同集聚效应的双重属性（互补/挤出）进行解构，分析其内在机制与协调路径，并从经济增长效应、空间溢出效应、产业结构效应、绿色发展效应等层面来具体检验产业协同集聚促进城市高质量发展的影响因素和作用强度，厘清各种效应的约束条件与空间边界（演进规律、门槛特征），上述研究内容都构成了本书的研究重点。此外，本书研究的难点主要体现在：第一，如何结合已有的关于产业集聚的理论模型，来构建与推演出适合生产性服务业与制造业协同集聚及其演进的理论机理模型。第二，如何在兼顾行业异质性和空间诉求差异的情况下，用一个统一的尺度（指标）来衡量产业协同集聚双重效应的协调度，并基于回归模型验证这一协调度的主要影响因素？是否存在一个最优的城市规模使得集聚效应协调度与经济效率（生产率）达到均衡。第三，全面系统的实证分析是本书的亮点之一，因此，在保证数据可获得性的前提下，如何保证分析模型的准确性和创新性以及相关变量的科学性、空间计量的分组回归以及门槛回归的内生性等问题也是一大难点所在。

四、研究方法、创新之处与技术路线

（一）研究的主要方法

（1）文献研究与理论研究相统一。充分借鉴国内外有关产业集聚生成机制与演化机理、协同集聚（效应）测度及其影响因素、产业集聚与城市发展的相关研究，结合新经济地理学、产业经济学、区域经济学、制度经济学以及交易成本理论、价值链理论、分工理论等多学科知识，通过国内外顶级文献的研读，为研究思路的修正、研究方案的确定、关键概念的明晰、关键变量的定义、理论分析框架的构建提供支持。考虑到现有研究多数只是把制造业集聚范式直接移植来，因此，构建理论分析框架是本书研究最关键的一步，制约着后续研究。

（2）模型推演与实证分析相依托。在借鉴"中心-外围"模型、垂直关联模型的基础上引入生产性服务部门，通过模型推演，从中间投入品与产业关联的角度诠释协同集聚形成的生成条件，并以交易成本为关键切入点描述两大产业的空间协同定位。同时，相关结论必须建立在精准的实证分析基础上。因此，本书精心构建模型，运用《中国统计年鉴》《中国城市统计年鉴》《长三角年鉴》等相关统计数据，合理使用统计与计量工具，夯实实证基础。若无特殊说明，本书均采用 EViews 10.0 和 Stata 14.0 来辅助数据处理与实证检验，在后续的各章节中将不再一一说明。

（3）动态分析与静态分析相结合。将静态统计分析与动态计量检验充分结合，具体而言：在生产性服务业与制造业的产业关联分析（投入产出分析）、集聚度测算部分（区位熵、E-G 指数、标准差椭圆等），主要是基于行业与空间层面的静态统计分析与描述。在产业与空间联动（溢出）分析部分，综合运用莫兰（Moran's I）指数、时间序列数据的 VAR 模型、脉冲响应函数以及联立方程 SUR 估计。在产业协同集聚生成机理、协同集聚效应的生成与演进及其实证研究部分，综合运用空间计量模型、联立方程估计模型和动态面板回归模型。基于上述实证分析结论，本书的对策建议部分还注重时间跨度、空间尺度和制度演进的有机结合。

（4）多维比较与系统研究相呼应。将产业协同集聚视为一项开放、多维的复杂系统，深入剖析其内在机理、多维解构其集聚效应，全面探索如何基于产业协同集聚进行空间布局调整，实现城市生产效率增进与融合创新。研究过程中始终坚持宏观、中观和微观多维度相结合，并兼顾时间、空间与产业（价值链）等多层面，在实证研究中，分别针对了不同行业类型与不同城市规模（等级）的纵深比较研究（行业与空间的双重异质性）。此外，在现状描述与对策设计部分，对国内外在产业协同集聚方面的一些经验和教训进行了系统梳理和综合比较，并选取部分典型产业集聚区进行案例佐证，进一步拓宽研究视野。

（二）可能的创新之处

（1）研究视角的创新。以往对于生产性服务业与制造业协调发展或协同集聚的研究基本上停留在比较宏观的层面来进行静态描述，统一的理论分析框架还有待深入发掘，一些诸如影响产业协同集聚的外部因素也未能得到充分体现，这也从某种程度上制约了研究主题的解释力。本书跳出了仅仅从产业层面进行研究的固有套路，以协同集聚生成机理研究为切入点，以制度研究为关节点，探索性地研究协同集聚在"产业－空间"交互作用中的机理及路径，为地区产业发展中突破制度瓶颈，解决"产业同构"与"过度竞争"等问题提供新的战略视角。此外，本书突出产业整体与内部结构变化、强调要素的结构性分解与组合，注重产业生命周期、自组织性与交互性，并基于动态演进中的要素互补、价值链匹配、空间协同定位等视角来破解产业协同集聚这个"黑箱"。

（2）研究内容的创新。虽然在理论研究上，一些学者提出了产业协同集聚的假设及相应的理论说明，但相应研究基本上都是局限于产业整体，缺乏经验证据、判断标准及机理分析。本书立足于产业发展演进的一般规律，以"生成机理－影响因素－协同效应－推进路径"为主线来构建总体研究框架并进行细分行业/地区的计量检验。同时，将产业协同集聚效应看作"一枚硬币的两面"，阐述协同集聚中互补效应与挤出效应的存在性，并以两大效应的协调度为核心被解释变量进行实证检验，在对策分析部分兼顾时间跨度、空间尺度与制度演进的有机结合。在此基础上，还对产业协同集聚的经济增长效应、产业结构升级效应与绿色发展效应进行实证检验，进一步明确产业协同集聚效应的异质性因素，并从经济规模、人口规模两个层面进行门槛回归分析，避免以往研究多数从单一人口规模进行分析的局限性。

（3）研究方法的创新。本书对新经济地理学的相关理论模型进行了修正，在垂直关联模型的基础上引入生产性服务部门，将生产性服务业与制造业之间视作"供应商－需求者"的关系，通过理论模型推演来诠释生产性服务业与制造业协同集聚的生成机理，并利用多样化指数（RDI）来度量集聚间的互补效应和挤出效应（同时还把经济环境协调度 C_{xy} 作为稳健性替代指标加入）。由于产业协同集聚的影响因素及其效应变化的复杂性、非协同性，本书将充分运用 VAR 模型、脉冲响应函数、联立方程 SUR 估计、空间计量、动态 GMM 回归、门槛回归等分析方法或工具展开相应的实证分析。

（三）技术路径

本书在"理论构建－实证分析－比较借鉴－政策设计"的主体框架下，坚持问题导向，注重经验证据，具体技术路径如图1－2所示。

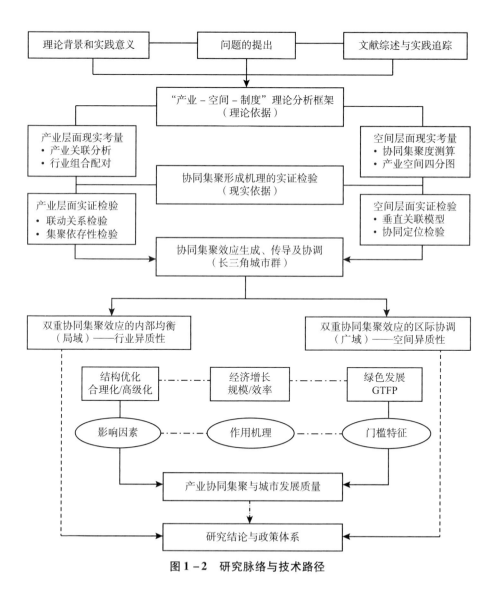

图1－2　研究脉络与技术路径

第四节 相关概念与范围界定、不足之处

一、相关概念界定

（一）生产性服务业

虽然迄今对生产性服务业还没有一个确定的标准定义，但有两方面已形成共识。一是生产性服务业本身就是服务业；二是生产性服务业的服务对象是生产者而不是最终消费者。现参照格鲁伯和维勒（Grubel & Wailer，1989）给出的定义作为本书对生产性服务业的界定。生产性服务业是指市场化的中间投入服务，即可用于商品和服务的进一步生产的非最终消费服务，是从制造业中内生出来的新兴产业，它对制造业的作用不断变迁，由管理功能（润滑剂作用）到促进功能（生产力作用）再到今天的战略功能（推进器作用）。

（二）制造业

制造业又称为制造工业，是指对制造资源（包含采掘的自然物质资源和工农业生产的原材料）进行加工和再加工。从而为全社会提供工业产品和消费品的行业，它是整个第二产业的重要构成部分。现阶段，制造业仍是我国经济增长的主导部门和经济转型的基础，也是就业的重要市场和出口的主力军。此外，在本书的实证分析部分还将制造业细分为劳动密集型、资本密集型与技术密集型三大类。

（三）产业关联与产业联动

产业关联是指产业间以各种投入品和产出品为联结纽带的技术经济联系（资金、人才、技术和信息关联），这一概念只反映了产业间关联机制，是一

种静态的描述，而产业联动则更强调产业间相互作用（协作）这一动态过程，是对产业关联的进一步提升。此外，还需指出的是，产业联动与产业互动的概念更为接近，主要的差别是，产业联动还涉及一个谁先带动谁的问题。

（四）产业集聚

国内外学者对产业集聚的概念都做了积极探讨，目前虽然对产业集聚的"外延"还有一些分歧，但对其"内涵"的认识是一致的，即"通过协同定位赢得竞争优势的空间集中的产业"。产业集聚的过程实质上就是与产业发展相关的各种要素在空间范围内不断汇聚的一个过程，其参与主体除了相关联的行业（企业），还包括一些中介服务与科研创新机构，是一个竞争与合作共存，空间与产业交互作用的共同体。在中国，产业集聚的形成主要有市场创造（专业化市场）与资本转移（产业转移与外商直接投资）这两种模式。

（五）产业集聚区

产业集聚区是指相互关联的产业或企业根据自身的发展要求，结合区位选择集聚在城市空间的特定区位的产业组织实体，是生产功能或服务功能集成的功能性区域，也是当前我国快速发展的新增长极。一般而言，产业集聚区都是由政府统一规划，企业相对集中，以实现资源集约利用和产业协同效应。它可以包括：经济技术开发区、工业园区、现代服务业园区和科技创新园区等。

（六）集聚效应

集聚效应又称为集聚经济，是指各种产业和经济活动在空间上集中产生的经济效果以及吸引经济活动向一定区域靠近的向心力。韦伯（Weber，1909）第一次提出了集聚效应的概念，但其只考察了厂商水平的内部规模报酬递增。除此之外，集聚还有两个层次上的规模报酬递增：一是行业层次的规模报酬递增（行业内与行业间集聚效应）；二是地域层次上的规模报酬递增（空间效应）。但上述集聚正效应不可能无休止的存在下去，当集聚环境超过一定的约束条件时（环境承载、工资、商务成本与交通、基础设施等），就会出现挤出效应（集聚负效应），产生一种使得相关产业向周边区域扩散的离心力。

（七）协同集聚

协同集聚（co-agglomeration）的概念最早由埃里森和格莱泽提出，目的是为了解释不同产业之间的集聚行为，认为产业在空间上的集聚不仅仅表现在单一的行业上，而且更多地表现在多个互相关联的行业之间在空间集聚上的重叠。相比集聚概念，协同集聚更侧重于不同产业集聚之间的内在联系，强调异质性多产业在同一城市地域靠近。与协同集聚相类似的概念还有共同集聚、协同定位（co-location）、协同地方化（co-localization）。这里所指的协同集聚其实质就是相关产业在产业联动与空间集聚两大层面之间的双向动态协调过程。一般而言，就产业协同集聚的参与主体而言，大体上包含三个层面：第一，制造业协同集聚；第二，生产性服务业协同集聚；第三，生产性服务业与制造业协同集聚。第三层面的研究相对于前两个层面的研究尚显薄弱，这也正是本书将深入研究的重要内容。

二、研究范围界定

（一）产业范畴的界定

产业范围的合理界定直接影响到实证分析结论的精确程度，也影响到产业间关系的认知。行业选择越细，越能正确地度量该行业的集聚效应，也就越能控制行业特性（范剑勇，2014）。虽说目前已有少量文献基于 3 位数甚至 4 位数行业进行经验分析，但出于研究数据可获得性方面的考虑①，尽管国家统计局已于 2017 年第四次修订了《国民经济行业分类》，迄今为止大多

———————

① 由于本书的研究主体是生产性服务业与制造业两大行业，因此若行业选择细化到 3 位数甚至 4 位数，势必会给关联行业间集聚效应的测度带来很大的困难，尤其是在生产性服务业与制造业的产业序列配对过程中将会增加很大的工作量。考虑到本书主要还是从行业加总层面进行产业协同集聚的相关研究。

数年鉴里的行业数据仍采用《国民经济行业分类》（GB/T 4754—2017）的标准。鉴于不同年份不同类型的统计年鉴在行业统计口径上有所差别，本书所研究的制造业行业分类共有 28 个类别（本书将制造业界定为二位数代码在 13～43 这个区间的所有行业，个别行业出现调整合并，共计 28 个）。目前，对于生产性服务业的界定较为模糊，这里以生产性服务业的产业内涵为根据，根据研究需要并参照国家统计局公布的《三次产业划分规定》（2017 年修订版），本书将二位数代码在 51～62、68～78 区间内的服务业确定为生产性服务业，具体包括：交通运输、仓储和邮政业（对应于《国民经济行业分类》（GB/T 4754—2017）53～60 二位数行业）、信息传输、软件和信息技术服务业（63～65）、金融业（66～69）、房地产业（70）、租赁和商务服务业（71～72）、科学研究和技术服务（73～75）界定为生产性服务业（共计六大门类）（若无特殊说明，后续相关研究中所涉及的行业分类及其选择问题均沿用这一标准）。该范围所涉及的内容已非常广泛，能够较为全面地反映两大产业间的关系。

（二）空间范围的界定

展开产业集聚研究的适宜区域层面应该是较低的区域（Rosenthal & Strange，2004），若区域层次过高，则衡量产业集聚程度及效应的指标的准确性就大打折扣，生产性服务业与制造业协同集聚的内容和程度也会在不同的空间范围内存在一定的差异性。为了揭示市场经济条件下产业间协同集聚的规律，最理想的研究空间应该是选择一个市场化、一体化程度较高区域。而且，"城市集聚区"的都市圈模式可以实现更大范围内产业协调发展，变挤出效应为互补效应，从而更有利于经济增长（李强，2013）。鉴于以往关于产业集聚的研究大都囿于省级层面，因此，在验证产业协同集聚的影响因素时，将研究的空间范围具体到长三角 26 市①。在对协同集聚效应进行评价

---

① 根据 2016 年 5 月国务院批准的《长江三角洲城市群发展规划》，长三角城市群包括：上海、南京、无锡、常州、苏州、南通、盐城、扬州、镇江、泰州，杭州、宁波、嘉兴、湖州、绍兴、金华、舟山、台州、合肥、芜湖、马鞍山、铜陵、安庆、滁州、池州、宣城 26 个城市。

时，考虑到集聚效应的非线性特征以及在行业与空间层面交互作用的复杂性，本书以产业协同集聚水平较高的长三角几大中心城市为例，对协同集聚效应的动态演进进行阐释与刻画。

三、研究的局限性

（一）数据选择与统计分析

理想的生产性服务业与制造业关联数据应该从最近的细分投入产出表中获取，这样才有可能确定哪一种服务与制造业有直接联系或反之。但全国的地方投入产出表目前只更新到 2012 年，并且都是合计数。因此，基于研究时效性及样本覆盖面角度考虑，这种信息很难获得。此外，如果将研究视角锁定在更加微观的产业层面，若行业选择越细，越能正确地度量该行业的集聚特征及效应，由于企业微观主体层面数据的缺乏以及出于研究便利性的考虑，我们所选取的产业层面数据只细化到二位数行业分类。

（二）空间（区域）选择

迪朗东和欧文曼（Duranton & Overman，2005）研究发现，集聚效应中的专业化经济的空间影响范围仅为 50 公里，因此以县（区）为产业集聚的研究样本区域可能更适合。席敏强等（2015）指出，中国生产性服务业在 100 公里以内的空间溢出效应最强，当距离超过 350 公里后溢出效应将会呈现明显的下降。考虑到近年来长三角城市（镇）化进程较快，区、县、市层面变动较大，出于数据可获得性及统一性的考虑，本书的区域范畴并未细化到县级市（区）。此外，近年来长三角产业集群跨区域投资及共建园区/飞地等现象比较普遍，囿于时间和精力，本书的协同集聚分析更多的是局限于城市内部，对跨区域产业互动与协同集聚问题未能进行充分讨论。

（三）内在机制数理推演及检验

本书虽然提出了在城市（或区域）内生产性服务业与制造业协同集聚中存在互补效应与挤出效应的特征性事实，也予以了计量检验，但对其作用机理缺少相应的数理模型分析，对于互补效应与挤出效应在关联产业间和城市间（中心城市与次中心城市）的双向传导及其均衡实现机制问题未能进行深入研究，这也从某种程度上制约了实证研究的深度与广度，也很难给城市发展规划以相应的科学依据和明确的政策含义，这也将是今后在产业协同集聚研究领域还需予以重点关注的一个研究话题。

（四）微观案例分析与深入调研

本书的实证分析主要是基于产业层面的研究，如何将产业层面的研究结论延伸到宏观和微观层面，提高研究结论的针对性与实践指导价值。例如，怎样发现哪些行业（园区）或区域将要出现协同集聚的互补效应（挤出效应），有哪些先兆或特征，会不会与协同集聚模式有内在关联，从哪些方面可以避免协同集聚中挤出效应的出现或者说延缓产业协同集聚中"非经济阶段/非经济区"的出现。上述细化的研究命题需要从更加深入的调研与访谈中进一步提炼。

| 第二章 |

理论回顾与文献综述

　　本章主要围绕与本书研究主题密切相关的理论和文献做一系统梳理，对集聚理论的发展演变过程，特别是对新经济地理学及其相关产业集聚理论的文献作细致整理，对其研究重心的迁移做出总体性描述，主要集中于一些争论性和前沿性议题的讨论，基于此再进行诸如集聚形成机制、集聚与经济增长、集聚效应的产生与演进等专题性介绍。最后对生产性服务业集聚与制造业集聚的关系进行拓展，归纳总结近年来有关相关产业间集聚的互动融合、协同定位与拥挤效应等方面的实证研究成果、从而为本书理论分析框架的构建和后续的系列实证分析提供理论依据。

第一节　产业集聚形成与演进的纯理论线索

　　产业集聚作为产业发展演化过程中的一种地缘现象或组织形态，是很多发达国家（或地区）经济长期保持竞争力的重要源泉。同时也为国内外的相关学者提供了极为丰富的研究素材与分析空间。自新古典经济学时代开始至新经济地理学的兴起，产业集聚的研究始终是一个古老而又新鲜的话题，引起了众多学者的广泛兴趣与持续关注，与集聚理论有关的文献也可谓是不胜枚举，有关产业集聚的研究也从经济学的边缘状态逐渐融入主流经济学的研究体系中来。总体来看，集聚理论的演变和发展可沿着空间和产业层面、微观与宏观视角相结合进行全面系统地归纳梳理。

一、空间视角下的产业集聚理论溯源：微观静态分析

（一）外部经济理论与产业集聚

外部经济理论是相对受到较多认可的解释产业集聚成因的理论。20世纪70年代以前的外部经济理论由马歇尔（Marshall，1920）和庇古（Pigou，1924）创立，随后众多学者做了补充和发展。马歇尔认为产业集聚的根本原因是为了获取由于产业集聚而产生的外部性。[①] 他以收益不变和完全竞争假设为前提，指出外部经济包含三种类型：专业化劳动力市场规模效应、市场规模扩大带来的中间投入品的规模效应、信息交换和技术扩散而带来的知识外溢效应（后续各章节会做出进一步解释）。当然，外部性可能是产业集聚形成的原因，也可能是产业集聚产生的结果。具体而言，区位、自然禀赋或是历史偶然因素这类外部性条件是企业在地理上集中的一种原因，它们通过循环累积效应将企业"锁定"在特定区域内，形成产业集聚。其中，劳动力市场共享因素是造成产业集聚的基本因素。而知识溢出这类外部性条件则同时扮演着产业集聚的原因和结果（因为溢出效应的空间递减规律）。根据知识溢出发生于地理上集中的同一产业企业间还是不同产业企业间，又可将外部性分为专业化外部性（马歇尔外部性－专业化发展）和多样化外部性（雅各布斯外部性－产业链延伸）。虽然，马歇尔及后续相关学者的研究在一定程度上解释了产业集聚形成的原因，但是却普遍忽略了区位和运输成本问题，而且并没有对这种外部性的来源进行充分解释，仍然是建立在完全竞争和均

---

① 马歇尔关注"大规模生产"的规模经济，把规模经济划分为两类：第一类是产业发展的规模，这和专业的地区性集中有很大关系，称为外部规模经济；第二类取决于从事工业生产的单个企业和资源，称为内部规模经济。他通过研究工业组织形态，间接表明了企业为追求外部规模经济而集聚。

质空间的假设之上的，也没有形成严密的逻辑体系。

（二）区位理论与产业集聚

产业集聚理论的一个核心问题就是研究其通常在哪里集聚，而这也是产业区位理论的研究重点，同时，产业集聚的区位分布及选择研究也是集聚动因和效应研究的基础。区位理论是在对马歇尔（Marshall，1890）的产业区理论进行更为严密地演绎基础上形成的，经历了从农业区位论、工业区位论到市场区位论的转变。

（1）农业区位论。德国经济学家冯·杜能（von Thumen）在 1826 年出版的《孤立国农业和国民经济的关系》可谓这一领域的开山之作。该书主要考察了在一个均质空间里农业生产方式与城市距离的关系，并提出了农业生产布局取决于地租高低，而地租则由生产成本、农产品价格和运费共同决定。在地租收入最大化的前提下，形成了农业土地利用的杜能圈结构（以城市为中心，由里向外依次为：自由式农业圈、林业圈、轮作式农业圈、谷草式农业圈、三圃式农业圈和畜牧业圈）。在杜能的农业区位论当中，他已经将空间要素运输成本纳入了研究框架（与李嘉图的农业地租理论相比有所进步之处），而且在杜能圈的同心圆结构中的位势主要取决于运输成本的大小。该理论可以进一步扩展到空间的非均质性方面，形成具有比较优势的区位理论。

（2）工业区位论。德国经济学家韦伯（Weber）于 1909 年出版了《工业区位论》使其被公认为继杜能之后在区位理论方面的奠基者和引领人，该书首次用集聚因素全面解释了产业集聚的原因和机理。韦伯将影响工业区位的经济因素称为区位因素，区位因素是特定产业的生产和经营活动发生在某个特定区域所获得的与其他区域相比的优势。工厂最佳区位主要由三个区位因子所决定：运输成本、劳动力成本和集聚经济，而这三个因子也正好印证了韦伯在构建其工业区位论时所提出的运费指向论、劳动费用指向论和集聚指向论（三个阶段）。韦伯工业区位论的核心思想或最大贡献就是，成本最小化是导致集聚的最根本原因，因此，对特定产业（企业）而言，必须上述三个区位因子进行组合，从而使企业成本最低。但总体上看，工业区位论仅仅说明了企业空间选择和集聚的基本动因，没有系统阐述其中的过程和机制，也没有考虑需求因素对工业区位的影响，更缺乏宏观分析与动态研究。

以韦伯的工业区位论为基础，先后产生了多个区位理论，值得一提的是胡佛（Hoover）在 1937 年首次将聚集经济分解为内部规模经济、地方化经济和城市化经济，这种分类思路迄今仍被奉为经典。胡佛在 1970 年出版的《区域经济学导论》一书中，进一步讨论了单个区位单位的区位决策、整个工业部门的区位结构以及各种产业之间的相互联系问题。在韦伯模型的基础上，胡佛考察了更复杂的运输费用结构、生产投入的替代物、规模经济、集聚经济等内容，并系统提出了区域经济学诸多重要问题中的三大因素（基石）：自然资源优势、集聚经济性和运输成本，而其中对每个因素的深入洞察与分析则更是堪称经典。同时期的瑞典经济学家帕兰德（Palander，1935）的市场区位论同时考虑了不完全竞争和远距离运费衰减规律，认为利润大小是影响企业区位选择的决定性因素。此外，廖什、艾萨德、格林哈特等人先后对工业区位论进行了全方位的补充研究。以韦伯为首的上述学者的系列研究在一定程度上解决了马歇尔理论存在的问题，而且运输费用等成本因素也为后来新经济地理学的兴起奠定了一定的基础。

（三）竞租理论

竞租理论对服务业尤其是生产性服务业集聚解释非常有效。竞租是城市经济学中的一个基本概念，竞租理论最早由德国农业经济学家杜能提出，但是他仅以农用地为例分析了不同作物由于其可支付的地租不同，所以会选择在距离市场不一的区位种植，在此基础上，美国哈佛大学教授阿隆索（Alonso）于 1964 年提出了单中心城市地价的竞租模型（the bid-rent model）。竞租理论主要从区位边际收益和区位边际均衡的角度，推导出市场经济条件下城市土地租金梯度曲线和同心圆土地利用模式，并认为服务业区位可以利用竞租模型进行分析。一般而言，城市核心区是基础设施最完备、社会服务最完善、交通条件最便利的地区，也是土地租金最高的区域，随着与核心区域距离的增加，土地租金会逐渐降低，从而导致核心区地租成本比外围区高很多。即各种经济活动是按照距离摩擦抵抗最小化为原则而决定各自区位选择。因此，服务业和制造业是与不同的土地租金水平相适应的（对土地租金的敏感程度不同），从而形成一个有规则的圈层式的产业分布格局。但是阿隆索（Alonso）在其模型中关于服务区的大小是根据杜能（Thunen）模型中的土地租金对距离的息率确定的，即：

$$\frac{\partial \dot{r}}{\partial d} = -\frac{t}{s} \qquad\qquad (2-1)$$

其中：r 表示土地租金，d 表示距离，t 表示运输费用，s 表示所占用的土地面积。在该模型中他们认为 $s_{服务业} < s_{制造业}$，制造业曲线的斜率的绝对值要小于服务业，而服务区的大小就是服务业曲线和制造业曲线的交点到原点的距离来确定（见图 2 – 1）。

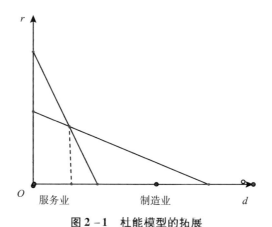

图 2 – 1　杜能模型的拓展

当服务企业在区位选择时所需的总成本将综合考虑地租成本、接触的需求程度及其所需的成本。由于生产性服务业的经济效率可能更高并可向立体方向发展。因此，生产性服务业会不断地排挤和侵蚀其他产业用地，一些制造业迫于要素拥挤和竞租经济的双重压力而向外围扩散，这些产业置换出来的土地被生产性服务业所占据。不难得知，随着与核心区距离的减小，地租成本逐步递增，但生产性服务业在核心区的集聚可以降低接触和交流成本并获取范围经济和集聚经济等经济效益。生产性服务业的行业特点决定了其往往表现为空间上的高度集聚分布，以此节约交易成本，增强易达性及业务机会，以弥补较高的租金及专业人员薪水引致的高营业成本。由此可知，位于核心区的生产性服务业可以在核心区获得比外围区更多的利益，可支付高额的地租成本，其在核心区获取的竞争优势驱使与生产性服务业相关的经济要素和生产活动在空间上出现向心集中，而外围成为一般服务业和制造业的分布区，但该理论并没有涉及交通运输成本对产业集聚区位选择的影响，即随着城市规模的扩大和产业结构进一步优化升级，服务业与部分制造业是完全有可能在城市内实现协同集聚的。

二、区域经济理论与产业集聚：宏观动态分析

（一）"增长极"理论

增长极理论由法国经济学家佩鲁（Perroux，1955）提出，增长并非同时出现在所有地方，它以不同的强度首先出现在一些增长点或增长极上，然后通过不同的渠道向外扩散。其从技术创新与扩散、资本聚集与输出、规模经济效益、集聚经济效果等四个方面论证了现实中的经济增长通常由一个或数个"增长中心"向其他部门或地区传导。从20世纪60年代开始起，人们对增长极的研究主要沿着产业增长极和空间增长极两条主线展开。该理论认为增长极在地理空间上表现为一定规模的城市，存在推进性的主导工业部门和不断扩大的工业综合体，可产生扩散效应和回流效应，增长极对所在区域所产生的极化作用和扩散作用，是区域经济运行的作用机制，是区域空间的组织过程。在增长极理论框架下，经济增长可认为是一个由点到面、由局部到整体依次递进的系统，其物质载体涉及各类城镇、产业、部门、新工业园区和经济协作区等。但"增长极"的形成是存在前提条件的，也就是说这些条件可以用来解释为什么有些地方会成为经济中心，而有些地方则成为外围地

区。佩鲁认为以下三个条件值得关注：第一，存在有创新能力的企业和企业家群体；第二，具有规模经济效益；第三，适当的周围环境。第一个条件表明要素禀赋的差异性；第二个条件则是形成经济中心的前提；第三个条件则是形成经济中心的必要条件。

（二）"循环累积因果"理论

缪尔达尔（Myrdal，1957）年提出的"循环累积因果"理论涉及的面更广，对后世的影响也更大。该理论与基于新古典理论的区域均衡发展理论截然不同，后者认为经济增长具有收敛特征，而循环累积因果理论则认为最初的偏离产生的影响作用是使这种偏离得以强化，离最初的状态越来越远。产业集聚地凭借着循环累积因果因素使得产业集聚水平螺旋式上升，这样不发达地区要素向发达地区流动和贸易的结果就是发达地区形成增长极，产业大部分集聚在发达地区，而不发达地区越来越穷。缪尔达尔用回流（吸收）效应与扩散效应来概括这种循环累积因果关系。其实，这与佩鲁的增长极理论有异曲同工之处，但增长极理论并未重视"增长极"的负面影响。应该说，循环累积因果理论不仅非常生动地刻画了工业集聚的过程，更重要的是它还在很大程度上从机制方面揭示了工业集聚的本质，它在生产要素流动、产业关联、技术创新等诸方面为我们理解集聚机制及经济增长提供了重要思想来源。

（三）"极化-涓滴"理论

赫希曼（Hirschman，1958）从现有资源的稀缺性和企业家的缺乏等方面，提出了与"循环累积因果"理论有类似之处的不平衡增长理论。他指出在区域不平衡发展过程中将产生两种效应：极化效应和涓滴效应[1]（类似于

---

① 极化效应是指发达地区和欠发达地区因为收入差距导致劳动力向发达地区迁移，投资回报差异又导致资金向发达地区流动。涓滴效应则是指欠发达地区由于生产受到压制，大量劳动力流向发达地区，因此增加了失业人口的吸收，从而降低了劳动力成本；同时，发达地区人口膨胀、对欠发达地区购买初级产品的需求增大，发达地区也有向欠发达地区进行投资、输出生产和管理方法的需求。

缪尔达尔的回流效应和扩散效应），赫希曼指出特定空间系统内的创新中心和其他外围地区共同构成完整的二元空间结构，增长在区际不均衡现象是不可避免的，核心区的发展会通过涓滴效应在某种程度上带动外围区发展，但同时，劳动力和资本从外围区流入核心区，加强核心区的发展，又起着扩大区域差距的作用，而极化效应起支配作用。一般而言，在区域经济发展的初级阶段极化效应将占据主导地位，但他认为经济发展在更高级阶段将趋于平衡发展，在整个区域经济发展的过程当中，涓滴效应最终会大于极化效应而占据主导地位。因此，赫希曼"核心－边缘"理论的精髓在于：要从不同角度、不同时期和不同阶段来考量平衡增长和不平衡增长的关系，要缩小区域差距，必须加强政府干预，加强对欠发达区域的援助和扶持。

三、新经济地理理论与产业集聚

克鲁格曼（Krugman，1991b）的论文《经济地理与收益递增》在新经济地理学形成与发展中具有里程碑意义，随着新经济地理学的逐渐兴起，产业集聚问题才真正得以登堂入室进入主流经济学的研究视野，并成为一个多学科的研究热点。概括来讲，新经济地理学最新的研究主要集中在两个方面：一个是经济活动的空间集聚；另一个是区域经济增长收敛的动态变化。传统经济地理学认为，产业集聚主要是由不同区域之间经济地理因素的差异的"第一性"优势而形成的，但是这种阐述不足以解释某些现象，例如，一些在地理区位方面并不占绝对优势的地区却成了产业集聚的中心（类似于国际贸易中的"资源诅咒"现象），另一个则是两个具有相似的地理条件，但在产业集聚方面却表现出截然不同的情况。此外，传统经济增长理论的基本假设前提是规模报酬递减和完全竞争，但是在现实经济运行中，技术因素和制度因素往往是经济增长的源动力，这在传统经济理论中却找不到相应解释。

以克鲁格曼（Krugman，1991a，1991b）最早建立的"中心－外围"（简称C-P）模型为代表，C-P模型借鉴了D-S（迪克西特和斯蒂格利茨）模型将规模报酬递增和不完全竞争市场引入一般均衡分析框架中的技术处理方法，以规模经济、垄断竞争和运输成本①为基石解释了经济活动进行区位或空间集聚的微观原理。C-P 模型的基本假设：初始禀赋相同的两地区、垄断竞争的工业部门（或制造业部门）和完全竞争的农业部门、可流动的熟练劳动力和不可流动的非熟练劳动力两种生产要素、农产品零运费、制造业存在冰山运输成本等。其核心结论是：在贸易自由度很低的初始条件下，生产和人口呈稳定的分散格局，随着运输成本开始下降，人口和生产的区位在初期不会很快受到影响，但是当运输成本下降到低于某个临界值时，工业人口向某个区域迁移和工业生产随之集聚并不断加强的累积过程则会一触即发，不可避免地，并很快形成工业核心区和农业边缘区这种稳定的空间结构。因此，收益递增和运输成本节约是产业集聚重要的"向心力"，并且这种"向心力"会在路径依赖和自我预期的作用下产生累积效应，从而形成"中心－外围"的空间结构并强化这种区域的不均衡发展。但是，产业集聚也存在一些"离心力"，例如，某些生产要素的不可移动性、不可贸易商品的价格上涨、集聚的外部不经济（拥挤）、地租的巨大区域差异等。因此，产业集聚是在向心力与离心力的相互作用下形成发展的（见图 2－2）。

虽然，C-P 模型能够清晰地揭示交易成本、要素流动和集聚三者之间的关系，但结果常常依赖于大量的数字模拟等方法，从而降低了模型的可操作性。后来的理论拓展研究方向便是以 C-P 模型为基础，通过逐渐放松一些假设条件来检验结论的稳健性，并对理论进行进一步的发展（Englmann & Walz，1995；Fujita & Thisse，2002a，2003b；Baldwin et al.，2010）。C-P 模型的最大缺点是，当地区特别是国家之间存在劳动力或要素流动障碍时，劳动力或要素流动机制是不存在的。基于上述考虑，维纳布尔斯（Venables，1996）认为通过"前向关联"和"后向关联"带来的投入品供给增加和需求

---

① 传统经济学对报酬递增的分析是非空间的或是虚拟空间，而新经济地理学的报酬递增是指经济上相互联系的产业和经济活动，因为在空间位置上的相互接近性而带来的成本节约，或由于经济规模带来的产业成本节约。与韦伯的工业区位论一样，新经济地理学也很重视运输成本的作用，但其所指的成本是广义的，不但包括有形的运输成本，还包括由于地方保护等引起的非关税贸易壁垒等无形的运输成本。

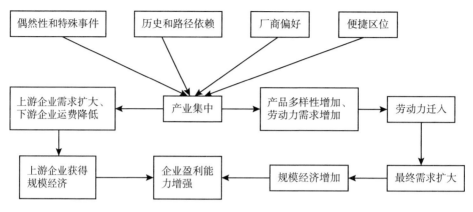

图 2 - 2 新经济地理学的产业集聚模型

资料来源：笔者自行整理。

扩大，也会使得某一地区吸引越来越多的厂商而形成集聚（不完全依赖劳动力流动，上下游投入产出关联）。随后，克鲁格曼、维纳布尔斯和藤田（Krugman，Venables & Fujita，1999）将模型中的两个部门减少为一个部门，构建了垂直关联模型（CPVL 模型），从而解决了这一问题。和 C-P 模型一样，在 CPVL 模型基础上又逐步形成了自由资本结构的垂直联系模型（FCVL）（Robert-Nicoud，2002）和具有自由企业家结构的垂直联系模型（FEVL）（Qttaviano，2002）。以 C-P 模型为核心，近年来很多学者对其中的部分假设也进行了放松与修正。

通俗地讲，克鲁格曼将最初的产业集聚归于一种历史的偶然，初始的优势因"路径依赖"而被放大，从而产生"锁定"效应，因此不存在空间上各要素趋于相等的自动均衡，集聚的产生和集聚的区位都具有"历史依赖"性。内部和外部规模经济给集群带来的收益，是集群外企业所无法企及的，这便诱使集群外企业携资金、技术、劳动力等资源向集群靠拢，使得"路径依赖"更加强烈。总体来看，近年的 NEG 理论研究，主要是对 C-P 模型的一个局部进行拓展，因此，近年来 NEG 理论研究的边际贡献并不是很大，与之形成鲜明对比的是，相关的实证研究则是取得了长足的发展。

四、要素拥挤、过度集聚与集聚经济

生产要素拥挤状态是指在一定技术条件下，一部分生产要素数量不变，其他一种或者多种投入要素增加到一定程度时，由于投入产出比失衡所形成的生产拥塞、产出降低的状态。同时，由于同类企业间可能形成的恶性竞争、交通与居住以及要素成本的上升、环境质量的恶化等，进而导致产业过度集聚的拥挤效应。具体而言，在某一特定区域产业过度集聚现象可能源于以下两个方面：一是产品市场的过度竞争；二是要素市场的成本上升。正是由于集聚经济与拥挤效应之间存在的冲突，决定了产业集聚的外溢效应具有非线性收敛的特征，因此，一味地无限度提升产业集聚度或城市规模并不是获取集聚经济的最优选择，城市或区域最优集聚度本质上取决于集聚经济与拥挤效应的抉择。

以马歇尔为代表的早期经济学家认为，产业集聚能够始终带来规模经济。但是自20世纪50年代起，以胡佛为代表的经济学家开始认识到产业集聚并非始终有效，这里就暗含了一个产业集聚的适度规模问题。奥地利经济学家蒂希（Tichy，1988）根据弗农的产品生命周期提出了区域产业集聚的生命周期理论，认为区域集聚先后经历诞生阶段、成长阶段、成熟阶段、衰退阶段，在衰退阶段，集聚导致规模不经济。新经济地理学认为报酬递增将导致产业集聚，但在现实中这也只是一种理想状态。在特定区域内，由于产业集聚区的形成和扩大，一方面会造成生产要素需求的增加，进而推动该地区的工资、土地价格的上涨，另一方面虽然交易成本的下降但由于工资、土地价格的上升所带来的生产成本上涨超过厂商同处一地时对交易费用的节省，制造商开始把部分技术含量低、劳动力密集型产业工厂迁往工资低的周边区域。而原制造业中心可能会衰落，或者发展为技术或资本密集型产业中心，或者纯粹成为技术创新、贸易、金融服务等中心。这种"中心－外围"空间分布结构的形成过程可用工业集中度和贸易成本之间的倒U形演进关系来展现。

从产业集聚对全要素生产率（TFP）的动态影响机制来看，这里可以将产业集聚对 TFP 的影响效果划分为促进、稳定与反向这三个阶段（见图 2 – 3）。在促进阶段，随着众多企业向同一地区聚集，规模经济与产业关联效应有利于交易效率的提高和交易费用的降低，带来递增收益，产业集聚对 TFP 作用弹性是递增的。当产业集聚度为 g_1 时，作用弹性达到极大值（E 点），产业集聚对 TFP 的促进效应最显著，在该阶段集聚的规模效应（正向）起主导作用，而拥挤效应不明显。在稳定阶段，随着集聚度进一步提升，集聚规模效应和拥挤效应（负向）开始此消彼长，拥挤效应开始凸显，尽管产业集聚的作用弹性开始下降，但在一定程度上仍能提升 TFP。当产业集聚度为 g_2 时，对 TFP 的作用弹性归为零，产业集聚对生产率的促进总量达到最大值（M 点）。当行业集聚程度超过临界点 g_2 时，产业集聚的作用弹性系数转为负数。前一阶段产业集聚所带来的规模经济和协同效应会被挤压，集聚的拥挤效应进一步放大。众多企业聚于一隅势必会形成对生产要素产生更大的需求，而且，随着新企业的不断进入，这种需求还会不断增大。在要素供给无法保证的情况下，随着集聚规模的扩大，各种生产要素价格急剧攀升从而导致企业经营成本上升，区域内相关企业向更有扩张优势的地方迁徙并伴随着产业转移。所以最优集聚度应位于 g_2 点。

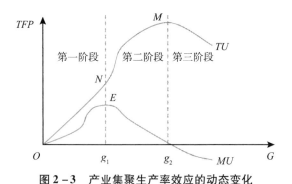

图 2 – 3 产业集聚生产率效应的动态变化

资料来源：笔者自行整理。

五、简要评述

从上述产业集聚理论演进线索的梳理可以看出，在新古典经济学中后期至新经济地理学的兴起之间的近半个世纪里，对产业集聚的研究基本上集中于将产业集聚理论运用到区域经济的分析框架中。新经济地理学脱胎于上述理论，但它的创生使得空间因素与产业集聚得以完美结合，它颠覆了新古典经济学关于完全竞争市场和规模报酬递减的两大基本假设。从理论逻辑关系上看，新经济地理学对产业空间集聚的阐述更加严谨，但仍存在一定的缺陷，主要表现在：一是将就业指标作为衡量产业集聚程度的唯一变量，忽略了更能说明问题的产出指标；二是在分析产业集聚的路径依赖时，过高地强调了历史偶然事件所起的作用；三是没有阐明集聚发生的具体机制。另外，在国外研究中还有很多理论学派，早期如亚当·斯密（1776）和杨（Young，1928）的劳动分工与专业化理论，据此可引申出：企业间分工是产业集聚形成的理论依据，企业可按照劳动分工与专业化所蕴含的福利含义与实现路径，创造条件使制造业服务外包和生产性服务外部化，从而提高生产性服务业与制造业的生产效率。俄林（Ohlin，1933）的要素享赋理论中，经济活动和地理位置是密切相关的，这是要素享赋的不均匀分布造成的，这一理论被后人用来解释产业集聚的原因。以科斯、威廉姆森为代表的交易成本理论强调产业集群的兴起和增长，是企业权衡比较内部和外部交易成本之后进行抉择的结果，但该理论仅仅作为竞争优势理论的研究方法，并没有对产业集聚有一个系统论述。波特的新竞争理论将支持性相关产业纳入其产业竞争力的钻石体系，认为相关产业的关联效应、集聚效应与产业发展、产业竞争力具有极强的因果关系。虽然上述有关产业集聚理论并不都有严格的被认可的模型，但这些理论暗含着模型发展中不断放宽理论假设的轨迹，从而更符合现实经济世界。

第二节　产业集聚的实证研究进展

随着理论研究的不断深入，从 20 世纪 70 年代开始，产业集聚的实证研究文献逐渐丰富起来，相关结论对一些理论纷争也做出了有力回应。早期的实证研究侧重于产业集聚（经济）的存在性检验，以及基于相关理论分析集聚的影响因素。后来一些学者开始关注产业集聚的形成机制与模式研究，制造业集聚与生产性服务业集聚的异同点在相关研究中逐步得以关注。近年来，对于产业集聚的经济效应分析开始成为研究的重点，即分析产业集聚与区域经济增长（生产率）之间的相互关系，虽然大部分的理论文献对空间集聚与区域经济增长关系进行了模型化研究，也得出了比较一致的产业集聚与经济增长之间呈现显著正相关的观点，但实证结果在作用强度与方向、动态演化周期等方面却相差迥异。总体来看，关于产业集聚的研究已普遍形成从"现象→机制→效应"的完整分析脉络。

一、产业集聚的存在性检验

产业集聚存在性检验的研究内容是检验哪些产业存在集聚趋势以及集聚速度的快慢。虽然从理论上对集聚经济有了一定认识和认可，但实证研究方面还是稍有落后，究其原因主要是对产业集聚的测量还没有统一的、被广泛认可的工具，涉及的集聚测度指标有：区位熵（LQ）指数、赫芬达尔（H）指数、空间基尼（G）系数、地理集中（E-G）指数和行业集中度（CR）指数等。各种研究结果的差异除了对集聚测量指标选择不同外，在数据选择的区域性、准确性等方面也是值得考量的。目前，对集聚的存在性检验研究，主要是利用各国的数据来证明工业行业、特别是制造业集聚的存在。克鲁格曼（Krugman，1991）通过计算美国各州 106 个二位数制造业的专门化程度，结果发现许多行业的生产集聚性很强，而且集聚性强的行业不仅仅是人们观念中固有的高科技产业。德韦鲁（Devereux，1999）以英国制造业为例的实证分析也得出了类似的结论。迪朗东和欧文曼（Duranton & Overman，2005）通过建立模型，构造了满足产业集聚测度众多要求的基于距离的产业集聚测度指标，并利用英国四位数产业的数据进行了检验，发现通常的产业集聚都发生在 0～50 公里的空间范围内。在国内研究方面，藤田（Fujita，2001）、梁琦（2004）分别选取了改革开放以来的三个关键节点年份来测算中国制造业的集聚度及其变化，结果都表明，中国产业分布的空间集中度在不断提高；杨洪焦等（2008）基于 E-G 系数的精确计算发现，1988～2005 年中国制造业集聚度的整体水平一直呈上升趋势；文东伟和冼国明（2014）基于企业层面的数据系统测算也得出了类似的结论。

近年来，服务业尤其是生产性服务业集聚问题开始逐渐成为研究的重点所在。丹尼尔斯（Daniels，1985）实证研究发现，生产性服务业在空间分布上的集聚程度要高于消费性服务业的集聚程度。罗伯特（Robert，1999）采用邮政区位空间网络对英国的商业集聚程度进行了分析，结果显示商务服务业的集聚度最高，在英国各地区发展具有不平衡性。吉兰（Guillain，2007）在计算基尼系数和空间自相关莫兰（Moran's I）指数的基础上，具体分析了巴黎及其周边地区制造业和服务业集聚的变化情况和模式选择。就国内而言，江小涓（2004）认为生产性服务业集聚是其得以持续发展的重要环境支撑，生产性服务业的发展层次与集聚水平直接决定了现代制造业的竞争力。程大中等（2005）使用 LQ、RCA 和 K-spec 指数，分析了中国服务业及其分部门的区位分布与地区专业化情况。陈建军等（2009）基于新经济地理学理论对中国 222 个地级市及以上城市的生产性服务业集聚进行了研究分析，结果发现，中国服务业集聚主要呈现出两大特征：第一，生产性服务业的集聚程度较高，且表现出逐渐提高的动态趋势；第二，消费性和公共服务业的集聚程度较低。从空间演变趋势来看，整体呈现出从我国东北、中西部地区向东部沿海地区集聚的态势（盛龙、陆根尧，2013），趋向于在行政等级较高的核心城市集聚的特征（张浩然，2015），呈现出由多中心演变到极化，由较为均衡的集聚特征演变为部分省份格外突出的集聚分布格局（陈红霞、李国平，2016）。

二、产业集聚的影响因素分析

产业集聚实证研究的另一个重点就是对产业集聚理论的验证性研究，即对产业集聚理论中所设计的影响因素进行实证检验，检验这些因素是否对产业集聚产生了显著影响。斯科特（Scott，1986）认为，服务业集群追求的主要是外部联系和劳动力市场。金（Kim，1999）测量了美国 1880～1987 年期间的 20 个行业在各个州的分布情况，实证结果显示，规模经济和资源集中度都对产业集聚有着正的影响作用。杰德（Jed，2007）使用县级数据讨论了知识外溢、自然资源投入和劳动力对服务业集聚的影响，并进一步分析了服务业与其他产业往往会集聚在一起的原因。格伦·埃里森（Glenn Ellison，2007）利用美国 1972～1997 年人口普查局的纵向研究数据库数据，基于制造业产业间协同集聚的视角实证检验了马歇尔关于产业集聚三大机制的显著性，结果显示，上下游关联、劳动力池与知识外溢都显著地节约成本进而促进集聚，同时，通过对英国相应行业数据的实证分析也支持上述结论，尤其是前后向投入产出的依赖性是最重要的影响因素，劳动力池次之。就国内学者而言，关于产业集聚的影响因素研究，这一方面，金煜等（2006）做出了开创性工作，他们构建了基于经济地理、新经济地理和经济政策的产业聚集分析框架，并运用省级面板数据进行了实证分析。此外，白重恩等（2004）、王小鲁和樊纲（2004）、杨洪焦等（2008）还分别从地方保护主义、交通运输条件、平均企业规模和其他生产要素考察了它们对产业集聚的影响。赵增耀和夏斌（2012）的研究发现，工业集聚的实现可以依靠本地市场潜能、国内周边地区市场潜能和国外市场潜能，而且工业集聚与国内市场潜能之间呈 U 形关系。文东伟和冼国明（2014）基于中国制造业微观层面的研究发现，一些高度集聚的行业与自然资源优势有关，而另一些高度集聚的行业可能与集聚经济、空间外部性或运输成本等因素密切相关。这正如克鲁格曼（Krugman，1991a，1991b，1991c）的论述，地理上高度集聚的行业，并不能以显著的单一原因进行解释。在服务业集聚影响因素研究方面，陈建军等

(2009）在新经济地理学理论的基础之上，尝试性地提出了生产性服务业集聚"要素－空间－城市/人口－制度"的四维理论分析框架，探索研究了生产性服务业集聚的成因与发展趋势。在现实经济活动中，一个地区对于生产性服务业发展的市场需求不仅来自本地区的制造业发展，还来自地理邻近的周边地区（韩峰等，2014）。已有对服务业集聚影响因素的研究多以实证检验为主，而且大都在生产性服务业集聚绩效（效应）的研究中加以佐证，相关文献也是汗牛充栋、不胜枚举，每项研究都支持了相关集聚理论，但是不同国家与地区之间的检验结果会有所差别。总体而言，知识溢出效应驱动（Kolko，2007；Gabe，2016）、产业关联关系驱动（Mukim，2015；江曼琦、席强敏，2014）、城市规模（陈国亮、陈建军，2012；王国顺等，2016）、制度环境（陈建军等，2009；陈晓峰，2015）等因素的作用不可或缺。

三、产业集聚效应分析

集聚效应（经济）是城市、产业园区等存在的重要理论基础。产业集聚效应是一个较为广泛的概念，它包括集聚的经济效应、就业效应、学习效应、创新效应和社会效应等。但无论是理论研究还是实证检验，已有的文献还是主要集中于对集聚经济效应的研究，重点分析产业空间集聚与（企业）劳动生产率、产业竞争力与区域经济增长的关系。近年来，国内外有大量的文献关注于集聚经济问题，主要形成了以下几点共识：首先，集聚总体上可看作一种增长要素（Martin & Qttaviano。1999），具体表现为对企业、产业及区域产出水平、技术创新水平以及生产效率的显著影响（但在产业的不同阶段、不同的城市规模对集聚效应的影响也会有差异）。其次，集聚经济表现为两种具体形式：地方化经济与城市化经济①。前者来源于区域产业专业性，后

---

① 胡佛（Hoover，1997）将集聚效应划分为地方化经济（专业化经济）和城市化经济（多元化经济）。具体而言，专业化经济是指由于某一产业的地理集中而对生产率的提升效应；而多元化经济则是指由于地方产业体系的产业多元化对生产率的提升效应。一般而言，专业化经济带来的效率提升往往仅仅局限于某一特定产业的企业之间，而多元化经济则使城市中的所有企业都受益（Selting，1994）。

者来源于大城市地区。最后，集聚效应不可能无条件的存在下去，当超过一个的载荷（阈值）（即产业集聚正向效应的释放与传导具有一定的范围与边界），产业集聚就会出现拥挤效应（即克鲁格曼所谓的离心力大于向心力）。

（一）产业集聚与区域经济增长：制造业层面分析

经济活动在空间上的集聚能否促进区域经济增长，以及如何促进区域经济增长，这不仅是经济地理学家关心的基本问题之一，也是连接新经济增长理论和地理经济学的桥梁。从马歇尔开始，到雅各布斯，再到之后以克鲁格曼为代表的新经济地理学派，他们都从不同角度重点研究了制造业（工业）集聚对经济增长的作用机制，普遍认为制造业集聚可以改善和促进区域经济增长或劳动生产率的提高，而专业化和多样化则是集聚模式的重要选择。由集聚理论演变而产生的相关理论模型为产业集聚与经济增长关系的分析提供了一个非常简明的分析框架。因此，在一大批集聚理论模型发展的基础上，也有大量研究对集聚效应的存在与否进行了实证检验，大部分实证研究主要采用一些间接的方法来研究产业集聚与经济增长的关系。其中就业规模、就业密度与生产率的关系是被提及最多的（Nakamura，1985；Ciccone，2002；Rice et al.，2006；Brulhart & Mathys，2008）。海克罗泽和凯尼格（Crozet & Koenig，2007）利用欧盟 1980～2000 年地区数据的实证研究结果表明，空间集聚促进了经济增长，并且生产活动的内部空间分布越不均匀的地区增长越快。密特拉和佐藤（Mitra & Sato，2007）基于日本县级水平的两位数产业数据的实证研究发现，对于大多数产业而言，技术效率与外部规模经济存在着正向关系，特别是在轻工业行业，这种集聚的效应十分明显。就国内而言，范剑勇（2006）、陈良文等（2009）、刘修岩（2010）、孙晓华和郭玉娇（2013）等基于中国不同空间测度区域层面的汇总数据也发现集聚经济对生产率具有显著的促进作用，而且有助于提升绿色全要素生产率（陈阳、唐晓华，2019）。产业集聚的多重增长效应在针对长三角（陈建军、胡晨光，2008）以及长江经济带（杨仁发、李娜娜，2019）的相关实证研究中也得以印证。

（二）产业集聚与区域经济增长：服务业层面分析

学术界过去长期以制造业作为研究的对象和例子。不过，随着在世界范围内服务业主导经济增长过程的作用越发明显，近年来对服务业集聚效应的讨论也越来越多。例如，耶尔斯和菲利普指出，服务业由于生产和消费在时间和空间上的不可分性，以及非物化、不可存储等特征，其比制造业更依赖于本地市场容量，并且具有更强的集聚效应。汉斯达（Hansda，2001）从产业关联角度，通过不同行业的对比分析发现服务业集聚在产业关联方面更加有利于经济增长的可持续性。埃斯瓦瑞和科沃尔（Eswaran & Kotwal，2002）的研究发现，生产性服务业的集聚区域有利于吸收高素质专业型人才，从而提高地区劳动生产率、改善区域投资环境、推动区域科技创新及进步、促进区域经济增长。顾乃华（2010）利用城市面板数据和随机前沿（SFA）模型并且引入地理距离和政策环境等变量进行了研究，发现生产性服务业集聚对工业技术获利能力具有正向的影响。王琢卓和韩峰（2012）探讨了湖南省生产性服务业专业化、多样化及其产业规模对城市经济增长的影响，研究发现生产性服务业专业化和多样化均能够直接地显著促进城市经济增长，但专业化的作用更为突出。张萃（2016）从一个较新的城市等级体系视角出发，分析了生产性服务业集聚与中国城市生产率增长的关系，结果显示：生产性服务业集聚对城市生产率的增长具有明显的促进效应，其主要通过促进城市技术进步的机制来实现，而制造业集聚对城市生产率增长的促进效应不显著。曹聪丽和陈宪（2018）的研究发现，高端生产性服务业集聚显著促进了本地区和邻近城市经济绩效的提升（但需要跨越一定的门槛规模），而低端生产性服务业集聚效应不明显。

（三）产业集聚与区域经济增长：微观层面分析

基于企业数据对集聚经济进行分析的文献也不乏少数，亨德森（Henderson，2003）利用美国机械设备制造业和高新技术产业企业微观数据研究发现，高新技术产业内其他企业数量越多，企业生产率越高。鲍德温（Baldwin，2010）使用加拿大制造业企业数据、马丁（Martin，2011）使用法国制造企业数据分别检验了集聚经济的不同来源，结果都支持马歇尔关于集聚外部性的三大来源，证实了本地化经济的存在性。此外，关于集聚与城市生产率论题的一个新近拓展，就是引入企业生产率异质性的假定前提，来考察企业选择行为对城市生产率的影响。其中，梅里兹和奥塔维亚诺（Melitz & Ottaviano，2008）的理论模型分析表明，企业在大市场集聚的同时也会使得竞争加剧，进而迫使低效率的企业退出大市场。因此，大城市生产率高是由高效率企业的选择行为而导致的。国内的相关研究呈现潮涌之势。余珮和孙永平（2011）基于条件 Logit 模型的实证研究发现，集聚效应对跨国公司的在华区位选择具有显著的影响。王良举和陈甬军（2013）基于中国制造企业的实证结果表明，在集聚地区存在能够促进企业生产率提高的"学习效应"，在中国城市中存在显著的集聚经济效应。范剑勇等（2014）以 1998～2007 年通信设备、计算机与其他电子设备业企业为素材，考察了县级层面产业集聚的主要形式——专业化和多样化经济对全要素生产率及其构成要素的影响，结果显示，两种路径得出的全要素生产率（TFP）增长走势基本相似，技术效率改善与前沿技术进步是全要素生产率增长的主要动力因素。胡翠和谢世清（2014）基于 1999～2007 年全部国有和规模以上非国有制造业企业的数据分析发现，上、下游行业集聚对制造业企业生产率有显著正向影响，但目前我国制造业上、下游行业集聚水平总体较低。胡等（Hu et al.，2015）以中国 2860 个县（含市辖区）的 176 个行业（三位数行业代码分类）的制造业公司数据为例对产业集聚的生产率促进效应进行实证研究，结果发现，在2003～2007 年间，产业集聚对整个中国工业部门生产率增长的贡献率大概在14% 左右，其中小企业集聚的作用不容忽视。

（四）产业集聚的拥挤效应分析

以往关于集聚效应（集聚经济）研究的一个共同缺陷在于先验性地假设集聚效应的线性特征，很少有文献注意到集聚企业间可能存在的要素拥挤或过度集聚现象。由于集聚规模效应与拥挤效应（非经济性）在一定条件或边界内可动态转变，这也就决定了产业集聚效应具有非线性收敛的特征。因此，一些学者也指出了产业集聚的规模效应和拥挤效应犹如"一枚硬币的两面"的理论观点。

对集聚拥挤效应进行开创性研究的当属亨德森（Henderson，1971），其构建的城市规模模型的均衡结果表明，要素报酬与规模经济间存在倒 U 形关系，主要原因是生活成本的上升会抵消集聚所产生的规模经济，当城市超过最优规模时，集聚效应会向拥挤效应转变。亨德森（Henderson，1983）对美国和巴西的实证分析也验证了上述模型结论。博德里和斯沃姆（Beaudry & Swarm，2001）对英国、皮埃尔－菲利普·库姆斯（Pierre-Philippe Combes，2002）对法国的经验分析均证实，由于行业异质性和集聚效应的多样性使得产业集聚的正向效应不可能一直存在下去，但这些分析主要针对的是制造业（企业）层面。纳雷什（Naresh，2003）认为，服务业集聚是动态发展的，由此产生的积极效果并不会无限期地持续存在，到了一定的临界点就会成熟，这时集群内的拥挤和竞争现象就会加剧。布鲁斯玛（Broesma，2009）以荷兰的几个不同城市化水平地区的数据为例，估算了 1997~2006 年两位数制造业集聚对全要素生产率影响，实证结果显示，产业集聚与生产率之间存在积极显著的相关性，但随着城市化水平的变化，集聚度与生产率之间将会呈现倒 U 形关系，而这一现象在欧洲其他国家也比较普遍。胡等（Hu et al.，2015）以中国制造业大样本微观数据为例的实证分析显示，拥挤效应和激烈的市场竞争会抵消产业集聚区域的公司集聚效应，同时，在生产率促进方面，大公司间的协同定位作用比较显著，而且上游产业比同行业的贡献率要大得多。

在中国，产业集聚也并非在所有情况下都会带来正向集聚效应。柯善咨和姚德龙（2008）指出。若城市就业空间密度过高，其拥挤效应会导致生产率降低。闫逢柱和乔娟（2010）基于中国制造业数据的经验研究发现，产业集聚总体上对产业成长产生了负面效应，低技术密集型与劳动密集型行业的集聚已出现一定程度的"劳动拥挤效应"。吴三忙和李善同（2010）将我国制造业在东部地区平均集聚度下降，东北部地区和中西部地区上升的趋势归结为拥挤效应所致。汪彩君和唐根年（2011）通过产业规模指数与利润的相关分析，得出并非所有制造行业生产效率都与产业集聚度呈正相关关系，在长三角地区一些产业集聚已出现生产要素的拥挤现象。孙浦阳等（2011）基于跨国面板数据探讨了产业集聚对经济增长的影响，研究结果支持了"威廉姆森假说"[①]，表明随着国家经济的高速发展，集聚的好处将被逐渐削弱。王琢卓等（2012）研究发现：生产性服务业专业化、多样化和集聚规模与城市经济增长之间具有长期均衡关系；生产性服务业多样化无论在长期还是短期均促进了城市经济增长，而专业化却对经济增长产生负效应。吴福象和蔡悦（2014）也指出，当前中国产业空间布局中存在着东部地区产业过度集聚、中西部地区工业结构区域瓦解的困境。沈能等（2014）基于中国制造业的实证研究表明，随着产业集聚度由弱变强，会对行业生产率产生先升后降的影响，且具有显著的三重非线性门槛特征。王必达和魏涛（2015）基于中国地级及以上城市的研究发现，过度集聚产生的原因是由于劳动的空间集聚导致的分工过于细化，超过了最优分工程度，导致交易成本过高。王兵和聂欣（2016）认为产业集聚对环境影响的负向效应来源于两个方面：拥挤效应引致的负外部性和政府监管缺失。陈国亮和唐根年（2016）基于长三角的实证分析指出，在互联网驱动下，第二、第三产业因争夺重叠性资源而出现"挤出效应"，形成了空间非一体化发展，空间结构从工业经济时代的"中心 – 外围"向互联网时代的空间匀质性转变。

四、简要评述

众所周知，集聚效应是产业集聚的主要原因，而生产率提高与经济增长是产业集聚的结果。因此，只有弄清楚了集聚效应的来源及其演进规律，才能为中国的产业发展提供更加有效的政策建议。从集聚经济的理论出发，可

---

① 威廉姆森假说认为，空间集聚在经济发展初期能显著促进效率提升，但达到某一门槛值后，空间集聚对经济增长的影响变小，甚至不利于经济增长，拥挤外部性更倾向于分散的地理空间结构。

以直接得出的一般逻辑假设为：保持其他条件不变，集聚度越高（表现为人口、产业和城市规模越大），知识外溢、劳动力池、专业化投入品等集聚效应会更强，上述观点已在前述的相关文献中得到印证。已有文献对集聚效应的研究实现了从理论分析向经验分析的转变，有助于从现实角度更好地理解和把握产业集聚的特征和规律。值得一提的是，产业集聚所形成的向心力会吸引生产要素在空间上的循环因果累积，但这一过程不会永久持续下去，由于要素拥挤和过度竞争也会使得集聚拥挤效应逐渐显现，拥挤效应引起的非经济性使得生产要素在空间上具有分散趋势，这种拥挤效应对相关产业成长以及区域经济增长都会产生负面影响。不过由于规模经济是集聚的基础，以往学者们更强调规模效应对生产率的影响。总之，国内外关于产业集聚拥挤效应的直接研究较少，拥挤效应往往被视作研究其他经济问题的次要参数或变量，更多的是集中在观点判断上，不重视经验证据上的支持。而且，以往的研究更多的是基于单一产业的集聚效应研究，关联产业间集聚效应的生成、演进及其传导等问题始终还是一个研究盲点。由于上述研究的局限之处，也导致了理论建构、政策含义与产业实践相去甚远。

第三节　生产性服务业与制造业：产业关联与协同集聚

一、产业关联研究

现代服务业与制造业的"双轮"驱动是经济发达国家或地区典型的产业发展与转型路径。从近年来世界经济发展及全球化进程中产业分布情况来看，现代服务业的增长是以生产性服务业增长为主要特征的，作为中间投入品的生产性服务业，其投入的质量和方式越来越代表着工业增长的现代化程度。从 20 世纪 50 年代以来，生产性服务业在制造领域的作用不断变迁，由管理功能（润滑剂作用）到促进功能（生产力作用）再到今天的战略功能（推进器作用）。因此，生产性服务业与制造业的关系在后工业社会成为了人们关注的焦点。学界与业界也普遍认为生产性服务业与制造业的互动发展将是中国产业转型升级的最理想状态。

生产性服务业与制造业的关系是学者们长期和广泛关注的焦点议题，相关的研究文献已不胜枚举。迄今形成的代表性观点有：第一，制造业需求主导论（Cohen & Zyman，1987；Klodt，2000；Guerrieri & Meliciani，2003），认为制造业是生产性服务业发展的前提和基础；第二，生产性服务业供给主导论（Daniels，1991；Peppas & Sheehan，1998；Eswaran & Kotwal，2001），认为生产性服务业是制造业得以提高的前提和基础；第三，互动融合论（Park & Chan，1989；Grubel & Walker，1993；Lundfall & Boras，1998；周振华，2003；Preisssl，2007），认为两者之间并非简单的因果关系，而是一种唇齿相依、彼此融合的双向互动关系。目前的研究已摆脱对两者"主导关系"的争论，生产性服务业与制造业的互动融合发展格局已得到学者们的广泛认同（陈晓峰，2014）。唐晓华等（2018）认为，生产性服务业与制造业间耦合协调度由初始的失调衰退阶段逐步发展至良好协调阶段，其主要动力来源于存量资源优势。一个值得关注的话题是，近年来，随着"中国制造2025"和"互联网＋"战略的深入推进使得服务业与制造业的互动发展呈现出与工业经济时代迥异的模式，陈国亮和唐根年（2016）基于城市群视角构建了"互联网驱动－需求生态圈－制造生态圈－服务生态圈"累积循环机制这一新型的第二、第三产业互动理论分析框架。

对两者在产业间互动的研究，分工深化和价值链视角是两种比较成熟和常用的分析视角：第一，分工深化视角其主要思路是依据经典分工理论（Markusen，1989；陈宪、黄建锋，2004）、交易成本理论（Goe，1990）、产业集聚理论（Hansen，1990）所蕴含的福利含义及其实现路径，创造条件使制造企业服务外包，聚焦专业化制造；或者大力发展生产性服务业以诱致制造企业服务外包，最终形成分工深化与协同发展。第二，价值链视角其主要思路是依据价值链理论，基于企业层面以解释制造企业剥离生产性服务的原因为切入点，分析生产性服务业与制造业互动机理（Porter，1998）。在生产性服务业与制造业边界逐渐模糊，走向融合的背景下，近年来，国内学者尝试从产业共生视角来进行研究，相关文献主要对生产性服务业与制造业共生机制、影响因素、演化规律及行为模式等进行了深入分析，指出生产性服务业与制造业之间是一种复杂的生物群落耦合共生关系。国内学者遵循上述研究思路，对生产性服务业与制造业的互动关系展开了大量的实证研究。研究方法概括来讲主要有四种：一是根据投入产出表的研究（李冠霖，2002；程大中，2006；刘书瀚等，2010）；二是通过计量模型来进行检验（顾乃华等，2006；江静等，2007；冯泰文，2010；高觉民，2011；杜传忠等，2013；孙晓华等，2014）；三是基于问卷调查和访谈等微观途径的研究（Hansen，1991；Mac Pherson，1997；钟韵，2007）；四是基于制造业需求角度来考察生产性服务业发展（李逸飞等，2017；王文、孙早，2017）。学者们的普遍观点是：我国生产性服务业与制造业呈现出一定的互动耦合态势，但产业关联效应和空间交互效应还有待提升，生产性服务业对制造业效率改进和获利能力提升均有显著影响。

二、生产性服务业与制造业协同集聚研究

产业集聚的传统研究主要是探讨同一行业间的企业空间毗邻（集中）的动因、模式及其所产生的集聚效应，而协同集聚则把研究视角拓展至不同行业的企业间，不同行业可以是上、下游企业间的集聚，也可以是天生具有较强关联的生产性服务业与制造业企业间的协同集聚。协同集聚的优点在于兼具空间维度和产业关联维度的思考。目前，对于生产性服务业与制造业间的产业关联（互动）的相关研究已极其丰富和成熟。但现有研究更多的还是集中在单个产业集聚上，重在考察"协同集聚"行业间的联系与机理，而对于具有较强上、下游产业关联的产业协同集聚问题则关注较少。"协同集聚"论的视点，恰在于不同行业企业集聚现象，围绕这个论题的早期研究主要限于制造业内部，近年的研究开始从制造业拓展至服务业，由此提出的一个新论题，即生产性服务业与制造业的协同集聚。

（一）产业协同集聚的理论研究

对产业间相互关联而导致协同集聚的思想可追溯到马歇尔（Marshall，1890）关于产业集聚原因的研究，认为中间投入品和共享劳动力以及知识外溢诱使企业在空间上毗邻，以获得外部经济，并将规模经济区分为内部规模经济（单个企业内部）和外部规模经济（多个企业之间），而后者实际上暗含了隶属于不同行业之间企业可能因分工的联系而集聚在一起的思想。虽然通过马歇尔、克鲁格曼等学者的开创性研究，目前已经把空间因素纳入产业分析的框架之中，但关于产业间集聚的研究基本上都是以克鲁格曼提出的基于农业和制造业两部门的"中心－外围"模型为基础展开的，产业协同集聚研究仍处于起步阶段。相关理论研究基本都是在经典的外部经济理论和"中心－外围"模型的基础上进行推理演变，研究产业协同集聚的内在机理。而真正意义上将行业间联系纳入模型考虑的首推维纳布尔斯（Venables，1996）的工作，他所开创的"垂直－边缘"（CPVL）模型从投入产出的纵向联系角度考察集聚产生的原因（行业间的两大关联：需求关联与成本关联），为建立产业协同集聚的分析框架提供了有益的借鉴。维纳布尔斯模型的核心思想实际上就是从垂直关联的视角解释了相关联产业间的协同集聚。可见，正是不同行业间的关联度、行业贸易成本和靠近市场成为决定企业区位的决定性因素，同时，当运输成本处于中游水平时会引起产业协同集聚，而当运输成本进一步降低则会促进产业扩散。此外，做出开创性研究工作的当属维拉和里弗斯（Villar & Rivas，2001）在"中心－外围"模型的基础上增加了生产性服务业部门，最终在一般均衡的分析框架下得出生产性服务业集聚在区域中心城区，制造业集聚在区域外围地区的新"中心－外围"空间分布状态，并且指出，信息通信技术的提高将进一步促进生产性服务业在区域中心聚集的结论。

在维纳布尔斯模型的基础上，后续的学者对相关联产业间集聚进行了一系列的理论拓展（Henderson，1997；Forslid & Midelfart，2005）。金德（Kind，2000）将地区间的税收竞争引入了垂直关联的上、下游产业集聚模型，认为税收和运输成本一样会对产业集聚状态产生影响。安蒂（Anti，2005）建立了一个将垂直关联产业融入在内的两要素赫克歇尔－俄林（H-O）模型，该模型的核心思想在于，对一个产业链的上游和下游企业而言，即使它们所需要的要素密集度不同，较低的贸易成本也能够促使这些企业协同集聚。佛斯利德和米德法特（Forslid & Midelfart，2005）在维纳布尔斯模型的基础上引入政府部门，分析了一个高工资开放国家在上下游联系的产业协同集聚过程中的最佳产业政策。科赫（Koh，2009）将行业间的垂直关联替换为水平关联，进而考察了行业间的协同集聚现象，他建立的两国三部门模型同样支持了中间产品行业和最终产品行业的空间协同集聚态势。海斯利（Helsley，2014）将产业协同集聚定义为介于完全多产业和单一产业专业经济结构之间的中间情形，几乎所有城市的产业集聚都呈现出中性结构特点。胡尊国等（2015）基于海斯利的协同集聚模型模拟流动劳动力与城市匹配关系，研究发现协同集聚城市最优的就业结构或整体福利水平取决于同产业上下游链和跨产业之间的匹配效率。

（二）产业协同集聚的实证研究

这一部分文献分两个层面。第一，产业内协同集聚，是指相关联的单一产业内部的协同集聚（同类关联的行业之间、行业内部不同小行业间的协同集聚），主要包括：制造业协同集聚、生产性服务业协同集聚；第二，生产性服务业与制造业协同集聚。

（1）产业内协同集聚的实证研究。埃里森和格莱泽（Ellison & Glaeser，1997）开创性地对空间基尼系数进行了改进，创建了 E-G 指数用于产业集聚测度，由于该指数计算烦琐，后又对该指数进行了修正并创建了 C(r) 指数（扩展的 E-G 指数），该指数更适合于关联产业间协同集聚的测度。从现象上看，目前相关实证研究对于协同集聚的度量主要以 C(r) 指数为基础，首当其冲的属埃里森和格莱泽（Ellison & Glaeser，1997）的研究工作，其计算结果表明，在四位行业编码中存在协同集聚现象，而且具有上下游关联行业之间这一现象更为普遍。巴里奥斯（Barrios，2003a；2006b）利用同样的方法考察了爱尔兰 1972～1999 年两位编码和三位编码制造业的协同集聚情况，发现多数行业的协同集聚指数有所提高，而且爱尔兰外资企业和本土企业之间存在长期稳定的协同集聚关系。迪朗东和欧文曼（Duranton & Overman, 2008）以英国制造业为例，利用 Kenel 密度函数研究了不同类型企业在选址上的区别，并且考察了垂直关联行业间的协同集聚问题。虽然，埃里森和格莱泽提出的协同集聚指数被广泛运用于产业协同集聚的相关实证研究中，但并没有深入阐述生产性服务业与制造业协同集聚的内在机理。参照上述研究思路，路江涌和陶志刚（2006）、马国霞等（2007）分别对中国制造业协同集聚水平进行了实证分析，结果显示，近年来中国制造业协同集聚水平持续上升（但明显低于美国同行业），而其中的产出关联与地理临近对协同集聚形成机制具有很重要的解释力。赫如欧（Herruo, 2008）基于 E-G 协同集聚指数测算了西班牙木材产业的协同集聚度，结果发现，以木材为基础的产业整体的协同集聚度较低，木材制造业内部行业则存在较高的协同集聚度。范剑勇和石灵云（2009）以中国制造业为例的实证分析也得出了类似的结论，即现阶段中国制造业的产业外部性均表现为产业内集聚与关联产业集聚，而且产业内集聚效应高于关联产业集聚效应。

迄今，服务业协同集聚的研究文献与制造业集聚相比还相差甚远，直接以生产性服务业协同集聚为研究对象的文献尚不多见，现有研究大多停留在对协同集聚现象的观察和描述阶段，也并未从理论上对其进行合理解释。科里米克和梅里尔（Klimek & Merrell, 1999）使用 1992 年的企业微观数据和1996 年的地区特征数据，利用 E-G 协同集聚指数考察了美国零售业和批发业之间的协同集聚状况并将其与制造业的协同集聚进行了对比，结果显示零售业和批发业的协同集聚度远远高于制造业的协同集聚度。米勒（Miler, 2001）对英国服务业集聚的实证研究表明，伦敦占据了英国最重要的服务业集群，并且服务业之间呈现高度的协同集聚，其中金融业和其他服务业协同集聚最为突出。科尔科（Kolko, 2007）认为之前关于服务业集聚的研究大多集中在单个产业上，因此，他从多个服务业协同集聚的角度解释了服务业集聚的动因，认为与制造业集聚相比，促使多个服务业形成协同集聚的动力在于不同的服务业之间存在明显的知识外溢效应及其之间的直接贸易纽带，通过集聚来进一步降低成本是服务业协同集聚的主要原因之一，而信息技术在服务业集聚过程中所起的作用不大。值得一提的是，在行业分布上，一些学者将注意力大都放在研发行业与营销行业等行业之间的协同集聚上。陈国亮（2015）对中国海洋产业协同集聚的空间演化特征进行分析，并对影响因素进行了探索，研究表明，海洋产业协同集聚具有空间分异显著、空间连续性增强以及"单中心"与"多中心"交替转换等特征，而且分为空间大尺度变迁、临近地理变迁和空间更加集中变迁三种类型。除此之外，也有学者提出了生产性服务业集聚机制和耦合悖论的问题（吴福象等，2014）。

（2）生产性服务业与制造业协同集聚。毋庸置疑，研究关联产业间的协同集聚问题更具实际意义，而恰恰目前对于生产性服务业和制造业协同集聚的研究还相对较少。现在仅有的一些研究大体上可分为两个视野：一个从生产性服务业本身的发展分析切入，拓展至其对制造业集聚的影响，认为生产性服务业作为制造业的中间投入品具有天生的产出关联，两者在空间上有必要实现协同集聚（Selya，1994；Richard，2002），他们分别基于中国台湾地区和美国的样本数据从经验上给出了封闭经济情况下的证据。另一个从生产性服务业与制造业的互动联系切入，考察二者间的协同集聚现象（例如，Desmet & Fafchamps，2005；Andersson，2006；Kolko，2007）。这一视野下的理论研究首推安德森（Andersson，2006）的工作，他基于生产性服务业与制造业之间"供应商－需求者"的关系，采用联立方程模型将两大产业区位作为彼此集聚函数的自变量，借以考察两者间的"协同集聚"效应。安德森的研究为产业间协同集聚研究提供了一个新的思路。科尔科（Kolko，2007）从邮政编码区域、县际层面以及州际层面对比了美国生产性服务业和制造业的集聚现象，他从产业间协同集聚的角度对生产性服务业和制造业集聚作出了解释，并选取了劳动力蓄水池、技术外溢、直接贸易关联、产业相似度、投入相似度等作为解释变量进行模型模拟比较，结果显示，生产性服务业比制造业的集聚度更高，但两者间呈现出一定拟合趋势。尤苏夫（Yusuf，2008）以亚洲为例从时间顺序上分析了制造业与服务业的协同集聚现象，认为制造业与服务业的协同集聚度具有较大的时间差异性。但也有少数学者关注到两大产业在一定条件下可实现远距离的"分离式集聚"（Markusen，2005；Kollo，2007）。克伦茨（Krenz，2010）基于1970～2005年欧盟国家产业面板数据的计量回归发现，纺织业的空间集聚带动了零售业的集聚，仓储运输业的空间集聚度则与基本金属制造业、食品、饮料及烟草业、造纸业、机械设备制造业以及交通运输设备制造业的空间集聚度正相关。科赫和里德尔（Koh & Riedel，2014）对德国四位数制造业和服务业集聚进行了分析，发现制造业和服务业都存在着集聚趋势，尤其是传统制造业集聚趋势尤为明显。

近年来，国内部分学者在这一领域也进行了一些探索性研究。高峰和刘志彪（2008）指出，生产性服务业与制造业之间的分工协同，能够促进两种产业各自的升级与集聚。陈国亮（2010）研究认为，生产性服务业与制造业形成双重集聚，是由于生产性服务业与制造业之间的上下游产业关系，而不是共享的劳动力市场和知识外溢。陈建军和陈菁菁（2011）借鉴维纳布尔斯（Venables，1996）的研究思路，通过两方程联立模型以验证浙江省69个城市和地区的生产性服务业与制造业之间的协同定位关系。赵伟和郑雯雯（2012）以贸易成本为中介变量构建了相应的实证模型，分两个层面引入中国现实数据对两大产业集聚间的关系做了检验，所引申出的政策含义是：鼓励生产性服务业发展不仅有利于制造业集聚，而且有利于提升产业技术水平。李强（2013）通过实证分析从城市空间和价值链视角研究了协同集聚效应的形成机制，认为城市中存在一个均衡的土地租金使得协同集聚效应中的互补效应最大化，且城市规模有利于协同集聚效应的提升。席强敏（2014）以天津市为例，通过实证分析得出外部性理论的三大集聚因子显著地影响生产性服务业与制造业在空间上的协同集聚的结论。谭洪波（2015）基于三部门一般均衡模型研究发现，两大产业的空间集聚关系取决于贸易成本与生产成本之间的权衡。于斌斌等（2015）引入地理距离分析发现，无论在全国层面还是区域层面上，制造业集聚、制造业与生产性服务业的共同集聚对地区经济效率的影响都明显不同。朱慧等（2015）基于我国中部地区城市群的实证研究发现，物流业与制造业的两大产业细分行业间多呈共同集聚态势，但低度集聚的产业组合仍占多数，仓储业、装卸搬运与制造业共同集聚程度最高，航空运输业、仓储业和装卸搬运的共同集聚水平上升变化最为明显，而铁路、道路、水路运输业与制造业分布趋于分散。而且，生产性服务业外商直接投资与制造业外商直接投资在省际存在协同集聚现象，制造业外商直接投资集聚与生产性服务业外商直接投资集聚存在相互促进的作用，二者之间的协同集聚效应能够促进制造业增长（矫萍、林秀梅，2016）。近几年来，产业协同集聚的各类效应及其作用强度成为实证研究的重点所在，主要体现在：协同集聚与经济增长（胡艳、朱文霞，2015；任皓等，2017）、收入改善（陈建军等，2016）、制造业效率提升（刘叶、刘伯凡，2016；程中华等，2017）、城镇化推进（伍先福、杨永德，2016）、空间溢出（张虎等，2017）、环境污染改善（蔡海亚、徐盈之，2018）、产业结构优化升级（周小亮、宋立，2019）以及资源错配改进（崔书会等，2019）。

第四节　研究述评

虽说，新经济地理学派的工作将产业集聚研究推向了一个新的高潮，他们的"中心－外围"模型也已对产业集聚有所涉及，但产业协同集聚研究的重心仍在于制造业领域，总体来看，现有研究更多的是从城市内部产业集聚的规模效应和拥挤效应动态演进的角度来解释制造业空间集聚与扩散，针对协同集聚的研究缺乏对产业集聚内部构成及其效应的细分。而生产性服务业和制造业协同集聚是近年来学术研究的一个新论题，研究重心在于两者协同集聚的动因和效应分析。从上述相关理论与实证研究文献的全面深度梳理中可以发现，目前这一领域的直接研究较为鲜见，主要原因在于服务业与制造业的行业异质性，例如，新经济地理学中代表"空间"因素的运输成本在服务业中表现的并不明显，因此，相关的理论与模型并不能直接套用，现有的一些零星研究也主要局限于两大产业协同集聚现象的描述，比较笼统和宽泛。

而且，生产性服务业和制造业协同集聚的生成机理在相应研究中还始终是一个"黑箱"，尤其是基于协同集聚机理对两大产业的协同集聚效应及其动态演进规律进行规范分析仍处于空白地带。此外，已有相关研究基本都是按产业联动、空间协同定位两大主线分别展开的，而对于产业互动与空间协同之间的传导与转换未能予以足够重视（仅限于定性的或者经验的讨论），并没有将产业协同集聚与空间结构互动问题纳入统一的空间经济学分析框架进行系统解释。因此，本书基于上述理论与文献的可拓展之处，在对长三角产业协同集聚的特征和进程进行整体把握与预判的基础上，构建生产性服务业和制造业协同集聚的基本理论分析范式，全面解构由产业联动导致空间协同集聚的生成机理，多维度（产业 – 空间 – 制度）经验分析产业协同集聚效应的双向传导及其动态演进规律，结合特定城市（区域）、产业（园区）提炼出产业协同集聚的具体路径及相关政策建议，对于深化认识、有效促进生产性服务业和制造业协同集聚并从更高层次上推进产业转型升级与区域协调发展具有极强的理论价值和深远的实践指导意义，这也构成了本书研究的逻辑起点。

第三章

产业协同集聚的理论机制与形成条件

关于生产性服务业与制造业的关系学界形成了以"需求遵从论""供给主导论""互动融合论"为代表的几种理论观点,相关研究基本上都是从产业整体上进行考虑,而对产业集聚的机理、效应等方面的研究大都从产业本身出发。由于生产性服务业与制造业的内生相通性,这也使得生产性服务业集聚与制造业集聚在产业和空间层面上的互动成为了可能。目前,关于生产性服务业与制造业协同集聚还没有一个统一和完整的理论分析框架,已有的关于产业协同集聚研究主要基于马歇尔外部性理论的分析套路,类似的研究更多的是基于产业联动维度的分析,从本书第一、第二两章的分析中可知,生产性服务业与制造业协同集聚不仅包括因投入产出关联引起的产业联动还包括空间集聚联动(协同定位),而且作为生产性服务业与制造业协同集聚的双重属性,产业联动和空间集聚联动不是孤立的,而是可以互相传导的,这一传导过程中制度优劣及其匹配程度起着很重要的作用。基于上述考虑,本章将结合相关文献梳理与数理模型推演对生产性服务业与制造业协同集聚的二重属性进行理论分析,全面展现生产性服务业与制造业从产业联动形成空间集聚联动,进而促成产业协同集聚的过程机理与条件,为理论分析框架的构建打下基础。此外,还就制度因素与产业(协同)集聚的关系进行拓展性分析。

第一节　产业联动的理论分析

一、产业联动的理论溯源

生产性服务业与制造业在产业层面的联动获得了较多的理论支撑，古典经济学的分工理论、波特的价值链理论、新制度经济学的交易成本理论以及社会网络理论都从不同层面解释产业层面互动何以促进和深化分工、降低成本和提升生产效率以及获取价值资源。一般认为，专业化分工是两者关系形成的前提和基础，没有专业化分工，服务业就不能从制造类行业中分离出来（实质上就是制造业企业中间生产性服务是自营或外包的交易成本权衡，而外包的前提就是社会分工网络的出现与完善），生产性服务业就不可能逐渐以一种独立产业组织形态而展现，也就更不可能形成两大产业间的联动发展。而价值链理论则认为，生产性服务业能够强化制造业价值链的核心环节，实现产业的服务功能，从而增强制造业的创新能力，但在制造业发展的不同阶段，生产性服务业所包含的技术水平和知识密集度也有所不同（李文、李云鹤，2013）。从产业联动的组织属性看，产业联动属于介于市场与科层组织之间的中间网络组织，是各行为主体在交换、传递资源的过程中发生联系时建立的各种关系综合。网络由行为主体、资源以及活动三部分组成（黄守坤、李文彬，2005）。产业联动的内部动力因素表现为：区位优势、联动效应和网络创新，而外部动力因素表现为：政府的外部推力、市场需求的外部拉力。社会网络理论认为，当一个制造业企业在直接与各种跨组织、跨行业和跨地域的外部对象建立关系时，社会网络的存在显得尤为重要，它能有效降低企业的相关成本。当然，产业协同集聚使得企业才能够在更大范围的社会网络内获取有价值资源、知识和信息。然而，上述理论分析只是一种基于产业整体层面联动的理想格局，现实中两大产业也经常会面临分工与竞争的两难困境，尤其是目前世界范围内制造业企业面向服务产业的纵向一体化经营激励与趋势（蔺雷、吴贵生，2009；Brusoni et al.，2009），许多中国低端制造业企业利润微薄也并无服务外包激励，反而会采取服务化、服务增强和面向服务功能的战略迁移。因此，博弈论作为研究产业组织的一种行之有效的方法，为经济主体的行为决策和活动方式提供了重要的理论依据。

二、产业联动的根本动因

（一）前后向关联

产业联系是产业联动的基础和前提，具有较强前后向产业关联的生产性服务业与制造业间的地理临近也可以节约运输成本、降低交易成本和提高生产效率，进而形成并巩固互为因果、螺旋式上升的产业联动关系。具体而言，（高附加值）的生产性服务业贯穿于制造业的诸多环节，前者迫于技术衔接需要和技术效率诉求，会被动产生提高服务产品质量和改进生产工艺的动机，而生产服务环节的专业化剥离正好通过发挥规模效应、深化专业化分工提高了自身产出效率，这样，生产性服务业借助与制造业的前向产业关联为制造业提供高级生产要素的投入，产生前向溢出效应（生产性服务外部化，可以降低制造业的生产成本和交易成本，并有助于构筑制造业差异化竞争优势）。同样，生产性服务业的投入要素中也包含来自制造业的产出，当经济服务化趋势较为明显时，生产性服务业为进一步提高专业化水平，在积累了丰富制造经验的基础之上，可以通过服务工业化或企业协作联盟等竞争策略将实物产品作为服务包的组件，在服务后台采用制造业逻辑进行营运，以及服务中采用生产线和自动化等方法，来提高生产服务业的营运效率（制造业发展可带来生产性服务业规模的扩大和服务质量及效率的提高）。这样，生产性服务业高水平的技术进步和高效的技术效率通过对制造业需求的后向激励，形成对制造业的后向溢出效应（如图3-1所示）。

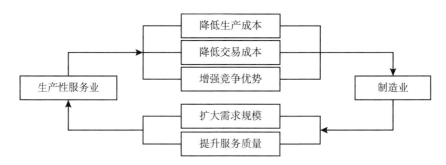

图 3 - 1   生产性服务业与制造业的投入产出关联

资料来源：笔者自行整理而得。

产业联动可看作是集聚分工的一种特殊形式（基于某种共同利益或目的而产生的一种动态行为过程），也是产业协同集聚的基本前提。对于原本属于制造业内部的生产性服务业最后形成与制造业相匹配的生产性服务业集聚，其内部演变的轨迹可解释为产业集聚间的分工，也就是产业从垂直一体化向垂直专业化转型。从影响制造业升级的视角来看，生产性服务业集聚使得制造业实现价值链中一个功能环节在专业化基础上实现规模经济和升级，并降低企业专业化劳动力的搜寻成本和培训成本（盛丰，2014）。因此，产业集聚间分工的一个重要节点在于存在较多的具有关联性的中间产品，从而使得垂直专业化生产成为可能。当然，产业间联动发展是基于前后向关联并借助一定的载体而实现的。随着经济全球化的加速和信息技术的迅猛发展，从具体的企业间业务内容来看，两大产业间关联的载体主要表现为：资金关联、人才关联、技术关联和信息关联四个方面。资金关联主要体现在资金渠道拓展与金融产品（模式）创新；人才关联主要体现在高级人才猎取、企业人才培训与人才转移承接三个方面；技术关联主要体现在技术交流平台构建、提供技术咨询服务与研发支持；而信息关联主要体现在两大产业间的信息资源对接、数据交互处理与国家政策解读等方面。当然，生产性服务业与制造业之间的关系网络错综复杂，载体边界相对模糊，在新的产业环境下又将会衍生出一些新的关键关联载体，这里就不再赘述。

（二）劳动力池共享与知识外溢

其一，产业集聚区的形成可以集聚许多潜在的劳动力需求和潜在的劳动力供应，雇主们在产业集聚区可以较为容易地找到他们所需的具有专业技能的工人，从而实现劳动力池的共享。该效应实现的必要条件是产业集聚区内的企业之间对劳动力素质的需求有一定的匹配性。生产性服务业部门中的某些行业与制造业部门中的某些行业之间的劳动力素质匹配度较高，从机理上可以较为容易地实现"劳动力池"的共享。例如，由于制造业的转型升级而从劳动密集型制造业企业中失业的低学历劳动力可以流向周边对学历要求并不高且目前需求量较大的快递配送部门，另外，从科技研发业中失业的技术人员也可以满足制造业部门中的技术研发部门对劳动力素质的要求，具备实现劳动力市场共享的条件。其二，知识外溢在马歇尔的理论体系中对于制造业企业（尤其是技术密集型企业）的作用是通过信息共享以促进企业创新，提高企业的生产效率。这种作用同样存在于生产性服务业企业与制造业企业之间，甚至这种知识外溢的作用相对于制造业企业而言更加明显。因为生产性服务业的产业特性与制造业大不相同，劳动密集型或资本密集型制造业企业主要依赖的是物质资本，知识外溢对其生产的作用不大，而生产性服务业大多是知识密集型企业，依赖的是脑力资本，因而生产性服务业企业与制造业企业之间有可能为了获得知识外溢而在同一区域内聚集。

三、基于要素分配的产业联动机理分析

生产性服务业与制造业之间的联动机理，就是产业整体与其内部生产性服务业和制造业之间的相互作用过程的原理，两者联动是因为它们存在相互获得利益的意愿。为此，我们参照高觉民和李晓慧（2011）的理论分析思路，借用 C-D 生产函数进行研究。设一个产业内含制造商和生产服务商，反映其总产量的生产函数如下：

$$Q_T = AL^{\alpha}K^{\beta}\eta \qquad\qquad (3-1)$$

下面，从产量规模和投入要素比例进行设定和说明。首先，从产量规模视角看，设定：Q_T 中存在两个影子产量规模，即该产业结构中存在制造商产量规模 Q_m 和附加在其上的服务商规模 Q_s，反映了产业内部的分工。该产业总规模与其制造业规模存在一定的比值关系，如果这个比值是 $\sigma(0 < \sigma < 1)$，则有 $Q_m = \sigma Q_T$，同样有 $Q_s = (1-\sigma)Q_T$，生产服务附加的规模与制造商生产规模的比例为：$Q_s/Q_m = (1-\sigma)/\sigma$。因此，两个影子产量规模的关系为：$Q_s = (1-\sigma)/\sigma Q_m$。其次，从投入要素比例看，分别设定：综合技术水平（包括经营管理水平、劳动力素质、引进先进技术等）$A = A_m A_s$，残差项 $\eta = \eta_m \eta_s$；设 λ 为一常数，令 $\alpha + \beta = \lambda$。只有在 $\alpha + \beta = \lambda \geq 1$，即存在产业总体的规模报酬不变或递增时，才有对生产性服务进行投入的必要。根据以上设定，我们对上述生产函数的结构进行分解（分为四个要素）并重新组合，公式（3-1）可写为：

$$Q_T = A_m A_s (L_m^{\alpha_1} L_s^{\alpha_2})^\alpha (K_m^{\beta_1} K_s^{\beta_2})^\beta \eta_m \eta_s \qquad (3-2)$$

其中，$L_m^{\alpha_1}$、$L_s^{\alpha_2}$ 表示劳动要素的分解，$K_m^{\beta_1}$、$K_s^{\beta_2}$ 表示资本要素的分解，公式（3-1）可以理解为某个产业的整体投入状况。因此，在其内部总能找到一种组合，使得下式成立：

$$Q_T = A_m L_m^{\alpha\alpha_1} K_m^{\beta\beta_1} \eta_m \times A_s L_m^{\alpha\alpha_2} K_m^{\beta\beta_2} \eta_s = Q_m Q_s \qquad (3-3)$$

进而有：

$$Q_s(L, K) = \frac{1-\sigma}{\sigma} A_m L_m^{\alpha\alpha_1} K_m^{\beta\beta_1} \eta_m \qquad (3-4)$$

$$Q_m(L, K) = \frac{1-\sigma}{\sigma} A_s L_s^{\alpha\alpha_2} K_m^{\beta\beta_2} \eta_s \qquad (3-5)$$

式中，$\alpha\alpha_1$ 和 $\beta\beta_1$、$\alpha\alpha_2$ 和 $\beta\beta_2$ 是 Q_T 中两个影子产业要素分配后的产出弹性系数。它反映出在现有技术水平（A_m，A_s）并在制造业和服务业产权分离条件下产业内部的规模结构和发展趋势。该产业的产出弹性系数 $\alpha\alpha_1 + \beta\beta_1 + \alpha\alpha_2 + \beta\beta_2 = \alpha + \beta = \lambda \geq 1$ 是其整体规模收益不变或递增的一个基础条件。据公式（3-3）和公式（3-4）可以得出联立方程：

$$\begin{cases} Q_T = A_m L_m^{\alpha\alpha_1} K_m^{\beta\beta_1} \eta_m \times Q_s \\ Q_s = A_s L_s^{\alpha\alpha_2} K_s^{\beta\beta_2} \eta_s = \dfrac{1-\sigma}{\sigma} A_m L_m^{\alpha\alpha_2} K_m^{\beta\beta_1} \eta_m \end{cases} \quad (3-6)$$

第一，这个联立方程反映了以产量为特征的产业规模 Q_T、制造业规模 Q_m 和生产性服务业规模 Q_s 的总量与内部分量的关系，进而反映出制造业和生产性服务业的联动关系。产业总规模是由制造业和生产性服务业共同支撑的，在一定技术和市场条件下，制造业和生产性服务业一般维持在一个比例，即 $(1-\sigma)/\sigma$。它反映了生产性服务业的一个基本性质：以制造业产量为基础并附其上的"服务附加"性质。因而，从机理上看，服务业的服务附加"从量于"制造业产量，进而使生产性服务业的资本投入和劳动投入"从量于"制造业的产量。式中这个比值关系表明，只要知道两大产业的投入产出规模之比，就能根据要素的不同投入量，确定该产业内部制造行业和生产性服务业的结构（这个比值通常情况下是稳定的）。

第二，在上述方程中，生产性服务业和制造业存在联动的必要条件是：产业总体至少存在规模收益不变；其充分条件是 $(1-\sigma)/\sigma$ 不变。前者反映出产业总体的扩张趋势，当规模收益不变时，产业总体靠所投入资本和劳动的数量扩张而获得产出数量的同比例增长；而当规模收益递增时，后者反映出内部子产业存在联动的积极意愿，表明产业总体增长是靠子产业产出数量共同增长实现的。那么，在 $(1-\sigma)/\sigma$ 不变条件下，被分解的资本要素与劳动要素投入具有怎样的产出，才能使得生产性服务业和制造业的互动或积极互动存在呢？设 θ 为制造业规模收益弹性系数，$\lambda-\theta$ 为生产性服务业规模收益的弹性系数，其中，$0<\theta<\lambda$。在 $\alpha+\beta=\lambda \geqslant 1$、$\alpha\alpha_1+\beta\beta_1=\lambda \geqslant \theta$ 或 $\alpha\alpha_2+\beta\beta_2=\lambda-\theta$ 条件下，一个产业中的制造业和生产性服务业的存在具有意义。不仅如此，也有共生的可能。也就是说，当两个子产业分别至少存在规模收益不变，二者才有联动的动力。关于 θ 值的理论解释是：参与要素分配的 θ 在 0 与 λ 之间寻找一个生产性服务业与制造业的"纳什均衡"。若 λ 值越接近于 θ，则说明生产性服务业在整个产业中所占比例较小，制造业更倾向于"自带服务"。

第三，方程反映了以制造业和生产性服务业各自内部和它们整体的运行机理与机制。公式（3-6）中，被分解的 $L_m^{\alpha\alpha_1}$、$K_m^{\beta\beta_1}$、$L_s^{\alpha\alpha_2}$、$K_s^{\beta\beta_2}$、A_m、A_s、η_m 和 η_s 等必须靠一套产品生产、流通系统才能和谐运行，即它需要一套附着在产品之上的技术、产业分工、市场与市场化甚至城市化等更复杂和更深层次的社会经济运行机制。制造业与生产性服务业互动机制的关键是"承载"所投入要素的中间产品，它是制造业和生产性服务业相互循环并周而复始运作的物质基础。应当指出，大规模的中间产品流动必须靠资本市场和劳动市场的协同运作，特别是在现代市场经济条件下，更需要相关金融服务的支持与控制。当然，上述分析更多是基于产业整体、静态视角的分析，若从更为微观的企业层面来看，两类关联企业间的联动不能局限于眼前利益（极有可能陷入对彼此不利的"囚徒困境"）。然而，若双方企业间注重长期战略合作伙伴关系（可进行多次交易），遵照重复博弈理论，双方将基于合作结成联动发展关系，此时使得考虑联动发展的组织模式走向稳定才会使双方获得更大的效益。因此，从长期来看，生产性服务业与制造业联动发展共同维持合作的稳定性可能是双方企业的上选之策。

第二节　产业集聚空间联动的理论分析

一、产业集聚中的空间关联机制解析

新经济地理学的一项主要贡献就是弥补了传统经济地理学不能解释自然地理条件差异性较小的区域可能形成不同产业集聚的问题，其中三个典型的垂直联系模型（CPVL/FCVL/FEVL）都因蕴含了投入产业关联和产业空间集聚的思想，基本上都是沿着通过产业间的关联机制形成具有前后向联系的本地市场效应和价格指数效应，从而产生产业集聚持续下去并自我强化的循环累积因果机制这一过程（如图3-2所示）。综合来看，上述模型主要考虑经

济关联（E-linkages）和知识关联（K-linkages）两大类产业关联机制。前者主要通过资本流动、劳动力流动以及企业间的投入产出关系发挥产业关联效应作用；而后者则主要在劳动力流动和资本积累的基础上，更进一步关注知识（技术）的生产和流动所带来的知识创新和传播，相关模型的分析角度虽已逐渐多元化，实质即为供给和需求关联的循环累积因果链，是基于市场行为的关联效应导致货币外部性（pecuniary externalities），对应于生产层面的外部规模经济。而以知识和技术溢出导致的技术外部性（technological externalities），对应非生产层面的外部规模经济。产业的空间集聚是与供给、需求相关的金钱外部性，而不是纯的技术外部性（双重外部性的共同作用），导致了"中心－外围"结构的产生。

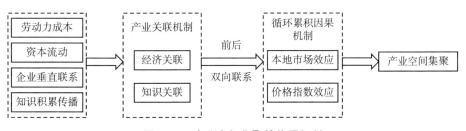

图 3 - 2　产业空间集聚的作用机制

资料来源：笔者自行整理而得。

不同集聚模型对产业关联机制的设定有所不同，例如，只考虑劳动力流动，或只考虑资本流动，或者同时考虑两者，因此得到循环累积因果效应的方式也不相同，有的模型只包含本地市场效应或只包含价格指数效应，有的两者兼备。本地市场效应和价格指数效应都具有自我强化的过程，即循环累积因果机制。前者可简单概括为：市场规模较大的区域吸引企业向该地区转移，同时企业的迁入又会导致市场规模的变大；而市场规模的变化实际上是支出水平或需求水平的变化，因此属于后向关联的循环累积因果关系。后者的过程也可以概括为：企业向某地区转移导致生产活动随之转移，生产活动的转入使得该地区生活成本降低，而生活成本降低又进一步激励企业的转移。

生活成本变化实际上由产业供给变化导致，因此该过程属于前向关联的循环累积因果关系。当然，产业空间分布的这种转移变化的大规模发生往往与由制度和技术进步决定的贸易自由度提高密切相关。此外，一些外生因素如心理预期、历史性积累、偶然因素及区域差异都会对产业集聚产生重要影响，使得产业集聚机制具有穿越时空的存在性和适用性，而且在信息化、全球化和网络化背景下产业集聚机制在各种空间尺度上广泛存在且交叠嵌套（殷广卫，2011）。上述集聚关联机制分析适用于单个产业集聚也同样适用于关联产业间的协同集聚。

二、产业集聚空间联动的理论机理分析

生产性服务业与制造业协同集聚在空间上主要表现为两者的空间联动（协同定位）。假设每个经济体包括两个部门，一个是上游部门，另一个为下游部门，其中一个部门是另外一个部门的中间投入，本书假设其中一个为生产性服务业部门，另一个为制造业部门。这里，借鉴维纳布尔斯（Venables，1996）的研究思路，假设每个产业同时分布在两个地区，那么，产业 k 在两个地区的需求函数分别为：

$$q_{ii}^k = (p_i^k)^{-\varepsilon^k}(p_i^k)^{\varepsilon^{k-1}}e_i^k$$

$$q_{ij}^k = (p_i^k t^k)^{-\varepsilon^k}(p_j^k)^{\varepsilon^{k-1}}e_j^k \qquad (3-7)$$

其中，q_{ii}^k 表示 K 产业在 i 地区生产同时在 i 地区销售量，q_{ij}^k 表示 K 产业在 i 地区生产同时在 j 地区销售量，p_i^k 表示产品在 i 地区的价格，ε^k 是需求弹性，且 >1，同时，假设产业 K 产品运输到 j 地区存在运输成本 t，因此，表示 k 产品在 j 地区的消费价格，另外，e_i^k 和 e_j^k 分别表示 i 地区和 j 地区的产业价格指数。根据维纳布尔斯（Venables，1996）研究，K 产业在 i 地区和 j 地区的分布 v^k 是相对生产成本 ρ^k、相对支出 η^k 以及相对贸易成本 t^k 的函数，即：

$$v^k = \frac{\eta^k[(t^k)^{\alpha^k}-(\rho^k)^{\alpha^k}]-t^k[(\rho^k)^{\alpha^k}-(t^k)^{-\alpha^k}]}{[(t^k)^{\alpha^k}-(\rho^k)^{-\alpha^k}]-\eta^k t^k[(\rho^k)^{-\alpha^k}-(t^k)^{-\alpha^k}]} = g^k(\rho^k、\eta^k、t^k)$$

$$(3-8)$$

对于具体的生产性服务业（用 p 表示）和制造业（用 m 表示）而言，假设生产性服务业的需求来自制造业，而制造业的成本依托生产性服务业，生产性服务业和制造业同时分布在两个地区（$i = 1, 2$），v^p、ρ^p、η^p 和 v^m、ρ^m、η^m 分别表示生产性服务业和制造业的相对产业分布、相对生产成本和相对需求。

从制造业的成本关联来看，假设两个产业都使用劳动力作为投入，在局部均衡情况下，工资 ω 是外生的 $\bar{\omega}$，生产性服务业总产出是仅以劳动力为投入的固定替代弹性生产函数（CES 生产函数），即生产性服务业相对成本 ρ^p 是外生的，而制造业的相对成本 ρ^m 是内生的。同时，本书还假设两个地区都存在类似的制度安排，从而形成了一定的交易费用，假定每个劳动者的相对交易费用为外生给定，因此，其相对成本为：

$$\rho^p = \frac{C_2^p}{C_1^p} = \bar{\omega} + \bar{\gamma} \qquad (3-9)$$

同时，假设制造业由生产性服务业和制造业劳动力构成，因此制造业的生产成本和地区间的相对成本可以表示为：

$$C_i^m = (\omega_i)^{1-\alpha-\beta}(\gamma_i)^\beta(P_i^p)^\alpha, \ i = 1, 2 \qquad (3-10)$$

$$\rho^m = \frac{C_2^m}{C_1^m} = (\bar{\omega})^{1-\alpha-\beta}(\bar{\gamma})^\beta\left(\frac{P_2^p}{C_1^p}\right)^\alpha \qquad (3-11)$$

其中，α 是生产性服务在制造业生产中的投入比例，上述研究表明制造业的相对成本取决于地区间相对工资水平、交易成本和生产性服务业的价格指数，根据之前的研究：

$$\rho^m = (\bar{\omega})^{1-\alpha-\beta}(\bar{\gamma})^\beta\left[\frac{(t^p)^{1-\alpha^p} + (\rho^p)^{-\alpha^p}v^p}{1 + (t^p)^{1-\alpha^p} + (\rho^p)^{-\alpha^p}v^p}\right]^{\frac{\alpha}{1-\alpha^p}} = l((\overline{\omega} + \bar{\gamma}), \ v^p, \ t^p)$$

$$(3-12)$$

公式（3-12）表明制造业成本是关于生产性服务业区位的函数，从而说明，在生产性服务业规模较大的地方，制造业的成本较低，而这种影响程度的大小与生产性服务业的信息成本 t^p 有关。

假设制造业的需求来自市场上最终消费支出，即制造业的相对需求（$\overline{\eta^m}$）是外生的，而生产性服务业的相对需求（η^p）则是内生的，由于生产性服务业占制造业成本的比重为 α，同时假设生产性服务业全部产出都投入制造业中。则有：

$$e_i^p = \alpha n_i^m P_i^m (q_{ii}^m + q_{ij}^m)，\ i，j = 1，2 \qquad (3-13)$$

$$\eta^p = \frac{n_2^m P_2^m (q_{22}^m + q_{21}^m)}{n_1^m P_1^m (q_{11}^m + q_{12}^m)} \qquad (3-14)$$

这一需求关联表明，每个地区的生产性服务业支出与制造业生产区位相对应，因此根据以上研究得：

$$v^p = g^p ((\bar{\omega} + \bar{\gamma})，v^m，t^p) \qquad (3-15)$$

$$v^m = g^m ((l(\bar{\omega} + \bar{\gamma})，v^p，t^p)，\eta^{-m}，t^m) \qquad (3-16)$$

公式（3-15）、公式（3-16）表明生产性服务业与制造业是相互作用的，从而进一步表明基于成本关联和需求关联可以实现生产性服务业和制造业在空间上的协同集聚。

上述研究是在假定 $\bar{\omega} + \bar{\gamma}$、$\overline{\eta^m}$、$t^p$ 和 t^m，$F(v^p，v^m) = F(\eta^p，\eta^m，\bar{\omega} + \bar{\gamma}，t^p，t^m)$ 外生下得出的，因此，将生产性服务业和制造业协同集聚视为一个整体，那么，可进一步表示为：

$$F(v^p，v^m) = F(\eta^p，\eta^m，\bar{\omega} + \bar{\gamma}，t^p，t^m) \qquad (3-17)$$

公式（3-17）表示制造业对生产性服务业的需求，即存在产业关联，这是一种产业层面上的互动。$\overline{\eta^m}$ 表示制造业的市场需求（本书不做考虑）。ω 表示工资，意为要素成本，而 $\bar{\gamma}$ 表示交易成本，因此，$\bar{\omega} + \bar{\gamma}$ 表示商务成本，这与城市规模密切相关，反映影响城市内部空间因素，该变量对生产性服务业和制造业在城市内部空间变化有重要影响。t^p，t^m 表示城市间的空间因素，这两者构成了空间联动的两个方面。

三、城市群内关联产业的空间联动机制

（一）跨城市空间协同布局的必要性

在单个城市内部，随着城市化进程的不断推进，生产要素和产业不断集

聚，当城市规模扩大到一定阶段后，有限空间内的土地日益稀缺，地租价格随之上升，对地租不敏感的生产性服务业在城市中心区域不断扩张，而对地租敏感且地均生产附加值较低的制造业则越来越无法承受地租压力，逐渐向大城市的边缘地区转移。除了地租因素外，生产性服务业对制造业的"袭夺效应"也是限制制造业在大城市内部发展的重要因素。与制造业相比，生产性服务业的劳动力素质和劳动力工资都相对较高，这会吸引制造业内部的高素质劳动力到生产性服务业部门就业。此外，大城市一般处于以生产性服务业为重点发展产业的阶段，城市的产业政策也自然会向生产性服务业倾斜。在地租上涨、劳动力资源"袭夺"、城市产业政策倾斜等多重压力下，制造业会考虑逐渐将部分生产环节退出大城市，寻求更合适的中小城市布局，而大城市周边的中小城市就是其理想的选择，由此就产生了制造业产业链各生产环节在城市群内部跨城市分工合作的空间布局现象。

（二）跨城市空间协同布局的可行性

与单个城市相比较，城市群扩大了城市规模，为生产性服务业与制造业之间的协调发展提供了更为广阔的空间载体，为构建区域内功能错位的产业空间分工体系提供了可行性。城市群是由一个或两个中心城市以及若干个围绕在中心城市周边，在经济文化方面存在密切联系的中小城市组成，在空间结构上是一个"中心－外围"的有层次的城市结构体系。城市群内的各城市在空间位置上毗邻，通过发达的交通体系可以使城市之间产业活动的运输成本降至较低水平，从而为产业链跨城市空间分布提供可能性。从大城市退出的制造业部分环节逐渐在大城市周边的中小城市集聚，一方面减轻在大城市的生存成本，另一方面减少与留在大城市的产业链配套环节的运输成本。此外，城市群内的各城市在历史文化上有很强的共性，这在一定程度上可弱化行政壁垒的干扰，对构建区域内产业分工体系有积极的影响。因此，从某种程度上看，城市群具有更快的经济增长率和更高的劳动生产率，是双重集聚外部性（即单个城市聚点外部性和城市间网络外部性）共同驱动的结果（魏守华等，2013）。

（三）城市群内部空间协同布局的结构

在城市群产业空间分工结构中，中心城市通过多个生产性服务业部门的共同集聚承担着服务功能。而城市群内各中小城市之间由于比较优势的不同，吸引不同类型的制造业部门集聚，进而使得各中小城市具备了不同的生产功能。故从整体而言，生产性服务业与制造业在城市群内部协同布局的产业空间结构是生产性服务业主要集中在中心城市，而制造业内部各个产业环节则选择在中心城市周边具有本产业发展比较优势的中小城市聚集，由此通过生产性服务业和制造业的集聚在城市群内部实现"服务－生产"的城市产业空间分工体系。但这并不意味着制造业会完全退出中心城市，也不意味着中小城市就不发展生产性服务业，一些高新技术制造业部门仍然会留在中心城市，一些交通运输服务、商务服务等生产性服务业也会根据当地制造业的中间投入需求在中小城市集聚。

第三节　产业/空间联动促进协同集聚的主要条件

并非所有具有联动关系的产业都能形成空间协同集聚，它需要具备相应的前提条件。目前的产业集聚研究中已有部分模型涉及了产业协同集聚的内容，但未进行深入研究。本部分在前文的理论分析基础上尝试归纳出产业联动与空间联动促成产业协同集聚形成的主要条件，并对其适用性进行拓展分析。

一、内部与外部规模经济

自马歇尔（Marshall，1920）的外部性概念诞生以来，马歇尔式的三重外部性成为了产业何以集聚的最好解释。但克鲁格曼认为这一答案不够具体，非常模糊。其指出外部性的本质就是规模经济。从上文的分析中可以发现，新经济地理学中集聚机制的特征可概括为各种效应的循环累积因果关系,该关系具有自我强化的特征,自我强化是经济主体理性行为选择的结果。而构成这种理性行为决策的一个重要依据就是地区市场具有规模经济(产业集聚的源动力)。规模经济一般可分为内部规模经济和外部规模经济,两种类型的规模经济产生的原因不同。前者立足于企业层面,包括随着某一企业自身产量增加带来企业平均生产成本下降的静态内部规模经济,以及随产量的积累性增长带来企业平均成本下降的动态内部规模经济;后者主要立足于产业层面,包括其他企业生产水平增加促成该企业平均生产成本下降的静态外部经济(专业化经济),以及其他企业知识和技术溢出带来该企业生产率提升的动态外部经济(多样化经济)。从作用机制来看,外部规模经济还可分为货币外部经济和技术外部经济。前者认为是通过市场的价格机制改变了企业的产出决策;而后者则认为通过知识和技术的溢出效应,改变了企业的投入产出技术关系。

概括而言,产业集聚的规模经济效应是内部规模经济和外部规模经济相互交替与共同作用的结果。内部规模经济与企业自身的生产规模有关(高于某一最低限度),但这种内生的企业冲动会进一步增强地方化需求,也会促成区域市场不完全竞争结构的形成。外部规模经济与产业层面上的规模收益递增有关,它通过前后向关联机制促进劳动者和相关上下游企业在其周围集中,从而形成一个具有较大市场容量的本地市场或稠密市场(thick market)。该市场有利于关联企业及其利益相关者都能从劳动力市场共享、特定中间产品的便捷以及相关知识技术外溢中获益,从而有利于相同产业和相关产业的企业在同一地区集聚(这一特征在产业集聚成长期尤为明显),即产业集聚和产业协同集聚,就是从产业整体层面形成企业间的外部规模经济。然而,外部规模经济同时也带来了该地区企业间的激烈竞争,这可能导致市场的垄断性降低。由此可见,内部规模经济是产业集聚形成的动力,而外部规模经济则为其提供自我强化的机制(陈景海,2009),规模经济是产业集聚形成的源动力,产业集聚的形成又进一步带来更大的规模经济。

二、产业集聚间的联动形式与效应

在明确产业联动的基本原理之后，有必要考察两大产业联动的主要表现形式。一般而言，按互动形式可以将两者分为：良性联动、中性联动和恶性联动。我们认为研究协同集聚的产业联动还需要引入经济发展水平作为参照系（因为劳动力市场共享、中间产品的投入共享、技术外溢等集聚外部性影响因素都具有比较明显的"地区锁定"特征），也就是说在产业联动性很强的情况下，如果经济发展水平不高，那么，产业之间不一定是良性联动。本书参照任迎伟和胡国平（2008）关于产业互动的分析架构对生产性服务业集聚与制造业集聚的互补性及其与区域经济发展水平之间的关系作一个初步的界定与分析（如图3-3所示）。

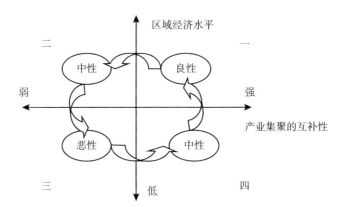

图3-3　生产性服务业集聚与制造业集聚的产业联动形式

资料来源：笔者自行整理而得。

图3-3中的不同象限表明了产业集聚的互补性（关联性与要素匹配度）和不同区域经济发展阶段水平所形成的不同组合。在第一象限中，较强的产业集聚互补性和较高的区域经济发展水平形成了产业的良性联动。而在第二象限中，尽管区域经济发展水平很高，但是产业集聚的互补性很弱，这就使

得产业的联动性只能处于中等水平（经济基础较好，但产业关联度与空间联动性先天不足）。同样，在第四象限中，虽然产业集聚的互补性较强，但区域经济发展水平较低（溢出效应的低水平循环累积且后劲不足，处于中性区间，我国中西部的很多地区比较常见）。而在第三象限中，较弱的集聚互补性和较低的区域经济发展水平只能使得生产性服务业和制造业之间形成非良性联动（各产业演进的路劲依赖特征和要素挤占现象比较明显，互补效应微乎其微）。当然，图3-3中所表述的四种产业联动形式并不是一成不变的，恰恰相反，它们都是处于不断地动态演进之中的。在现实经济当中也可以找到相应的例证：我国东部沿海地区在刚开始阶段，凭借其雄厚的制造业基础并逐渐吸附了大量的服务业和各类人力资本集聚。因此，产业集聚间的互补性是相对较高的。此时，这些地区就处于产业良性联动象限，但随着工业化与城市化进程的推进，一些要素的丰裕度会发生变化，一些产业的要素投入比也会发生逆转，此时就容易导致产业同构现象以及生产性服务业与制造业之间在价值链上的配对发生错位，特别是当外部环境受到较大冲击时，这种状况尤为明显，也形成了产业优化升级的倒逼机制，协同集聚的互补性也会出现相应的转变（从良性到中性转变）。

产业协同集聚的实质就是各产业集聚在产业、空间维度上的互补（协同）问题。因此，从这个意义上讲，产业协同集聚源于集聚而又高于集聚。当然，以马歇尔（Marshall，1920）为代表的新古典经济学认为产业集聚存在3种外部性对很多地区或很多行业（单个产业）的产业集聚具有较强的解释力，对不同产业的协同集聚也有一定的解释力，只是各种影响因素交织在一起可能会更加复杂一些。一般认为，具有相同性质产业的协同集聚有的是由于共同的劳动力市场因素引起的，有些则是基于知识外溢，也有一些是由于上下游的投入产出关联而引起的，只是哪种因素占主导要看行业与地区差别以及具体的价值链配对情况。而对于生产性服务业与制造业协同集聚（属于第二、第三产业集聚间互动的主体），其主要原因在于产业间所存在的关联效应，这种关联效应包括两个方面：投入产出关联与知识外溢。存在投入产出关联的产业往往为了节约运输费用和靠近消费市场会选择在空间上协同集聚，从而形成良性联动。知识外溢主要表现为企业在空间上的协同定位能加速思想的流动和知识的转换，进而促进产业间的进一步联动融合。知识外溢包括两个方面：一个是产业内知识外溢（马歇尔外部性），另一个是产业间知识溢出（雅各布斯外部性）。相对于制造业集聚，生产性服务业集聚的知识外溢效应更容易突破行业和空间壁垒，表现得更为明显。而实际上，产业间知识外溢更多地表现为一种互补型产业间的知识外溢。

三、价值链匹配与协同集聚

此外，从价值链层面分析生产性服务业与制造业的产业联动为我们深入了解产业协同集聚的内在机理提供了一个很好的视角。已有观点都一致认为，生产性服务业是价值链中高附加值的部分。无论是全球价值链（GVC）、国内价值链（NVC）还是地方价值链（RVC）在本身都是带有空间蕴意的（一种网络关系集合）。刘明宇等（2010）的研究发现，生产性服务价值链嵌入（关系性嵌入或结构性嵌入）都对制造业价值链效率产生重要影响。在价值链不断建构、解构和重构的过程中，生产性服务业关系性地嵌入工业价值链的基本活动中，以及结构性地嵌入工业价值链的辅助活动中（高觉民、李晓慧，2011）。在全球价值链"主导企业－代工企业"的委托－代理关系中，生产性服务业发展能放松代工企业的激励相容约束，有助于低端工业突破价值链的低端锁定，从而提升工业产品的出口竞争力（仲鑫、游曼淋，2016；杨林生、曹东坡，2017）。当前我国的许多出口贸易导向型制造业集聚通过融入全球价值链的最低端而存在，而处于价值链"微笑曲线"两头的高附加值环节主要掌握在国外大型生产商或销售商手中。由于生产性服务业与制造业的"身手分离"使得相关企业在国内价值链中处于"权力沦陷区"，而"身手合一"的突破途径就是实现两大产业的价值链有效契合从而实现协同集聚发展。

值得注意的是，一个产业包含着多个价值链环节，然而，制造业价值链环节上的资本密集度和技术含量都具有一定的差异性，而不同的制造业产业形态对生产性服务业的需求也存在较大的差异性，所以需要不同的生产性服务业相匹配，但是作为个体制造业企业的价值链环节与生产性服务企业可能存在不合理匹配的情况，若这种情况比较普遍的话，此时，一个地区行业整体协同集聚的挤出效应可能就比较明显。当然，制造业价值链处于不断演进与动态升级中，这对生产性服务业与制造业产业间的两两有效匹配提出了更高的要求，与之相对应的生产性服务业也处于动态变化中。因此，生产性服务业与制造业的协同集聚问题，从另一个侧面来看实际上也是两者实现价值链环节协同的动态调整过程（如图3-4所示）。此外，城市规模也会对产业间价值链配对产生重要影响，一般而言，大城市中的制造业与生产性服务业有更多的配对机会，进而产生更加明显的协同集聚互补效应。以往更多的研究都是从整体上分析生产性服务业与制造业的产业关联与互动，但由于生产性服务业存在众多细分行业，因此与制造业价值链之间不是单一的一一配对关系，而更多的是一种网络关系。

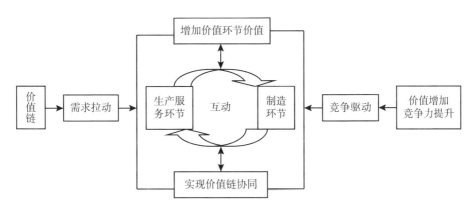

图3-4 生产性服务业与制造业的价值链互动过程

资料来源：笔者自行整理。

四、空间联动

上述的产业关联和知识外溢只是表明生产性服务业和制造业协同集聚存

在要素关联性，这并不是引致产业协同集聚的充要条件，两者在产业维度的联动并没有纳入空间的思想。依照空间经济学的主流观点，两者在产业层面存在着联动关系，这就意味着它们的区位选择也不是一个独立的过程。实际上，制造业对生产性服务需求的空间特征和生产性服务供给的空间特征都能显著影响供求的绩效，而生产性服务业对制造业集聚具有空间上的依附性，它倾向定位于制造业集聚区以获取"厚市场"和规模报酬（陆剑宝，2012；吉亚辉、段荣荣，2014）。生产性服务业与制造业协同集聚的第二个表现就是空间联动，空间联动是指生产性服务业和制造业基于不同的比较优势通过要素流动和产业转移而实现在空间上的有机分布。席强敏和罗心然（2017）研究发现，京津冀地区生产性服务业与制造业的产业关联度较高，但空间协同集聚度较低。资本密集型制造业与生产性服务业的产业关联最强，空间邻近关系也最为紧密，而劳动密集型制造业与生产性服务业的产业关联相比较最弱，空间协同集聚程度也最低。近年来，其他一些学者对产业集聚的研究已经开始重视这一点。当然，空间联动首先是建立在产业关联性基础性条件之上的，我们应该认识到两大产业的区位选择因子之间既存在内生联系也会存在一定差异性，但至少我们应将以下几个因素考虑进去。

（一）空间的临近性

空间联动对相关产业空间与空间之间的距离有一定的要求，适宜的空间距离有助于空间互动性以及协同集聚互补效应的提升。换言之，每个产业集聚都有一定的空间覆盖范围。德斯梅特和法肯姆普斯（Desmet & Fafchamps，2005）研究认为，产业集聚度的高低与其距离集聚中心的距离有密切关系，一般会存在一个最佳的空间距离变化空间，其中服务业集聚在 5 ~ 20 公里之间，而制造业集聚则在 20 ~ 70 公里之间。马国霞等（2007）认为，地理临近有利于产业间投入产出联系的加强，形成关系临近与地理临近之间的循环因果关系，这种循环累积效应的作用可能会继续加强制造业的空间集聚。陈建军等（2011）的探索性研究发现，一些产业部门的集聚具有空间蔓延特征，毗邻城市的人口规模和就业水平会对集聚区域的空间走向产生影响。顾乃华（2011）研究发现，我国城市生产性服务业集聚对工业的正向外溢效应存在较为明显的区域边界。由于微观层面研究数据的缺乏，相关实证研究还较为欠缺，但从大多数的现象描述中，至少我们可以有一个概念性认识，即集聚效应存在较为明显的行业边界和空间边界，因此，适宜的空间距离应该是使协同集聚下的空间范围内能够形成交集。在考虑空间临近性的前提下，有两种情况值得研究（如图3-5所示）：一种情况是两大产业集聚处于一个均质等量的空间范畴内（两者辐射范围的交集是对称的）；另一种情况则是两大产业集聚处于一个均质非等量的空间范畴内（两者辐射范围的交集是不对称的，空间范围较大的一方辐射范围可能涵盖空间范围较小的一方）。而在现实印象中，更多的是以第二种情况为主（诸如在一个城市群内，中心城市与次中心城市之间、大城市与小城市之间互动交流比较频繁）。

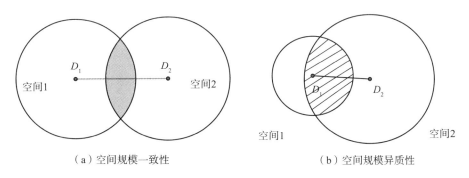

（a）空间规模一致性　　　　　　　　　（b）空间规模异质性

图3-5　协同集聚的空间临近性

资料来源：陈国亮. 新经济地理学视角下的生产性服务业集聚研究［D］. 杭州：浙江大学，2010。

目前，在世界各国城市作为一种特殊的经济载体与空间集合其存在与发展的意义非同寻常，上文中涉及的空间联动问题其核心就在于城市间的互动。当然，城市间的互动对城市与城市之间的空间距离有一定的要求，因此，适宜的空间距离有助于空间互动性的提高（如图3-6所示）。高峰和刘志彪（2008）认为中心城市的辐射将决定外围城市的产业集聚和协同集聚的选择。一个城市实现生产性服务业与制造业协同集聚有两个来源：一个来源是通过城市的内部化来实现（区域内部），基于中国服务业发展相对滞后以及城市化水平、产业化水平不平衡的事实，生产性服务业与制造业在时间和空间上不是完全地契合，导致部分城市是相匹配的，而另外一部分是失配的，这就使得单纯依靠城市内部化难以真正实现生产性服务业与制造业协同集聚，从而使得另外一个来源即中心城市对周边城市的辐射作用显得尤为重要（跨区域联动）。由于有些城市处于制造业产业链的较高位置，需要高端的生产性服务业与之匹配，但由于生产性服务业作为知识技术密集型产业，需要相应的人力资本结构才能发展，而中心城市则具备了这个条件，这就使得中心城市通过辐射作用促进周边城市产业协同集聚成为可能。而且，随着信息通信技术（ICT）的发展与广泛应用，城市间的有形空间距离将会被进一步压缩，城市间跨区域联动的便利性与可能性也大大增加。这种跨区域空间联动实质上就是上文所指的产业集聚间分工，使得企业通过跨区域流动（转移）而实现在广域上的产业集聚。魏守华等（2015）的研究证实，长三角城市及其临近城市之间的产业发展相互联系、相互影响、空间溢出效应对城市制造业发展有重要作用。

（二）较低的运输费用与适度的商务成本

适宜的空间距离所形成的空间临近性只是空间互动的必要条件，并不能保证生产性服务业与制造业一定能在空间层面联动。斯托伯（Storper，1995）、皮切和亨利（Pinch & Henry，1999）等指出与制造业的距离最小化不足以解释生产性服务业集聚，例如，在中国西部很多地区相邻的省份或地区之间由于基础设施的不完善使得难以形成两大产业集聚在空间上的联动发展格局。因此，可以认为产业集聚的空间联动需要存在适度的空间成本，当然对空间成本的界定也可谓仁者见仁智者见智。按照菲斯（Feser，2004）的理解，分工和交易是产业集聚的核心。对生产性服务业与制造业协同集聚而言，集聚过程中的运输费用和商务成本是作为空间成本的两个重要方面。产业从垂直一体化到垂直专业化转型暗藏的潜在含义是产业链在空间上的分异，根据新经济地理学理论，企业通过区域转移而实现产业集聚间的合理分工过程中运输成本是一个重要的参数，只有在较低的运输成本下企业的垂直专业化生产所产生的收益才能弥补垂直一体化生产所导致各种生产成本与费用的增加（"冰山"移动成本的降低）。虽然运输费用对生产性服务业集聚的形成并无太大的直接作用，但可以通过作用于制造业集聚，促使制造业产业链的转移进而实现两者在空间上的分异（间接作用于生产性服务业的贸易、服务成本），使得空间联动成为可能。也有部分学者指出，从地区乃至国别层面上来看，生产性服务业与制造业是否能在同一地区实现协同式集聚主要依赖于生产性的贸易成本（Yomogida，2004；Markusen & Strand，2007）。

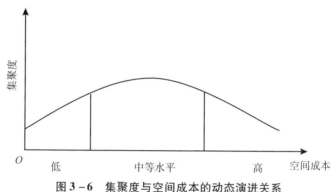

图 3 - 6　集聚度与空间成本的动态演进关系

资料来源：笔者自行整理。

　　产业协同集聚要远比单个产业的集聚和扩散复杂得多，由于生产性服务业大多数集聚在大都市（圈）或一些中心城市，因此，其中城市的不同规模也会对产业协同集聚产生影响。陈菁菁（2011）认为生产性服务业与制造业的空间上协同定位效应主要受城市规模和交易成本的影响。顾乃华（2013）的实证研究发现，不同级别城市的生产性服务业与制造业协同集聚效应存在显著差异。一般而言，城市规模对产业协同集聚影响的内在机制在于通过商务成本的作用使得生产性服务业与制造业在城市内形成互补效应和挤出效应的动态交替（陈国亮、陈建军，2012）。商务成本主要可以分为要素成本和交易成本（其中交易成本的弹性较大，而要素成本具有一定的刚性特征），随着城市规模的扩大，商务成本总体呈上升趋势，其中要素成本趋于上升，交易成本趋于下降。因此，可以认为，在城市规模较小产业体系不够完善之时，商务成本总体较低，制造业集聚占据主导地位，很多制造业企业追求"五脏俱全"从而导致生产性服务业发展不充分，这时更多的是表现出制造业集聚对生产性服务业集聚的挤出效应。当商务成本上升到一定水平后，两者的"向心力"逐渐加强，协同集聚的互补效应逐渐显现。当商务成本上升到一定高度后，"离心力"超过向心力，特别是产业间相互争夺重叠性资源导致要素的获得性受阻（金祥荣、朱希伟，2002），此时，交易成本趋于下降，这使得生产性服务业得以规模化、集聚化发展（而且随着信息通信技术飞速发展，本地生产性服务业服务于异地制造业成为一种常态），反而使得本地制造业发展空间受限（协同集聚的挤出效应成为主要表现形式）。江静和刘志彪（2006）指出，不同商务成本构成的差异，促使生产性服务业与制造业在区域内协同定位，最终形成了地区产业分布的新格局，即中心城市集聚大量生产性服务业，而外围则是大量的制造业集聚。由此可见，生产性服务业集聚与制造业集聚的空间联动不是一个单一的线性变化过程。

五、制度（环境）支持

（一）制度演变与产业集聚

制度是一个社会的博弈规则，是一些人为设计的、形塑人们互动关系的约束（诺斯，2008）。如果将制度看做一种要素投入的话，生产性服务业比制造业更具有制度密集型特征，这一特征主要来自服务产品自身的独特属性，从而使得服务需要更为复杂的契约安排以保障其生产、交易和消费过程的顺利实现（Clague et al.，1999）。新经济地理学的诸多模型与城市经济学的相关理论都提到，推动产业集聚的根本力量其实是制度和技术进步。同时，产业集聚产生后的治理结构问题也是对制度和交易成本的终极考虑。经验性直觉越来越多地告诉人们：一系列的制度安排既能够从微观上影响企业的生产区位的选择，又能够从宏观上作用于产业的区位分布。产业集聚区内的产业集群本身就构成了一种减少交易成本的制度安排（霍丽、惠宁，2007）。对比而言，开放的经济政策有利于促进产业分工、提高区域专业化水平，从而促进产业集聚，而保守的政府行为容易阻碍生产要素的自由流动，从而阻碍产业集聚。谢里和罗能生（2009）以中国制造业集聚为例的实证分析也充分印证了上述认识。王永进等（2010）基于中国省区细分产业的经验研究表明，契约制度对地区产业集聚有显著影响。以民营经济和产业集聚比较发达的浙江省为例，产业集聚区的形成与演化都与相关制度转型密不可分（赵伟，2011），同时制度的质量（强制性与灵活性）将会在更高层次上助推产业集聚（赵伟，2014），也是实现经济增长动力转换与创新驱动效应的重要保障（陶长琪、彭永樟，2018）。连飞和周国富（2019）的研究发现，制度因素在产业集聚过程中发挥重要作用，制度变迁对产业集聚的影响显著为正，随着市场发育的成熟和制度环境的改善，企业生产经营的内生交易成本逐步降低，产业集聚水平得到提高。

现实印象中，美国好莱坞与硅谷的成功实践就是制度灵活性（质量）左右产业集聚的最好例证。洛杉矶县的小镇好莱坞论实力、名气及基础都无法和东部的一些城市（新泽西－纽约一线）相提并论，早期的电影制片人看重好莱坞主要是因为那里拍片可免缴不少专利费，且成本很低，而且在那里拍片有很大自主权，再加上加利福尼亚良好的气候和多样的地貌环境，电影制片商纷纷移师到那里，形成了电影产业的集聚和制片商的集群，成就了一个世界级的"电影之都"。硅谷作为 IT 革命发祥地兴盛的缘由，有多种说法。最流行的是其紧邻斯坦福大学，得益于一所全球一流大学的知识创造能力与智力支持，尤其是斯坦福大学研究机构与企业间的相互作用及一系列的制度创新是硅谷企业集聚并成长的主要原因。学校通过兴建实验室、办公用房和轻型生产基地为新创企业提供服务。此外，通过设立学校的技术专利小公室，以专利许可和技术转让的形式把大学的先进科研技术转向硅谷高科技公司。当然，这也不是硅谷成功的全部理由，因为论综合实力硅谷远不及东部城市波士顿郊外的小镇剑桥，这里有两所超一流的大学相邻而立，分别为麻省理工学院和哈佛大学，它们的声誉比斯坦福大学有过之而无不及（而且硅谷的很多精英都是从那两个学校毕业的），这主要还得归因于当地法律制度的灵活性（专利制度松弛）和金融监管的宽松（"风投"这一IT孵化器的大行其道）。此外，以金融业集聚为例，美国和瑞士是在全球范围内两个经常被提及的典型例子。这两个国家金融业集聚高度发达的原因主要是两国均具有促使金融业集聚的良好制度环境，因为，金融业是高制度依赖型的行业，其在特定地域的集聚与该地域制度的质量密不可分。可见，一个地域要想成为区域性、全国性乃至世界性的金融中心，须在提升制度的质量方面下功夫。因此，中国（上海）自由贸易区建设中对制度质量的提升与改革创新不可或缺，这对上海建成全球金融中心这一愿景目标的作用不言而喻。此外，在浙江的温州地区，私企老板们的"跑路潮"和长期的银企关系脱节正在损害原有产业集聚的制度环境，制度质量在退化，一些集聚产业正面临着盛极而衰的风险（赵伟，2014）。

在目前中国以GDP为主的政绩考核体系下，出于"政治锦标赛"目的，许多地方政府更加偏好于工业的发展（刘培林等，2007），突出表现为大力发展各个级别的工业园区，并通过各种优惠措施吸引国内外企业进驻，从而在短期内能实现制造业的快速发展。相反地，由于有些生产性服务业如金融业涉及国民经济命脉，往往受到更大程度的管制，从而抑制了其发展（江小涓、李辉，2004）。相对于制造业集聚，生产性服务业集聚更依赖于市场机制作用，因此，政府的许多行政干预行为本身就构成对生产性服务业的替代，导致制造业集聚和生产性服务业集聚呈现不对称发展。汪德华等（2007）、刘志彪和张少军（2009）、陈国亮和陈建军（2012）的研究都指出，生产性服务业的无形性及其契约密集性特征使其可能对制度要素引起的各种成本更加敏感，政府的行政干预能力与规模大小都和服务业发展呈现负相关，而契约维护制度的质量与服务业发展显著正相关。谢里（2009）基于中国制造业集聚分地区的实证研究发现，自由的贸易政策在所有的地区层面上能显著地提高制造业的集聚水平，宽松的投资政策能显著地提高东部和中部地区制造业的集聚水平，便利的企业融资制度能显著地提高中部地区制造业的集聚水平，而严格的生产者保护制度、宽松的劳动力流动和产品价格管制则能显著地提高西部地区制造业的集聚水平。江波和李江帆（2013）运用经济合作与发展组织的面板数据证实了政府规模的非理性膨胀会直接或者间接侵蚀生产性服务业发展及其有效集聚。陈艳莹和王二龙（2013）指出，转轨时期我国正规要素市场的扭曲导致生产性服务企业畸形依赖社会关系网络来获取生产要素，由此导致的经营目标短期化直接抑制了我国生产性服务业的全要素生产率。祝佳（2015）基于我国城市面板数据的分析发现，生产性服务业与制造业双重集聚都存在显著的负向空间效应，而政府行为对双重集聚具有正向差异化影响。贾润崧和胡秋阳（2016）的研究指出，由地方政府所主导的重复且分散于各地的同构性产业建设是导致中国制造业产能过剩的一个主要原因。

（二）制度支持与产业协同集聚

产业集聚过程中发生的大量专业化分工、企业垂直分离、非核心业务或职能外包，实质上就是企业将内部交易外化为市场交易的过程，因此，产业集聚是介于企业和市场之间的中间组织形态，是兼具二者优点的新型制度安排。产业协同集聚强化了产业集聚的特性和功能，使得产业集聚这一制度安排的优点更为凸显，这一现象在浙江和广东等中小企业集群密集地区尤为明显（生产与组织灵活、交易成本低）。刘志彪（2003）也曾指出，长三角之所以能够吸引大量的制造业集聚，一方面该地区具有较好的制造业基础和投资环境，相关配套要素充裕，另一方面则在于以上海为龙头的长三角生产性服务业发展水平较高、体系相对完善，也为制造业交易成本的降低奠定了坚实的基础。同时，也有利于实现生产性服务业与制造业的分工协同、制度协同、创新协同与资本协同等协同集聚效应（高峰、刘志彪，2008）。就协同集聚中城市间互动这一核心命题而言，在上一部分曾提及，区域性中心城市对周边城市的生产性服务业与制造业协同集聚有着积极作用，但这一命题的前缀是地区之间要素自由流动，或者说这需要区域经济一体化作为前提条件。由于存在人为扭曲现象，使得中国目前存在较为严重的市场分割（Young，

2000）和"三高"现象（利税高、国有化程度高以及地方保护程度高）（白重恩，2004），导致地区之间要素流动受阻，从而稀释了中心城市对周边城市的辐射和带动作用。而在市场分割条件下，由于地方保护导致各个地区的产业发展存在较为严重的产业同构现象。而且，在此基础上通过逆向传导发展起来的生产性服务业通过反馈作用使得当地的制造业逐渐偏离比较优势，进而使得制造业与生产性服务业在匹配上出现错位，从而影响两大产业协同集聚。赵勇和魏后凯（2015）指出，在制造业与服务业协同集聚基础上形成的"中心－外围"空间结构与地区差距之间钟状曲线式的倒U形关系，其中，地方政府干预对空间功能分工的地区差距效应产生了差异化的影响。

在开放经济视野下，制度因素对于实现产业（协同）集聚的作用同样毋庸置疑。随着经济全球化的加速，产业链和产品链国际分工的深化，一个地区的开放化程度也会对产业集聚乃至产业协同集聚产生重要影响。郑雯雯（2012）指出，若以中国加入世界贸易组织为时间节点，生产性服务业与制造业协同集聚大致经历了两种模式的变换：高贸易成本阶段的平均分布模式和低贸易成本阶段的协同集聚模式。新经济地理理论之"冰山移动""贸易成本"概念，虽然涵盖了贸易过程中的显性成本（运输成本）及隐性成本（交易费用），但其具体模型中以"冰山移动"方式处理的成本，仅是一种宽泛的概念，并未细分，而这一点对于制度转轨的经济体尤为重要，所有这些都构成了制度转型与改革的诱致性因素（赵伟、王春晖，2013）。现实中厂商面对更多的是大量隐性成本，例如，为进入异地市场、消除地方保护而对相关利益集团寻租活动的必要支出等（这些隐性支出在市场不健全的地区尤为显著），而这些隐性成本都属于交易费用的范畴。赵伟和王春晖（2013）认为，在区域开放条件下交易费用的大小将直接影响厂商是否选择集聚的经济布局，因此，只有以交易费用为切入点，统筹研究区域开放引致的集聚与协同集聚的互动机理，才能清晰展示开放条件下制度在产业（协同）集聚中的作用机理。蔡海亚和徐盈之（2018）指出，贸易开放通过提高协同集聚水平从而间接地制约了集聚负外部性对雾霾污染的影响。张一力等（2018）的模拟实证研究发现，出口目的地的制度环境越差，出口至该市场的企业在中国境内集聚的概率越高，而相同的意识形态和语言则显著降低了出口目的地本土集聚的发生概率。

厂商选择集聚的布局方式可以降低运输成本等显性贸易成本，而在区域开放与产业集聚的分析框架下，通过相同产业集聚与不同产业、上下游产业协同集聚交互影响使厂商享受到更多的则是隐性贸易成本下降（如图3-7所示）。相同产业的集聚一旦出现，生产不同类型产品的企业以及生产和提供中间产品、服务的企业也具有布局于此的倾向，这种因集聚而带动的集聚的原因可以概括为：区域制度环境的优化、引致的多样性需求、细化的分工及专业化倾向、市场体系的发育与完善及新企业搜寻成本的降低。因此，可以认为厂商的集聚选择并非仅仅为了降低运输成本，更多的是为了享受集聚所实现的制度环境的优化及交易成本的降低，由此带动相关产业的协同集聚，并将完善区域的市场结构，进一步降低区域内交易费用，并由此强化最初的集聚经济。谭洪波（2015）的理论分析证实，在跨国贸易与投资日趋常态化的背景下，两大产业空间集聚的关系越来越依赖于生产性服务业的贸易成本，当贸易成本高于生产成本时，生产性服务业在一国（地区）集聚会处于一种比较稳定的状态，而当制度因素和其他一些诱致性稍微发挥一点作用，都会使得上述均衡状态逐步形成累积效应。

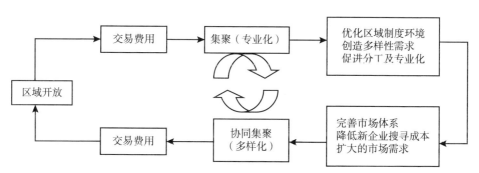

图3-7 区域开放条件下产业集聚、协同集聚的互动机理

资料来源：笔者自行整理。

第四节　本章小结

在研究生产性服务业与制造业协同集聚过程中，注重产业属性和空间属性的交互关系是本章乃至本书研究的逻辑起点。理论上讲，基于产业关联的要素投入联系是引起产业集聚的一个重要机制，投入产出关系密切的两个产业的空间临近可以节约各种成本，提高生产效率。但现实中这种影响是否存在，影响有多大还须进一步验证，毕竟生产性服务业与制造业在产业与空间层面的交互作用是一个复杂、多向与动态的过程（时间跨度、空间尺度与产业维度差异）。为了区分各类生产性服务业与各种制造业对空间临近性的需求，以及这种空间临近性是否由两者之间较强的产业关联导致的，我们分别以产业协同集聚度（侧重于空间联动）和产业关联为横纵坐标，以 O 为坐标原点，建立"产业－空间"四象限分布图（如图 3－8 所示），既是对前述理论机理分析的一个总结和延伸，也为后续的实证分析作了铺垫。在此基础上，对产业协同集聚的制度属性进行了拓展，本书认为，制度衔接是生产性服务业与制造业实现产业互动和空间联动有效匹配的基本前提，也是协同集聚互补效应最大化的基本保障。纵观现有的理论或实证研究，制度因素通常被视作一个外生的控制变量被引入。事实上，如果制度障碍较多，在现实世界中就表现为要素自由流动困难与交易成本上升、集聚的区域与行业边界就越发明显，集聚的空间效应和行业效应持续性也大打折扣，相反，如果两大产业间的制度衔接能力较强，则产业联动与空间联动就越发容易产生。基于上述考虑，本书构建了如图 3－9 所示的主题分析框架，生产性服务业集聚与制造业集聚的关系主要体现为三个方面：产业联动、空间联动与制度协同。产业联动背后的机制可归结为产业集聚间的分工，空间联动需要三个条件：空间临近性、适度空间成本和产业关联性，而制度因素侧重于一系列的制度设计，使得集聚外部性得以有效释放与传导。

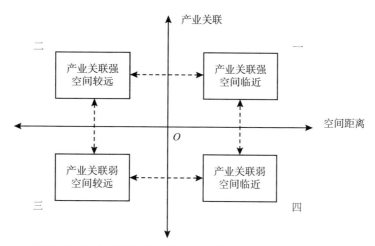

图3-8 生产性服务业与制造业"产业-空间"四象限分布

资料来源：笔者自行整理。

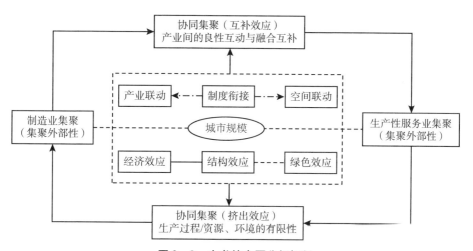

图3-9 本书的主题分析框架

资料来源：笔者自行整理。

第四章

产业协同集聚特征的现实考察

之前学界对产业协同集聚的一个现实印象就是：我国东部沿海发达地区的制造业比较密集，相应的生产性服务业集聚化水平也相对较高（罗勇、曹丽莉，2005；马国霞等，2007；陈建军等，2009）。近年来，制造业与物流业在空间范围内的协同集聚趋势也日益明显，这似乎也印证了生产性服务业与制造业在广域的空间分布上具有互动协同性，城市之间的这种空间分布协同效应可能存在差异（陈建军、陈菁菁，2012；陈娜、顾乃华，2013）。生产性服务业与制造业具有不同的空间分布动力机制，两者的空间集聚符合"中心-外围"模型。就一个具体城市而言，贸易成本的降低并未打破反而增强了城市内部两者的挤出效应（梁红艳、王健，2012）。郑雯雯（2012）以贸易成本为中介变量的实证分析发现，由于东部地区仍然可以从国外市场获益，因此具有更高的协同集聚程度。从研究的具体区域来看，针对长三角（崔向林、罗芳，2017）、沿海地区（安树伟、常瑞祥，2017）、京津冀地区（席强敏、罗心然，2017）的研究都指出，生产性服务业与制造业的产业关联度有所提高，但空间协同集聚度较低（空间差异明显）。总体而言，上述关于产业集聚的研究大多是以单个产业为主体的空间分布考察，迄今虽有研究对生产性服务业与制造业协同集聚度进行测度与比较，但分析不够系统全面，鲜有研究将产业间的前后向关联效应（组合配对）与空间协同集聚度纳入到一个统一的分析框架中来，这是一项重要的基础性研究工作，制约着后续的相关研究。基于上述考虑，本书尝试从产业和空间两个维度对长三角共 28 个两位数制造业与 6 个生产性服务业进行组合配对与排序，并通过构建"产业－空间"四象限分布图以全面揭示该地区产业协同集聚的主要规律。若没有特殊说明，本章所有图表中的数据均来自 2008 ~ 2018 年《中国统计年鉴》和《中国城市统计年鉴》中的相应年份，后续不再一一注明。

第一节　长三角产业发展与空间集聚的基本评判

产业集聚是产业发展进程中的必然产物和普遍现象，其实质是区域经济资源、要素的更为有效配置和生产组织形式的重新组合。改革开放以来长三角凭借其独特的区位优势与政策制度优势逐渐成为全中国开放型经济发展的领头雁，并成为国际产业转移与不同类别制造业的高度集聚地，其第二、第三产业发展在全国极具开拓性与典型性，但其制造业在整个产业发展中占主导地位的格局依然未变①。随着全球社会经济形态呈现由"工业型经济"向"知识型经济"和"服务型经济"转型的趋势，长三角城市群内产业丰富多样，从制造业到互联网新兴产业出现了不少领袖城市，总部经济较为明显。与此同时，在巨大的产业转型升级压力下，近年来生产性服务业（集聚）发展已成为该地区突破产业被"低端锁定"，寻求产业发展竞争优势并竭力抓住第二波全球化红利的重要途径（刘志彪，2012）。整体来看，长三角产业集聚发展历程不是一个线性增加的过程，而是一个逐步演变并由此形成了地区特有的产业演化模式（刘曙华，2012），是不同产业之间、集聚区之间和集聚城市之间相互作用的结果。

---

① 2016 年长三角、京津冀和粤港澳大湾区第二产业占比分别为 43.2%、36.6% 和 32.6%。长三角城市群第二产业占比明显高于京津冀城市群和粤港澳大湾区，这主要是由于该地区存在大量以制造业为主导产业的城市。

一、生产性服务业与制造业空间分布交叠

长三角是全国重要的制造业基地（增加值占全国的 1/4 左右），制造业发展在该地区的工业化进程中扮演着经济引擎的作用，目前已成为国际制造业重要基地和创新型国家（城市）建设的重要窗口。虽然。该地区制造业早期的过度"外资依赖"而导致的"低端锁定"被广为诟病，但伴随着全球化、信息化和网络化的影响越发深刻，近年来该地区的产业发展和空间布局战略也进行了主动调整与创新。显而易见的是，很多制造企业更专注于技术适度创新与价值链的有序拓展，"弹性专精"的运作模式被普遍采用，大型制造集团的重工化和高端化发展态势逐渐显现，制造技术的进步和产品档次得以提高。此外，值得一提的是，深加工、精加工以及相应的价值链辅助环节逐渐被发掘（提升产品附加值），这些扩展的环节使原有内置于制造业产业链中的服务活动通过专业化分工而外化（即服务外置或外包）。随着长三角现代制造业由生产制造向技术研发和方案转移解决，一些与制造业密切相关的生产性服务业将加快与现代制造业的融合发展，这无疑为长三角制造业高端化发展并突破其在国内价值链的被低端锁定困境，促进生产性服务业快速发展提供了有利的市场环境。

从总体上看，长三角制造业空间分布呈现出典型的以上海为中心沿重要交通轴线集聚的特征（王俊松，2014）。尤其是沪宁、沪杭和杭甬沿线成为产业集聚的密集带，也是新兴产业发展和新增生产能力富集的高密度产业集聚带，成为长三角的主要生产能力分布轴线。在这条 T 字形轴线上，形成了以上海、杭州、南京和宁波为主要节点，以苏州、无锡、常州、南通、嘉兴和绍兴等为次节点的产业集聚区，上海的六大产业基地和八大产业集群、浙江的五大标志性产业群和主要产业集聚区以及江苏的沿江产业集群和主要产业集聚区大多处于这条发展轴线之上。近年来，随着行政区划的逐步调整与合理重构，以合肥、滁州、巢湖为代表的安徽环湖经济带作为沪宁线的末梢在承接产业转移并发展特色制造业方面也逐渐活跃起来（如表 4-1 所示）。

值得一提的是，近年来随着长三角一体化等国家级战略的逐步实施，长江下游与河口两岸重化工、装备制造产业带发展得以延伸和拓展，而江苏沿海地区的临港产业群与新能源产业带也已初具规模。

表 4-1　　　　　　长三角三省一市制造业集聚化发展情况比较

地区	制造业集聚区
上海	东部微电子产业带、南部化工工业区、西部国际汽车城和北部精品钢材基地，将形成微电子产业基地、汽车产业基地、精品钢材基地、石油化工及精细化工基地、船舶产业基地和装备产业基地等六大产业基地；精品钢材及延伸产业、上海化工区、国内微电子、汽车产业、电站等大型成套设备；航空航天等装备产业、临港集装箱、物流产业以及新兴生物医药和中药产业等八大产业集群
浙江	以杭州、宁波和绍兴为重点的电子信息产业群；以杭州、绍兴和舟山为重点的现代医药产业群；以宁波、嘉兴和绍兴为重点的石化产业群；以绍兴、杭州、萧山和嘉兴为重点的纺织产业群；以宁波男装、杭州女装和湖州童装为特色的服装产业群等五大标志性产业群；杭州大江东产业集聚区、杭州城西科创产业集聚区、宁波杭州湾产业集聚区、宁波梅山物流产业集聚区、温州瓯江口产业集聚区、湖州南太湖产业集聚区、嘉兴现代服务业集聚区、绍兴滨海产业集聚区、金华产业集聚区、衢州山野集聚区、舟山海洋产业集聚区、台州湾循环经济产业集聚区、丽水生态产业集聚区和义乌商贸服务业集聚区等14个（主导）产业集聚区
江苏	沿江新兴重化工经济带，涉及石油化工、电子信息与软件、车辆制造、冶金和能源等产业集群；沿江化工产业带、沿海化工产业带、优质资源集聚区等三大石化产业集聚区
安徽	以合肥、滁州、巢湖为代表的环湖经济带；以蚌埠、淮南、淮北为代表的沿淮经济带；以芜湖、马鞍山、铜陵、安庆为代表的沿江经济带

资料来源：主要参考刘曙华. 生产性服务业集聚与区域空间重构：以长三角洲地区为例 [M]. 北京：经济科学出版社，2012，后经笔者补充完善。

而对长三角生产性服务业空间分布的特征进行分析可知，长三角生产性服务业主要集聚在城市和城市的核心地区，由此形成了生产性服务业布局的点状形态（即各类生产性服务业集聚区或功能区），这种点状形态与制造业的线状形态在空间上产生了交叠。这种交叠具体表现为：伴随着制造业的集聚，生产性服务业的集聚加快，而制造业集聚形成的轴线发展模式，在一定程度上推动生产性服务业集聚区位处于轴线上的关键节点。沪宁、沪杭和杭甬制造业发展轴线上的三个重要节点城市，成为长三角生产性服务企业集聚最为密集、生产性服务业集聚区分布最为集中的地区。由此带来的结果是，长三角生产性服务业集聚区或功能区成为制造业发展轴线上的重要节点，并成为长三角经济发展的增长极，其通过重要干线而扩大服务的范围和半径，满足长三角现代制造业发展对生产性服务业的强大需求。而魏守华等（2015）的实证研究也发现：从整体上看，长三角制造业呈现出较强的空间自相关性，在空间上相对集聚，其中以上海为中心的沿江、沿海、沿沪宁线等轴线的产业集聚尤为突出，而外围地区，如扬州、湖州、台州等城市接受核心区域产业转移和产业扩散的功能还不强，特别是对于资本密集型、技术密集型等先进制造业的吸收能力较弱。

二、服务业集聚区的空间功能分化与城市功能扩展

长三角是国内生产性服务业发展最为明显和最为密集的地区，该地区形成了金融集聚区、物流集聚区、研发服务区和信息服务区等服务行业集聚区，虽说这些集聚区的空间功能处于不断演化之中，但不同类型的服务业集聚区之间往往主导产业特色鲜明，错位竞争、优势互补的格局不断强化。以江苏①和浙江为例，除了一些省级服务业集聚区外，各地市也建设了一批市级服务业集聚区，许多服务业集聚区已经成为加快服务业发展的核心区。值得一提的是，上海全市截止到2017年年底，共吸引全球跨国公司地区总部600余家，研发中心126个，集聚区服务企业近10万家，总部经济（集聚）效应凸显。近二十多年来，上海在生产性服务业和对外开放上的优势吸引了许多嗅觉灵敏又具有地缘优势的江苏、浙江和安徽企业，自发地寻找产业以外的

---

① 到2017年年底，江苏共有现代物流集聚区35个、科技服务集聚区26个、软件和信息服务集聚区17个、文化创意产业集聚区14个、商贸流通集聚区14个、商务服务集聚区8个、电子商务集聚区5个、金融服务集聚区2个、服务贸易集聚区2个、健康养老园区1个。

区域分工和合作，为资本最大可能地寻找利润。上海的本地企业则利用长三角便捷的交通和一体化的政策优势，将企业的制造环节迁往制造业发达的浙江和江苏。沿长江入海口，逐渐形成了以上海为界，以产业高度集聚为特征，以制造为优势的长三角产业发展南北两翼次级城市群。

进一步对长三角3个核心城市（上海、杭州和南京）内部生产性服务业集聚区的空间布局进行分析可知，其空间布局演化可以分为三个阶段：一是有选择行业集聚阶段，即作为生产性服务业组成部分的金融、商务和咨询等行业向长三角中心城市的核心地带集聚发展，由此形成了中央商务区。例如，上海的外滩和陆家嘴金融服务业、杭州的中央商务区、南京的商业和金融区等。二是内部功能强化阶段，即长三角城市生产性服务业集聚的增长极形成，其通过对外围的强大磁场，吸引更多同类企业和相关机构向生产性服务业集聚区集中，由此形成基于中央商务区的生产性服务业集聚圈层。与此同时，其自身的服务功能不断得到强化。例如，20世纪90年代初上海生产性服务业主要分布在城市内环线以内，其集聚促进了服务功能的完善与提高，逐步提升到服务于长三角、长江流域和全国经济的发展。三是多种类型行业发展阶段，即长三角制造业的现代化和全球化需要服务业的高端化、全球化发展，对服务类型的多样化需求带来不同类型生产性服务业发展，由此带来不同类型生产性服务业行业集聚区的发展。例如，江苏省生产性服务业集聚区已有中央商务区、创意产业园、科技创业园、软件园、现代物流园、产品交易市场和服务外包区等功能形态。由于不同类型生产性服务业的功能特性不同以及长三角城市政府的政策性介入，不同类型生产性服务行业向不同地域集中，形成城市内部不同的生产性服务业集聚区。例如，上海在核心区形成外滩和陆家嘴金融服务区的同时，在外围地区形成了外高桥保税物流区、临港新城物流服务区等。此外，长三角制造业的全球化发展与服务业的本地化发展，驱使外国大型生产性服务企业的入驻，但其集聚的模式与国内企业有所不同，这样导致了相同类型生产性服务行业在空间上出现功能分化。例如，上海形成了外滩中央商务区和南京西路两个金融中心，国内金融企业倾向于集聚在外滩，而海外金融企业倾向于选择在南京西路，两者在服务对象和组织功能方面存在一定的差异。

随着中国制造能力的大幅提升，近几年江浙皖传统制造业的利润空间被严重压缩。加上《长江三角洲城市群发展规划》的颁布，明确提出要在长三角培育更高水平的经济增长极，并在2030年全面建成具有全球影响力的世界级城市群，因而长三角各次区域产业转型升级压力不断增大，出现了产业转型升级就是各个地方都应以服务业，尤其是生产性服务业为绝对产业支柱，抛弃原有制造业优势的"错觉"。在城市群建设与制造业升级之间甚至形成了一定意义上的悖论：城市群要求形成若干个都市圈，都市圈的产业要以服务业为主，但短期内又很难在现有城市中快速实现这种产业的转型，城市群的建设进程与产业转型升级的进程发生背离（陈建军等，2019）。而且，从城市群内部的分工结构来看，作为龙头（核心）城市的上海，其"四个中心"的发展定位是其强化服务能力的具体要求，大量高端生产性服务业高度集中于这个核心城市，但上海与长三角其他城市在生产性服务业和现代制造业发展上存在两难抉择。产业协同发展是实现区域协同发展的重要维度，解决上述困境的办法还是要以产业协同集聚为抓手，通过区域合作、整合产业链，规避产业和区域的双重衰退。从空间功能分工来看，将上海定位为生产性服务中心，意味着这个中心在承担区域职能上应该有所转型，这种转型表现为生产功能由实体产品生产向非实体生产转变，服务功能由本地化向区域化、全球化转变。结合空间地理位置，长三角服务业各行业空间地理集中主要呈雁阵及点线状向长三角腹地减弱，其中生产性、社会公共性及分配性服务业以上海为前锋，分别向苏西北及浙西南延伸。由此带来的一个结果是，长三角城市内部已经形成的具有多点空间分布的生产性服务业集聚区逐步由点状向域面转化，在地域上拼接在一起，形成由各类生产性服务业集聚区联合组成的生产性服务业连绵区。生产性服务业连绵区的出现将使长三角城市的服务能力成倍级的提升，也将促使上海市成为名副其实的全球生产性服务中心城市。

第二节 生产性服务业与制造业的
集聚度拟合分析

为了直观表现生产性服务业与制造业的集聚度，本书选取区位熵指数来测度两者之间集聚的相关性。区位熵用 LQ 来表示，计算公式为：

$$LQ_{im}(t) = \frac{q_{im}(t) / \sum\limits_{m} q_{im}(t)}{q_m(t) / \sum\limits_{i} q_m(t)} \quad\quad (4-1)$$

其中，$q_{im}(t)$ 为 t 时期 i 地区行业 m 的从业人员数，$\sum\limits_{m} q_{im}(t)$ 为 t 时期 i 地区从业人数总和；$q_m(t)$ 为全国 t 时期 m 行业的从业人员数，$\sum\limits_{i} q_m(t)$ 为全国 t 时期从业人员数总和。如果 LQ 大于 1，则表示 m 行业在 i 地区相对集中，如果 LQ 小于 1，则认为行业 m 在 i 地区不集中。本书根据《中国统计年鉴》和《中国城市统计年鉴》以及部分年度的《长三角年鉴》，选取2007~2017 年生产性服务业以及制造业从业人员统计数据，对两大产业集聚之间的关系进行分析。在制造业的具体行业选取方面，主要参照贺灿飞（2008）和陈国亮和陈建军（2012）的分类方式，共选取 28 个制造业门类，并进一步划分为劳动密集型产业、资本密集型产业和技术密集型产业。考虑到 2012 年之后的产业门类及统计口径发生较大变化，本章选取 2012年和 2017 年两个时间节点的情况进行对比。总体来看，上述行业、空间范畴所涉及的范围已非常广泛，能够较全面地反映生产性服务业与制造业的集聚变动趋势。

从图 4-1 中可以发现，长三角城市群生产性服务业呈现出较为稳定的集聚态势（增幅较缓），这与我国城市化发展水平有密切关系。而且，近年来随着长三角城市化进程的逐步推进，一些"次中心"城市的迅速崛起对中心城市的要素、资源产生了一定的"虹吸效应"，因而对该地区整体意义上的生产性服务业集聚度有所稀释。从制造业层面来看，整体集聚度相对较高但下降趋势明显（跌幅较大）。从 2017 年各城市情况来看（如图 4-2 所示），几大中心城市的生产性服务业集聚度远高于制造业（新旧动能转换进程加快），而得益于强大的实业根基，苏州、无锡、常州这三市的制造业集聚水平仍是一枝独秀，但生产性服务业集聚水平并不突出。此外，从直观的时间序列与横截面数据分析中也可以看出，生产性服务业集聚与制造业集聚并非同步发展的[①]，这也从另一个侧面印证了两大产业间的协同集聚是一个系统概念，不等于同步（对称）集聚。例如，长三角城市群中原有的 16 个核心城市的市场机制较为完善但城市间经济结构差异显著，如浙江省的城市多以专业化经济为主（同行业集聚），而上海和苏南等地则以多样化经济为主（不同行业集聚）。此外，从直观的时间序列与横截面数据分析中也可以看出，相比于 2012 年，长三角两大产业集聚之间的拟合度呈现出逐步上扬的趋势，但仍有较大的提升空间。地市层面的拟合程度与城市群乃至全国层面的拟合程度相比还是不够理想，这可能更多归因于产业集聚更多的是一种区域性现象（Rosenthal & Strange，2004；刘长全，2010），随着行业范畴与区域范围的扩大，则衡量产业集聚的专业化经济或多样化经济指标无法准确反映集聚状况（范剑勇等，2014），由于现阶段中国市场潜力的边界效应显著，生产性服务业集聚对工业的外溢效应存在区域边界，若以国别或省际为研究对象，则产业（协同）集聚的程度（效应）就有可能被高估，而在一个给定的区域空间内，在多种外部力量的作用下关联产业集聚间的动态化演进特征会越发明显。

---

① 生产性服务业与制造业虽然具有较强的产业关联性，但在空间集聚层面并不一定表现出明显的亦步亦趋规律。根据鲍莫尔-富克斯假说（Baumol-Fuchs Hopothesis），服务业劳动生产率增长率是滞后的，而且不同行业产业集聚发挥作用的机制、表现形式和效果可能不完全相同，这一假说也得到了来自中国数据的印证（程大中，2004；范剑勇，2006；范剑勇等，2014）。

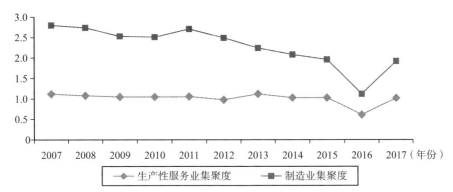

图 4 - 1 2007 ~ 2017 年长三角生产性服务业与制造业的整体集聚度变动

资料来源：2008 ~ 2018 年《中国城市统计年鉴》。

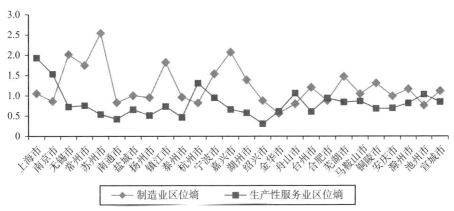

图 4 - 2 2017 年长三角 26 个城市生产性服务业与制造业的集聚度对比

资料来源：2008 ~ 2018 年《中国城市统计年鉴》。

第三节　生产性服务业与制造业协同集聚的测度与分析

一、产业维度：投入产出关联分析

（一）标准化处理与数据权重确定

为了综合考量生产性服务业与制造业在产业和空间两个维度上的协同互动关系，本书对产业关联度和协同集聚度进行无量纲处理并纳入到统一指标中，以方便对数据进行分析。无量纲处理的公式为：

$$Z_{ij} = (X_{ij} - X)/S \qquad (4-2)$$

其中，Z_{ij} 为标准化后的变量值，X_{ij} 表示原始值，X 表示原始值的平均值，S 表示原始值的标准差。若标准化后的产业关联度 C_{ij} 大于 0，则表明生产性服务业 i 部门与制造业 j 部门之间的产业关联相对较强，若 C_{ij} 小于 0，则两个产业部门间的关联相对较弱；若标准化后的协同集聚度 R_{ij} 大于 0，则说明两个产业部门之间的空间集聚程度较强，反之则较弱。由于三省一市的经济发展水平并不一致，因此选择合理的权重系数来保证数值的有效性显得尤为重要。为保证相关数据的可比性，本书参照多数做法，以 2012 年（中间时段）长三角三省一市工业生产总值的比值作为最终数据权重的计算依据。

（二）产业关联的测度方法

本书基于 2012 年长三角（涵盖江浙沪皖）的投入产出表，利用直接投入系数 A_{ij} 和直接分配系数 B_{ij} 的分析来衡量两个产业之间前向和后向关联。

直接投入系数也称直接消耗系数，是指某一产品部门在生产经营过程中单位总产出直接消耗的各产品部门的产品或服务的数量（是投入产出模型中的核心系数，其取值范围为：0~1）。其计算方法是依据投入产出表的数据，

用 j 产品（部门）的总投入（X_j）去除该部门生产经营中所直接耗的第 i 产品（部门）的货物或服务的数量 X_{ij}。直接消耗系数越大，说明第 j 产品（部门）对第 i 产品（部门）的依赖性越强。其计算公式为：

$$A_{ij} = \frac{X_{ij}}{X_j}(i, j = 1, 2, \cdots, n) \qquad (4-3)$$

其中，X_{ij} 是指第 j 产品（部门）对第 i 产品（部门）的消耗量；X_j 指第 j 产品（部门）的总投入。A_{ij} 主要衡量的是产品（部门）i 对产品（部门）j 的前向关联（主要是通过影响另一种产品供给的容易程度而发生的联系，是一种推力）。

所谓直接分配系数是一个部门的产品分配（提供）给各个部门作生产使用和提供给社会最终使用的数量占该部门产品总量的比重，其计算公式为：

$$B_{ij} = \frac{X_{ij}}{X_j}(i, j = 1, 2, \cdots, n) \qquad (4-4)$$

其中，X_{ij} 是指第 j 产业对第 i 产业的消耗量；X_i 指第 i 产业的总产出。B_{ij} 主要衡量的是产业 j 对产业 i 的后向关联（即通过影响另一个产业产品的需求而发生的联系，是一种拉力）。

这里参照江曼琦和席强敏（2014）的做法，用直接投入系数 A_{ij}、A_{ji} 和直接分配系数 B_{ij}、B_{ji} 的算术平均值来测度产业 i 和产业 j 之间的产业关联度[①]。由表 4-2 列举的部分研究结果可知：在 6 个生产性服务业部门中，交通运输、仓储和邮政业以及金融业、租赁和商务服务业与制造业的产业关联度在长三角地区位于前列；在制造业中通信设备、计算机及其他电子设备制造业以及石油加工、炼焦及核燃料加工业与生产性服务业的产业关联在长三角相对较强（见表 4-3）。

---

① 生产性服务业与制造业的产业关联度通过它们各自的直接投入系数和直接分配系数的算数平均值来求出。首先分别求出两个产业对对方产业的关联度，然后再用算数平均值求出整体的产业关联度。表 4-2 是基于 2012 年江、浙、沪、皖三省一市的投入产出表计算得出，C_{ij} 为标准化后的产业关联度。

表4-2　　　　　　　长三角生产性服务业与制造业产业关联（部分）

制造业	生产性服务业	产业关联	C_{ij}（标准）
石油加工、炼焦及核燃料加工业	交通运输、仓储和邮政业	0.196999634	9.718541896
金属制品业	租赁和商务服务业	0.043128157	1.780748852
交通运输设备制造业	交通运输、仓储和邮政业	0.030781193	1.143804004
仪器仪表及文化办公用机械制造业	科学研究和技术服务业（研究与试验）	0.028361975	1.019003419
造纸印刷及文教体育用品制造业	金融业	0.025300039	0.861046798
造纸印刷及文教体育用品制造业	租赁和商务服务业	0.024794078	0.834945687
通信设备、计算机及电子设备制造业	信息传输、软件和信息技术服务业	0.023210122	0.753233915
非金属矿物制品业	交通运输、仓储和邮政业	0.021095865	0.644165391
木材加工及家具制造业	租赁和商务服务业	0.019552087	0.56452626
石油加工、炼焦及核燃料加工业	租赁和商务服务业	0.018521303	0.511351026
电气机械及器材制造业	租赁和商务服务业	0.017359882	0.451436652
木材加工及家具制造业	交通运输、仓储和邮政业	0.016695494	0.417162727
金属制品业	交通运输、仓储和邮政业	0.01522065	0.341079729
食品制造及烟草加工业	交通运输、仓储和邮政业	0.015125082	0.336149638
造纸印刷及文教体育用品制造业	交通运输、仓储和邮政业	0.014848263	0.321869331
通用、专用设备制造业	交通运输、仓储和邮政业	0.014123498	0.284480776
化学工业	交通运输、仓储和邮政业	0.013658179	0.260476287
纺织服装鞋帽皮革羽绒及其制品业	交通运输、仓储和邮政业	0.013480836	0.251327665
仪器仪表及文化办公用机械制造业	交通运输、仓储和邮政业	0.012525758	0.202057891
非金属矿物制品业	金融业	0.011739765	0.161510721
纺织服装鞋帽皮革羽绒及其制品业	租赁和商务服务业	0.011181379	0.132705202
通信设备及其他电子设备制造业	金融业	0.010730706	0.109456215
农林牧渔业	交通运输、仓储和邮政业	0.010453102	0.095135424
电气机械及器材制造业	交通运输、仓储和邮政业	0.010434672	0.094184686

制造业	生产性服务业	产业关联	C_{ij}（标准）
金属冶炼及压延加工业	交通运输、仓储和邮政业	0.010175007	0.08078929
化学工业	租赁和商务服务业	0.009447604	0.04326463
造纸印刷及文教体育用品制造业	科学研究和技术服务业（教育）	0.009417102	0.041691123
仪器仪表及文化办公用机械制造业	金融业	0.009264287	0.03380786
食品制造及烟草加工业	租赁和商务服务业	0.009067807	0.02367198
纺织业	交通运输、仓储和邮政业	0.008572507	− 0.001879121
金属制品业	科学研究和技术服务业（研究与试验）	0.008420774	− 0.009706606

注：本表相关数据是基于2012年江、浙、沪、皖三省一市的投入产出表计算得出，由于篇幅所限，这里只列出部分产业关联度较高的一些行业，一些数值较小甚至小于0的暂未列出。

表4-3　　　　　　长三角生产性服务业与制造业产业关联度排名情况

与制造业关联度排前五的生产性服务业部门	与生产性服务业关联度排名前五的制造业部门
交通运输、仓储和邮政业	通信设备、计算机及其他电子设备制造业
金融业	石油加工、炼焦及核燃料加工业
租赁和商务服务业	化学工业
信息传输、软件业和信息技术服务业（研究与试验）	通用、专用设备制造业
房地产业	建筑业

注：本表相关数据是基于2012年江、浙、沪、皖三省一市的投入产出表计算得出，由于篇幅所限，这里只列出部分产业关联度较高的一些行业，一些数值较小甚至小于0的暂未列出。

二、空间维度：生产性服务业与制造业的协同集聚分析

（一）协同集聚测度

目前，关于产业集聚的度量指标已比较丰富，具体包括空间基尼系数、

赫芬达尔指数、区位熵和地理集中指数等，总体来看这些指标只能做一些静态分析，而且区域单元愈小数据就越难收集。埃里森和格莱泽（Ellison & Glaeser, 1997）构建了 E-G 指数用来测算两位数产业的集聚水平，但这一指标难以刻画多个产业间协同集聚的状况，因此构建了用于考察多个产业间协同集聚的 E-G 修正指数，计算公式为：

$$\gamma^c = \frac{G_i - (1 - \sum_i x_i^2)}{(1 - \sum_i x_i^2)(1 - H)}H = \frac{\sum_{i=1}^M (S_i - x_i)^2 - \left(1 - \sum_{i=1}^M x_i^2\right)\sum_{j=1}^N Z_j^2}{(1 - \sum_i x_i^2)\left(1 - \sum_{j=1}^N Z_j^2\right)} \quad (4-5)$$

其中，S_i 表示 i 区域某产业就业人数占该产业全部就业人数的比重，x_i 表示 i 区域全部就业人数占经济体就业总人数的比重，G_i 为 i 产业的地理集中度。赫芬达尔指数 $H = \sum_{j=1}^N Z_j^2$，N 表示该产业中以就业人数为标准计算的企业分布，反映企业规模分布情况，该系数越高，则表明产业在企业层面越集中，市场越垄断。但由于 E-G 修正指数的计算对数据要求较高，必须要同时具备企业层面和产业层面的数据，目前用此方法对中国产业间集聚研究的文章比较少。因此，德韦鲁等（Devereux et al., 2004）将 E-G 指数作了一定程度的简化：

$$C(r) = \frac{G_r - \sum_{j=1}^r w_j^2 G_j}{1 - \sum_{j=1}^r w_j^2} \quad (4-6)$$

其中，$w_j = T_j / \sum T_j$ 为权重指标（此处用就业人数表示），T_j 为产业 j 总就业人数，G 为地理集中度，可用赫芬达尔指数计算。G_r 表示两个产业或多个产业在第 r 地区的就业人数占两个产业或多个产业在全国的就业份额，G_j 表示单个产业在第 r 地区的就业人数占全国就业人数的比重。一般而言，$C(r)$ 指数越大，表示产业间协同集聚度越高。若以标准化后的协同集聚度（$R_{ij} \geqslant 1$）为中高度协同集聚的衡量标准（江曼琦和席强敏，2014），则长三角生产性服务业与制造业高度空间集聚和中度空间集聚（加总水平）只占 20% 左右，这说明，长三角生产性服务业与制造业的平均协同集聚水平仍有较大的提升空间（见表4–4）。

表4–4　　长三角部分生产性服务业与制造业协同集聚度较高的行业情况

制造业	生产性服务业	$C(r)$	R_{ij}（标准值）
通信设备、计算机/其他电子设备	信息传输、软件和信息技术服务业	0.236218311	4.480641352
通信设备、计算机/其他电子设备	房地产业	0.231346266	4.345583316
通信设备、计算机/其他电子设备	租赁和商务服务业	0.215499887	3.906305505
通信设备、计算机/其他电子设备	科学研究和技术服务业（研究与试验）	0.21438128	3.875296583
通信设备、计算机/其他电子设备	金融业	0.198560696	3.436733872
通信设备、计算机/其他电子设备	交通运输、仓储和邮政业	0.176383852	2.821969138
纺织业	信息传输、软件和信息技术服务业	0.136111232	1.705571056
纺织业	房地产业	0.133771755	1.640718366
医药制造	信息传输、软件和信息技术服务业	0.132056649	1.59317388
纺织服装鞋帽	信息传输、软件和信息技术服务业	0.131793078	1.58586742
纺织服装鞋帽	房地产业	0.128821353	1.50348818
纺织业	租赁和商务服务业	0.127797032	1.475092955
医药制造	房地产业	0.1265188	1.439659057
纺织业	科学研究技术服务和地质服务业	0.126271579	1.43280583
通用设备制造业	信息传输、软件和信息技术服务业	0.122360129	1.324376464
纺织业	金融业	0.121890295	1.311352163
纺织服装鞋帽	租赁和商务服务业	0.121483663	1.300079908
通用设备制造业	房地产业	0.119946758	1.257475334
纺织服装鞋帽	科学研究和技术服务业（研究与试验）	0.119590556	1.24760106
纺织服装鞋帽	金融业	0.114432835	1.104623778
通用设备制造业	租赁和商务服务业	0.114320712	1.101515602

续表

制造业	生产性服务业	$C(r)$	R_{ij}（标准值）
医药制造	租赁和商务服务业	0.114161999	1.097115921
通用设备制造业	科学研究和技术服务业（研究与试验）	0.112409858	1.048544781
纺织业	交通运输、仓储和邮政业	0.111646793	1.02739185
医药制造	科学研究和技术服务业（研究与试验）	0.111264884	1.016804955
电器机械及器材制造业	信息传输、软件和信息技术服务业	0.110772001	1.003141738
通用设备制造业	金融业	0.108837776	0.949523045
电器机械及器材制造业	房地产业	0.108774553	0.947770436
通信设备、计算机/其他电子设备	教育	0.106700968	0.890288537
金属制品业	信息传输、软件和信息技术服务业	0.105016192	0.843584821
电器机械及器材制造业	租赁和商务服务业	0.104669762	0.83398145
医药制造	金融业	0.104234001	0.821901693
纺织服装鞋帽	交通运输、仓储和邮政业	0.103263087	0.794986965
电器机械及器材制造业	科学研究和技术服务业（研究与试验）	0.102618482	0.777117871

注：由于篇幅所限，这里只列出部分协同集聚度较高的一些行业（按数值大小排序），一些数值较小甚至小于 0 的暂未列出。

（二）组合配对分析

这里选取 28 个两位数的制造业与 6 个生产性服务业的两两配对作为研究对象，计算 2012 年和 2017 年长三角以及全国的生产性服务业与制造业分行业的协同集聚变化情况。由于生产性服务业存在众多产业，因此，与制造业价值链之间也不是单向的一一配对关系，而更多的是网络状关系。即单个制造业行业既可以和单个生产性服务业行业之间实现协同集聚，也有可能与多个生产性服务业实现有机组合，出于研究便利性考虑，本书只考察两两配对情况。因此，每年有 168 对（C_6^1，C_{28}^1）产业组合，由于近年来中国行业划分调整频繁，为保证考察对象的连续性，这里只对 2012 年与 2017 年两个时间节点上各个生产性服务业分行业与制造业的协同集聚变化情况进行分析。

由于生产性服务业多集中于发达城市，而资源密集地区多为内陆偏远地区，因而这些地区生产性服务业与制造业的协同集聚度较低，二者的相互影响较小，产业关联较弱。在生产性服务业与制造业协同集聚度较高的组合（见表 4-5）中包括交通运输及设备制造 - 租赁商务和服务（0.4373），文教体育用品 - 租赁商务和服务（0.0396），通信设备、计算机及其他电子设备制造业 - 房地产业（0.0391），通信设备、计算机及其他电子设备制造业 - 信息传输、软件和信息技术服务业（0.0388）等，这些组合的制造业与生产性服务业产业关联性强，在空间分布上趋于一致。例如，通信设备、计算机及其他电子设备制造业多集中在东部沿海城市，这些城市信息化水平较高，相应的信息传输、软件和信息技术服务业也大多分布于此，两者在空间分布上具有一致性。从发展趋势来看，与 2012 年相比，2017 年生产性服务业与制造业的协同集聚度居前十的配对中，房地产业与其他制造业的协同集聚度有所下降，租赁商务和服务与其他制造业的协同集聚度有所提高。2017 年全国生产性服务业与制造业的协同集聚度有所提升，2012 年 $C(r)$ 指数在 0.02 以上的有 34 组行业配对，占 17.35%，2017 年 $C(r)$ 指数在 0.02 以上的有 55 组行业配对，占 28.06%，提高了近 11 个百分点。

表 4-5 　2017 年全国生产性服务业与制造业协同集聚排名前十的产业配对组合

制造业	生产性服务业	$C(r)$ 值
交通运输及设备制造业	信息传输、软件和信息技术服务业	0.05073
文教体育用品	租赁和商务服务业	0.04661
通信设备、计算机及其他电子设备制造业	租赁和商务服务业	0.04617
通信设备、计算机及其他电子设备制造业	房地产业	0.04586
交通运输及设备制造业	信息传输、软件和信息技术服务业	0.03418

续表

制造业	生产性服务业	$C(r)$ 值
家具制造	金融业	0.03407
金属制品业	房地产业	0.03398
交通运输及设备制造业	租赁和商务服务业	0.03345
文教体育用品	科学研究和技术服务业（研究与试验）	0.03320
纺织业	科学研究和技术服务业（教育）	0.03318

就长三角而言，由表4-6及表4-7可以得知，2017年与2012年相比，长三角生产性服务业与制造业的协同集聚度有所下降，其中以房地产业为代表，通信设备、计算机及其他电子设备制造业－房地产的 $C(r)$ 指数由0.1384下降到0.1090。宏观层面看，不难发现这与全国房地产行业的调控政策有关。自2012年以来，长三角地区对教育投入与改革力度加大，加之原有雄厚的教育资源和强大的高等教育及职业教育基础，教育对该地区人力资本储量及研发水平的提升都有直接（或间接）的支撑效应，因而使得教育与其他制造业的集聚度不断上升。对比长三角生产性服务业与制造业协同集聚度前十名的变化，信息传输、软件和信息技术服务业与其他制造业的协同集聚度显著提高，这主要得益于B2B、B2C、C2C等新业态的发展。对于金融业和房地产业等资本密集型产业而言，两者与制造业的协同集聚度虽然有所变化，但变化较小，说明资本密集型产业与制造业之间的集聚效应与拥挤效应并存。

表4-6　2012年长三角生产性服务业与制造业协同集聚度前十名的产业配对

制造业	生产性服务业	$C(r)$ 值
家具制造	房地产业	0.1386
通信设备、计算机及其他电子设备制造业	房地产业	0.1384
纺织业	租赁和商务服务业	0.1370

制造业	生产性服务业	$C(r)$ 值
医药制造	信息传输、软件和信息技术服务业	0.1368
电器机械及器材制造业	房地产业	0.1363
交通运输及设备制造业	信息传输、软件和信息技术服务业	0.1352
黑色金属冶炼及压延加工业	金融业	0.1336
仪器仪表及文化办公用品制造业	科学研究和技术服务业（教育）	0.1318
医药制造	科学研究和技术服务业（教育）	0.1305
木材加工及木、竹、藤、棕、草制品	科学研究和技术服务业（教育）	0.1262

表 4-7　2017 年长三角生产性服务业与制造业协同集聚度前十名的产业

制造业	生产性服务业	$C(r)$ 值
通信设备、计算机及其他电子设备制造业	信息传输、软件和信息技术服务业	0.1396
通信设备、计算机及其他电子设备制造业	科学研究技术服务和地质服务业	0.1234
纺织业	教育	0.1133
皮革、毛皮、羽毛及其制品	信息传输、软件和信息技术服务业	0.1119
通信设备、计算机及其他电子设备制造业	教育	0.1119
通信设备、计算机及其他电子设备制造业	房地产业	0.1089
纺织业	信息传输、软件和信息技术服务业	0.1079
黑色金属冶炼及压延加工业	科学研究和技术服务业（教育）	0.1056
木材加工及木、竹、藤、棕、草制品	科学研究和技术服务业（教育）	0.1022
皮革、毛皮、羽毛及其制品	租赁和商务服务业	0.0985

从空间维度来看，以 2017 年数据为例，长三角生产性服务业与制造业的协同集聚度比全国的要高，全国产业协同集聚度小于 0.01 的产业占所有配对总数的 27.1%，长三角产业协同集聚度小于 0.01 的产业占所有配对总数的 23.3%，减少了 4 个百分点，同时全国生产性服务业与制造业协同集聚度大于 0.02 的产业所有配对占总数的 38.86%。长三角生产性服务业与制造业协同集聚度大于

0.02 的产业所有配对占总数的 54.4%，提高了 16 个百分点，这说明长三角由于资源集中、服务业发达，使得生产性服务业与制造业的整体协同集聚度更高。由此，我们也可以发现，无论长三角还是全国整体（省级层面），生产性服务业与制造业都呈现出协同发展的趋势，相关产业间联系紧密。

（三）空间差异识别

生产性服务业与制造业在产业层面的内在关联就意味着两者的区位选择就不会是一个独立无关的过程。标准差椭圆（standard deviational ellipse，SDE）是分析空间分布差异的经典方法之一，主要从中心性、展布范围、密集性、方向和形状等多重角度全面揭示经济要素空间分布整体特征及其时空演化过程的。这里基于长三角 26 个城市的空间区位，用该城市两大产业的从业人员数量来表示相应的权重，计算生产性服务业和制造业空间分布的标准差椭圆。同时，借鉴安树伟和常瑞祥（2016）的做法，用生产性服务业和制造业的表征椭圆在空间上重叠水平反映两者空间格局的整体差异程度，将其定义为空间差异指数。具体计算方法如下：

$$SDI_{p,m} = 1 - \frac{Area(SDE_p \cap SDE_m)}{Area(SDE_p \cup SDE_m)} \qquad (4-7)$$

其中，SDE_p、SDE_m 分别为生产性服务业和制造业的标准差椭圆，$Area$ 为面积。$SDE_{p,m}$ 表示空间差异指数，$0 \leqslant SDE_{p,m} \leqslant 1$，值越大表明空间差异越大。相关数据来源于《中国城市统计年鉴》，城市区位经纬度数据来源于谷歌地球（Google Earth），空间计算主要基于 ArcGIS 10.4 展开，空间参考为 Albers 投影（中央经线为 105°E，标准纬线为 25°N、47°N）。如图 4-3 所示，2007~2017 年间空间差异指数保持在 0.15~0.25 之间（较为平稳），2007~2011 年间无较大波动，2012 年空间差异急剧上升到最大之后又急剧下，2013~2017 年间空间差异呈现平稳小幅下降。而中国沿海地区空间分布差异的平均水平在 0.35 左右（安树伟、常瑞祥，2016）。

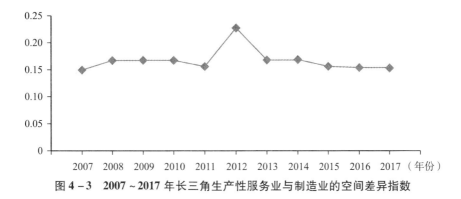

图 4 - 3 2007～2017 年长三角生产性服务业与制造业的空间差异指数

第四节 研究拓展：产业协同集聚的二维综合评判

一、产业协同集聚的四象限分布图

生产性服务业起初是作为制造业的中间投入产品而产生，并贯穿于制造业全产业链的诸多环节，两者间的产业关联是引起产业集聚的重要原因之一。为了进一步确认长三角各类生产性服务业与制造业对空间邻近的需求是否是由两者之间较强的投入产出关系引致的？作为生产性服务业与制造业协同集聚的双重属性，产业互动和空间联动之间的关系是对立还是可以互相传导的？基于上述考虑，我们尝试以产业协同集聚度为横坐标，以产业关联作为纵坐标（经过标准化后的 R_{ij}、C_{ij}，以 0 为强弱或高低的分水岭），基于产业关联度和空间协同集聚度建立"产业－空间"四象限分布图，以验证产业关联的强弱与空间协同集聚的关系，并为该地区的产业发展与空间布局提供一定的现实依据。分析结果如图 4 - 4 所示。

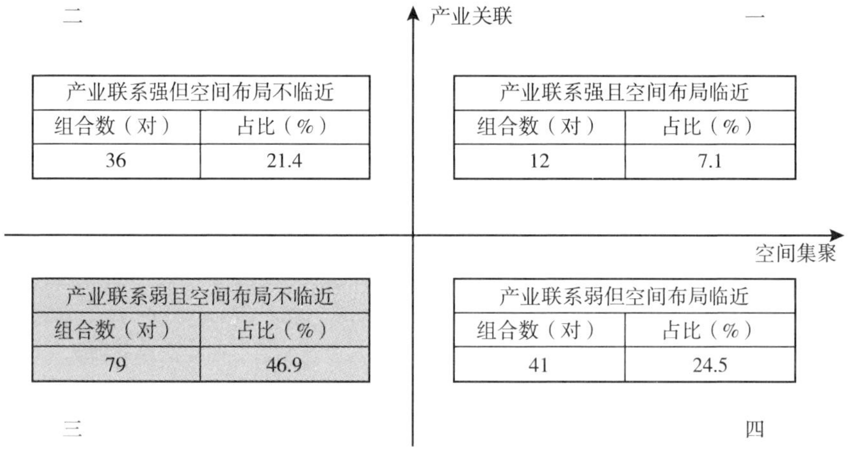

二 ↑产业关联 一

产业联系强但空间布局不临近	
组合数（对）	占比（%）
36	21.4

产业联系强且空间布局临近	
组合数（对）	占比（%）
12	7.1

→ 空间集聚

产业联系弱且空间布局不临近	
组合数（对）	占比（%）
79	46.9

产业联系弱但空间布局临近	
组合数（对）	占比（%）
41	24.5

三 四

图4-4 2012年长三角生产性服务业与制造业"产业-空间"四象限分布

位于第一象限的产业组合的产业关联度和协同集聚度都比较高，空间分布上具有较强的一致性。在168对产业组合中，长三角有12对部门组合位于第一象限，占总产业组合数的7.1%（明显偏低）。该象限的产业组合表明，由于两大产业间内生联系就注定了投入产出关联是推动此象限生产性服务业与制造业协同集聚的主要原因①。对这12对产业间两两组合进行进一步分析发现，其中的生产性服务业部门主要分布在诸如交通运输、仓储和邮政业，租赁和商务服务业，科学研究和技术服务业，金融业等部门，而制造业部门主要是通信设备、计算机及其他电子设备制造业，通用、专用设备制造业，电气机械及器材制造业，交通运输设备制造业和纺织业（见表4-8）。由此可以推断，生产性服务业与制造业之间形成协同集聚的最主要原因不是投入产出关系，它的目的不在于通过减少运输成本从而降低交易成本，促使产业空间协同集聚更多的是源于降低制造业服务化过程中大量"面对面"服务需

---

① 相同性质产业的协同集聚有些是由于共同的劳动力市场因素引起，有些则是基于知识外溢，也有一些则是由于上下游的投入产出关联而引起的，至于具体何种因素占据主导则要视产业配对情况而定。而生产性服务业与制造业协同集聚则是由于产业间存在关联效应（Hanson，1998）。埃里森等（Ellison et al.，2007）基于美国数据的研究也发现，制造业产业间协同集聚对上下游关联依赖性最强、而劳动力池与知识外溢次之。

求所形成的各种交易成本，诸如：搜寻成本、协议成本、订约成本、监督成本、违约成本等。

表 4-8 第一象限内产业组合分布情况

产业组合排前五的生产性服务业部门	出现次数	产业组合数排前五的制造业部门	出现次数
交通运输、仓储和邮政业	6	化学工业	4
租赁和商务服务业	5	通信设备、计算机及其他电子设备制造业	2
金融业	1	金属制品业	2
信息传输、软件和信息技术服务业	1	纺织服装鞋帽皮革羽绒及其制品业	2
科学研究和技术服务业（研究与试验）	1	电器机械及器材制造业	2

第二象限的产业组合之间投入产出关系强，但协同集聚程度比较低，生产性服务业与制造业在空间分布上趋于分散。这表明产业关联所产生的集聚效应给城市带来了拥挤效应，出现了拥挤成本、公共产品供应不足、环境破坏、资源浪费、过度竞争等现象，而这些现象所带来的不经济利益超过了集聚效应所带来的经济效益。长三角有 36 对产业部门组合位于该象限，占到总产业组合数的 21.4%。对这 36 组部门组合情况进行分析发现，其中的生产性服务业部门主要以租赁和商务服务业，交通运输、仓储和邮政业，科学研究和技术服务业还有金融业为主，而制造业主要以化学工业，住宿和餐饮业，造纸印刷及文教体育用品制造业，石油加工、炼焦及核燃料加工业，交通运输设备制造业为主，大多是一些传统的低附加值与高能耗的产业（见表 4-9）。这些制造业大都需要充足的运力作为保证，但上述产业一般都难以承担高额的交通和地租成本，这些促使了生产性服务业与制造业在空间上呈现出一定分离式集聚。此外，还有一个很重要的原因是，长三角的很多制造业企业已融入全球价值链，而可贸易性较高的生产性服务业大都尚处于集聚化的初级阶段，并没有真正融入全球价值链中去，只能为本土企业服务，而且还受到

国外服务企业的挤压。当然，本土生产性服务业的服务意识、能力及效率也有很大的提升空间。

表 4 - 9　　　　　　　　　　第二象限产业组合分布情况

产业组合排前五的生产性服务业部门	出现次数	产业组合排前五的制造业部门	出现次数
交通运输、仓储和邮政业	14	造纸印刷及文教体育用品制造业	12
租赁和商务服务业	10	食品制造及烟草加工业	8
金融业	5	木材加工及家具制造业	4
科学研究和技术服务业（教育）	3	仪器仪表及文化办公用机械制造业	2
科学研究和技术服务业（研究与试验）	1	石油加工、炼焦及核燃料加工业	2

　　位于第三象限的产业组合，其产业关联度与协同集聚程度都低，与第一象限相似，在空间布局上都具有较强的一致性。与第一象限相反，该象限内的产业组合表明投入产出关系的强弱直接关系到生产性服务业与制造业在空间分布上的集聚程度。在 168 对产业组合中，此象限的产业组合数占到全体的 46.9%，在四象限中所占比重最大。其中的生产性服务业主要是科学研究和技术服务业（教育），信息传输、软件和信息技术服务业，科学研究和技术服务业（研究与试验）、房地产业，金融业；制造业主要以食品制造及烟草加工业，木材加工及家具制造业，造纸印刷及文教体育用品制造业，金属冶炼及压延加工业，非金属矿物制品等行业为主（见表 4 - 10）。除了上海地区主要以第三产业等一些技术知识密集型的服务业为主导产业，江苏和浙江地区还存在大量附加值比较低的制造业，所以综合数据的结果在较大比例上才呈现出产业和空间上的一致性。这也从某种程度上说明了，长三角在产业空间布局的初始阶段未能充分考虑产业关联与空间集聚的协同效应，随意性或区域本位主义比较盛行。

表 4 – 10   第三象限产业组合分布情况

产业组合排前五的生产性服务业部门	出现次数	产业组合数排前五的制造业部门	出现次数
科学研究和技术服务业（教育）	22	食品制造及烟草加工业	20
信息传输、软件和信息技术服务业	13	木材加工及家具制造业	10
科学研究和技术服务业（研究与试验）	13	造纸印刷及文教体育用品制造业	9
房地产业	13	金属冶炼及压延加工业	6
金融业	9	非金属矿物制品	5

位于第四象限的产业组合之间协同集聚度高，但产业关联度低。在长三角 168 对产业组合数中，有 41 对位于该象限，占到总产业组合数的 24.5%，是产业关联与空间集聚的二维组合配对中占比较高的一类。其中的生产性服务业主要是以房地产业，信息传输、软件和信息技术服务业、金融业、科学研究和技术服务业（教育），而制造业则以通用、专用设备制造业，纺织业，通信设备、计算机及其他电子设备制造业，金属制品业，电器机械及器材制造业为主（见表 4 – 11）。江曼琦和席强敏（2014）在研究上海生产性服务业与制造业的互动关系中提到劳动力市场池和知识溢出对其空间协同集聚的影响大于中间产品投入对其空间结构的影响。但这一点不适用于长三角广域空间层面的主要原因在于该区域发展差别较大（产业结构、经济发展水平等），而且随着该地区一体化进程的推进，局域空间的"本地市场效应"将逐渐被稀释。而且，长三角的低中端制造业在其产业结构上占有的比重是最大的，所以第四象限的比重偏小。

表 4 – 11   第四象限产业组合分布情况

产业组合排前五的生产性服务业部门	出现次数	产业组合数排前五的制造业部门	出现次数
房地产业	10	通用、专用设备制造业	8
信息传输、软件和信息技术服务业	10	纺织业	6

产业组合排前五的生产性服务业部门	出现次数	产业组合数排前五的制造业部门	出现次数
科学研究和技术服务业（研究与试验）	8	通信设备、计算机及其他电子设备制造业	5
金融业	7	金属制品业	4
租赁和商务服务业	4	电器机械及器材制造业	4

二、"产业－空间"四象限分布图的演进比较

以上数据是对长三角 2012 年生产性服务业与制造业的产业关联与空间集聚的互动情况进行的研究，为了获得更进一步的结论，这里主要以 2017 年该地区生产性服务业与制造业的空间协同集聚度和 2012 年的投入产出表数据为基础，通过对比 2012 年和 2017 年长三角生产性服务业与制造业（产业与空间）的互动情况得出最终结果。由于投入产出表的数据限制，数据的来源与口径无法完整获取与吻合，但还是能反映一些基本特征与规律的。如图 4－5 所示，与 2012 年相比，"产业－空间"四象限分布图的数据都发生了变化，但数据占比的大体趋势是不变的，第三象限依然是比重最大的一部分。第一象限相比于 2012 年比重有所上升，由 2012 年的 7.1% 上升为 10.4%。原因之一就是随着长三角一体化进程的推进，使得阻碍产业协同的一些成本因素得以降低。原因之二主要是得益于江浙两省的产业转型，政府越来越重视第三产业服务业的发展，由原来以制造业为支柱产业的经济发展方式转变为制造业与服务业共同发展的经济发展方式，生产性服务业的规模越来越大，从制造业中分离出来独立发展壮大；第二象限占比的上升，数据更多地体现在上海，作为生产性服务业发展规模最大的地区，便捷的交通和通信给产业间的联系和交流提供了更好的条件，已经不太需要通过空间上距离的缩短来加强两产业或多个产业之间的联系；第三象限和第四象限的占比下降明显，相比于 2012 年，有越来越多的产业不因为产业间的投入产出关联（更多的是一种知识溢出效应）而进行协同定位布局。而且，随着长三角一体化进程的加

速推进以及要素市场化改革的逐步深入，这一趋势将越发明显。

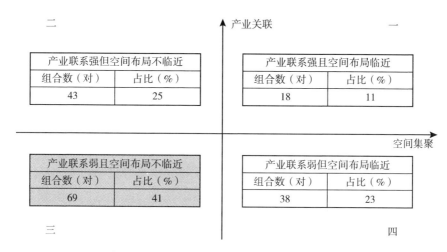

图 4－5　2017 年长三角生产性服务业与制造业"产业－空间"四象限分布

第五节　物流业与制造业协同集聚的例证

物流业是产业发展和要素流动的基础。由前述的产业关联、行业组合配对以及"产业－空间"分布分析中可以看出，相比于其他生产性服务业，物流业的发展更加离不开某区域制造业的市场规模和经济容量，因此，在空间分布上表现得更为明显也更为活跃（排名一直比较靠前、匹配度较高）。而且，物流业和制造业协同发展可以促进制造企业在核心业务上的集中，提高制造企业的竞争力，同时降低物流成本，提高客户对生产物流的满意度，有助于改善物流业服务水平和物流公司的生存空间。近年来，随着长三角城市群一体化水平的提高，物流业和制造业发展迅猛，两大产业之间的集聚程度也有明显增强的趋势。因此，在前述行业、空间整体分析的基础上，对长三角城市群物流业和制造业的协同集聚水平进行综合评判将具有较好的行业引领示范作用。

一、长三角物流业和制造业协同发展特征

近年来，受到国家政策的驱动，长三角越来越重视物流业与制造业的协同发展，并出台了一系列政策措施来推动两者协同发展的实践。2016 年 5 月国家出台的《长江三角洲城市群发展规划》明确提出，加快推进产业跨界融合，打造若干规模和水平居国际前列的先进制造产业集群，形成服务经济主导、智能制造支撑的现代产业体系。同年 10 月份出台的《江苏省"十三五"物流业发展规划》中提到要大力发展制造业物流项目，推动物流业与制造业融合发展，大力发展第三方物流，着力推动物流企业向制造业物流服务商和供应链集成商转变。目前，长三角物流业与制造业的协同发展已迈入示范阶段。

虽然长三角各级地方政府因势利导，推出一系列针对物流业与制造业的政策利好，但客观而言，该地区物流业与制造业在协同发展中仍存在诸多问题。

第一，制造企业的物流外包还没有得到改善。随着物流业的快速发展，长三角越来越多的企业加入了一体化物流的浪潮，上海、南京、杭州等一线城市物流业得到了迅猛发展，涌现出一批优秀的第三方物流公司，企业规模不断扩大，物流外包服务越来越多。然而，由于计划经济时期"大而全"和"小而全"企业理念的局限性，许多大型制造企业以及经济快速增长地区尚未认识到第三方物流的战略作用，仍旧主要采用物流自营的商业模式。同时，制造企业退出自营物流的成本高，物流外包的风险不可控都是造成物流外包水平低的重要原因。

第二，物流成本依然偏高，行业盈利能力下降。一般而言，物流成本（运输成本）决定了产业接入供给和需求的能力。受产业结构、运输方式、组织化程度等因素的影响，长三角物流成本依然居高不下，影响了企业的盈利能力和经济效益。物流设施之间不衔接、不配套、信息不通畅等问题还比较突出，都直接拉高了物流业运营成本。其中江苏省社会物流总费用

与 GDP 的比率虽然低于全国平均水平，但与发达国家相比仍存在较大差距，不仅高于美国、日本、德国等发达国家，也高于印度、巴西等新兴市场国家。

第三，两大产业协同发展的环境有待优化。近年来物流业发展迅速，物流政策法规体系不够完善，政策"碎片化""落地难"等问题仍较为突出，制约物流业快速发展的体制机制障碍仍然存在。随着物流企业的不断增加，也出现了企业规模参差不齐、同质化竞争的现象，市场无序竞争和低水平竞争现象尚未真正改观。除此之外，基于制造企业物流外包的委托－代理关系，物流业信用体系建设亟待加强，从业人员整体素质有待进一步提升。

二、物流业和制造业协同集聚度测量

结合上文的方法介绍，可以发现国内外学者在进行集聚测度时选用的测量指数主要是区位熵指数、赫芬达尔指数以及 E-G 指数。每种方法都有其优缺点和适用范围。鉴于产业集聚受行业分布和企业规模的影响，以及数据的可获得性，这里选取区位熵指数来衡量产业层面的集聚度，E-G 共同指数衡量空间层面的产业集聚度，进而对长三角 26 个城市物流业与制造业协同集聚进行分析。由于物流业至今没有统一的统计口径，根据 2017 年《国民经济行业分类》国家标准，物流业涉及第三产业中交通运输、仓储及邮政业的货运和仓储部分。鉴于物流业多是由交通运输、储运、货代、流通加工和配送等构成，因此将交通运输、仓储及邮政业这三类合并作为物流业整体来研究。时间跨度为 2007~2017 年，数据来源同上文。

（一）产业层面的集聚测度

在区位熵测度基础上，借鉴张虎等（2017）的研究方法，进一步测算物流业与制造业的协同集聚指数（*RI*），具体计算公式如下：

$$RI = 1 - \frac{\lfloor LQ_Z - LQ_W \rfloor}{LQ_Z + LQ_W} \qquad (4-8)$$

其中，LQ_Z 代表制造业区位商，LQ_W 代表物流业区位商，RI 为物流业与制造业的协同集聚指数。RI 越大代表产业之间的集聚水平越接近，协同集聚水平越高。从图 4-6 中可以看到，长三角制造业、物流业的集聚度变化以 2013 年为界可以分为两个阶段，近几年来制造业与物流业集聚变动趋势基本趋同，但集聚水平（增速）趋于平缓。从协同集聚水平看，RI 平均值达 0.89，从 2013 年开始，协同集聚指数便开始下降趋势，但仍高于 2010 年的最低值。综合来看，长三角制造业和物流业存在协同集聚现象。

图 4-6　2007～2017 年长三角物流业、制造业集聚度变化

（二）空间层面的集聚测度

（1）长三角制造业和物流业整体协同集聚度。

空间协同集聚是产业通过统筹布局实现空间互动和协同发展的过程。这里借助 E-G 指数衡量长三角制造业和物流业的协同集聚度。基于数据精准性和可获得性考虑，简化后的 E-G 共同指数计算参考前述公式（4-6）[即 $C(r)$ 指数]。从图 4-7 可以看出，E-G 共同指数值在 0.05 以上，说明制造业和物流业间的协同集聚格局已基本形成，但仍有较大提升空间。

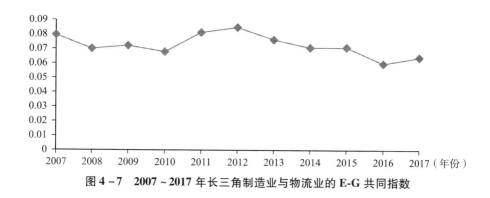

图 4 – 7　2007 ~ 2017 年长三角制造业与物流业的 E-G 共同指数

（2）物流业与各细分制造业的协同集聚度测量。

从分行业的角度对物流业与各细分制造业的协同集聚度进行测量分析。这里将 28 个制造业行业类别按照资源集约度的分类方法划分为资本密集型、劳动密集型和资源密集型三大类，其中资本密集型包含了技术密集型。

从图 4 – 8 中可以看出，三类制造业与物流业协同集聚度的变化趋势基本相同，相对而言，劳动密集型和资本密集型制造业的变化幅度较为平稳。其中，资本型制造业与物流业的协同集聚水平最高，这表明物流业更倾向在资本和技术密集型制造业的周围集中，并且同时资本密集型制造业也趋向在物流业集聚的地区集中。资源密集型制造业与物流业的协同集聚度相对较低（资源、区位依赖性较强）。从图 4 – 9 来看，在 2017 年细分制造业与物流业协同集聚度最高的前 10 对产业组合中，80% 的比例为中等水平协同集聚，且以资本密集型制造业居多，分别是计算机及其他电子设备制造、石油加工炼焦及核燃料加工业、交通运输设备制造业、化工原料及化学制品制造业加工业、仪表仪器制造业、专用设备制造业、黑色金属冶炼及压延加工业及化学纤维制造业这 8 对。占比最低的是木材加工及木、竹藤、棕、草制品业与金属制品业。这一现象与朱慧等（2015）所研究的中部六省的结论有很大差异，这种差异性也折射出，制造业与物流业的协同集聚水平除了具有一般的产业集聚特征以外，还与所在区域的经济能级、产业结构、功能分工等因素密切相关。

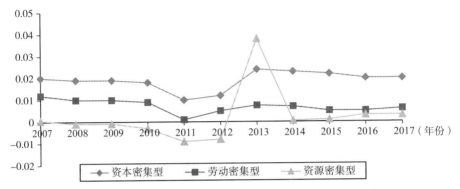

图 4 - 8　2007 ～ 2017 年物流业与细分制造业的协同集聚度

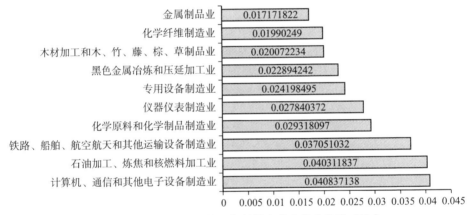

图 4 - 9　2017 年 E-G 共同指数排名前十的产业配对组合

第六节　本 章 小 结

　　长三角作为中国最大的城市群，是最有条件实现现代化和一体化的区域。现阶段，在培育更高水平的经济增长极的国家战略指引下，其也面临较大的转型升级和一体化发展压力。当务之急，应以生产性服务业与制造业协同集聚来实现制造业的价值链攀升与服务势能的积蓄，进而实现城市群内次级区域的产业整合。本研究基于《中国统计年鉴》及《中国城市统计年鉴》的相关数据，做了如下一些基础性研究工作：第一，通过区位熵（LQ）指标的测算对生产性服务业集聚与制造业集聚进行了拟合，并运用 E-G 修正指数测算了生产性服务业与制造业的协同集聚度；第二，从细分行业的角度对生产性服务业与制造业进行了关联产业的两两配对，并按排名进行了区域比较；第三，通过空间热点图、标准差椭圆来直观展示 2007～2017 年间生产性服务业集聚与制造业集聚之间的动态演进规律及空间离合程度；第四，构建产业协同集聚的"产业－空间"四象限分布图，将生产性服务业与制造业的产业关联度、空间协同集聚度纳入同一个分析框架中来，基于 2012 年该地区三省一市的投入产出表，运用直接消耗系数、直接投入系数所求出的产业关联度与修正的 E-G 指数对生产性服务业与制造业的"产业－空间"二维互动规律进行实证分析。在此基础上，以物流业为例，进行更为深入的细分行业分析。

分析结果表明：目前，中国省级层面的生产性服务业与制造业存在很强的协同集聚关系，而对长三角而言，生产性服务业与制造业协同集聚程度要低于预期水平，且存在着一定的地区和行业异质性，但近十年来两大产业集聚之间的空间差异变化不大。理论上讲，产业关联度较强的行业，其协同集聚水平也较高，但现阶段长三角产业关联度强而且空间协同集聚度高的行业配对组合的占比仍旧偏低，说明整体上该地区产业协同集聚水平具有很大的提升空间，同时也从侧面印证了产业关联不是形成空间协同集聚的充要条件；长三角生产性服务业与制造业的融合性在城市空间上并没有明显地显现出来（尤其是在经济技术比较发达的沿海地区），且只有一部分技术密集型的制造业与相应的生产性服务业有较强的空间协同集聚倾向。附加值低的产业则因为较低的集聚利益而缺乏内生动力，呈现出一定的空间分散状况。对于长三角内部的一些一线城市而言，两大产业的协同集聚度有一定幅度的降低；从细分的行业情况来看，生产性服务业中的物流业发展对两大产业之间的空间布局与协同定位发挥了重要的作用。其中，资本密集型制造业表现最为突出，劳动密集型制造业次之，而资源密集型制造业与物流业的协同集聚度较低。

上述系统测算结果也具有一定的政策启示。对政府而言，应切忌陷入"为集聚而集聚"的怪圈中去，应充分考虑产业关联与空间集聚的协同效应，在大力推进长三角生产性服务业与制造业协同集聚的过程中应做到：第一，积极发展生产性服务业的一些新领域与新业态，努力实现"标准化"，增强自身竞争能力并积极融入全球价值链中去，提升与相关制造业组合配对成功的概率，积极创造条件促进产业 – 空间四分图中第三、第四象限的产业组合配对成功向第一、第二象限实现稳态转换。第二，在城市空间布局中，总体上可以忽略生产性服务业与一般制造业之间的空间布局约束以及一、二、三线城市之间的人为隔阂，在广域空间来组织生产性服务业与制造业的布局，同时也要注重不同能级城市之间的辐射与延伸，以进一步加大关联产业间组合配对成功的概率。第三，大量生产性服务业和制造业协同集聚的产业并非为产业关联所唯一决定，城市劳动力蓄水池、市场潜能、知识传播与技术溢出效应可能也是促进产业向城市聚集的重要动因之一。因此，当前区域经济发展中应逐步加大研发投入，加强技术（知识）密集型制造业和信息、商务科技类生产性服务业的空间融合发展。第四，鉴于交通运输和通信业的发展在长三角产业协同集聚中的重要作用，现阶段应利用交通基础设施的发展契机来合理引导服务业集聚区与制造业集聚区的合理布局与协同集聚，着力建设产业互动交流的平台，提高其协同集聚的效率。

第五章

产业联动与集聚依存性的计量检验

第四章从产业和空间两大维度对协同集聚现象的观察和描述是整个研究中的重要基础性工作，但这只是对产业集聚程度与协同集聚水平进行静态统计描述，并不能全面反映生产性服务业与制造业的产业动态关系及其长期均衡问题，对于两大产业集聚间的相互作用与演进关系未能进行动态刻画，也不能全面解构影响产业协同集聚的主要因素。此外，考虑到中国区域经济发展水平在时间和空间层面的不平衡，技术水平也存在差异，尤其是将相关联产业间集聚关系的研究置于一个很大的研究场域内，难免会出现以偏概全的现象以及由于样本数据的异质性而导致的"伪回归"问题。基于上述考虑，本章首先尝试以生产性服务业与制造业各自的产值数据为变量，建立向量自回归模型（VAR），基于长三角 2007～2017 年的产业数据，考察生产性服务业与制造业在产业层面上的联动情况。在此基础上，尝试以两大产业集聚度互为因变量和自变量，建立动态面板回归模型，并纳入一些控制变量，借以考察两大集聚间动态关系是否呈现出与产业互动关系一样的演进规律。若没有特殊说明，本章所有实证分析图表的源数据均来自 2008～2018 年《中国统计年鉴》和《中国城市统计年鉴》中的相应年份，后续不再一一注明。

第一节 两大产业间的动态关系检验

长三角是中国重要的制造业基地和生产性服务业策源地，拥有大量的制造业集聚区域和相对完备的生产性服务业体系。近年来，该地区生产性服务业与制造业发展迅猛，并均呈现出一定的集聚和辐射态势。但目前长三角正处于产业结构升级的拐点，占主导地位的劳动密集型制造业的优势正逐渐消失，一些传统产业空间集聚过度并呈现出生产要素的拥挤效应，在服务业内部，由于传统的消费性服务业发展空间狭小而生产性服务业发展不足，生产性服务业的发展呈现出一定的独立性，与其他产业的关联效应不明显，导致长三角服务业增长放缓，这不仅成为长三角服务业发展及区域经济增长的软肋。而且，在今后的一段时期内，制造业仍将是长三角区域经济发展的主要动力和就业结构的主要成分，服务业在短期内还无法完全取代制造业。那么制造业发展的瓶颈是否与生产性服务业发展的相对独立性有关？长三角生产性服务业与制造业存在着怎样的联动关系呢？研究这些对于深刻认识两大产业间的协同发展，促进该地区产业结构空间布局优化及转型升级具有重大的理论价值与实践指导意义。

一、数据来源与模型构建

本章选用 2007~2017 年长三角生产性服务业和制造业产值进行计量分析。鉴于数据的可得性，选取制造业产值（ZC，单位：亿元）和生产性服务业产值（SC，单位：亿元）作为内生变量，并经过整理和计算而得。生产性服务业共 6 个行业大类（与前文保持一致），鉴于选取历年产值作为衡量生产性服务业和制造业的指标，本章采用以 2006 年（$=100$）为基的 CPI 居民消费价格指数，来消除通货膨胀对当年产值数据的影响。此外，通过借鉴相关文献的通常做法，对已有的时间序列数据取对数，一来并不会改变时间序

列的性质和关系，二来还可以消除异方差的影响，数据会更加平稳，因此在
后续的实证检验中，对上述两个内生变量均采用了对数化处理。

　　这里运用 ADF 平稳性检验，格兰杰（Granger）因果关系检验以及协整
检验对这两个变量之间的计量关系进行全面分析，在此基础上构建长三角生
产性服务业与制造业两变量的向量自回归模型（VAR）及其误差修正模型
（VEC）对二者之间的动态关系进行实证分析。两变量 VAR(p) 模型初步设
定为：

$$Y_t = \sum_{i=1}^{p} \Pi_i Y_{t-1} + \mu_t = \Pi_1 Y_{t-1} + \Pi_2 Y_{t-2} + \cdots + \Pi_p Y_{t-p} + \mu_t$$

$$Y_t = (\ln ZC_t, \ln SC_t), \quad \mu_t = (\mu_1, \mu_2)^T \qquad (5-1)$$

其中，p 为模型的最大滞后阶数，也是 VAR 模型中很关键的一个因素（p 值
过大，待估参数就多；p 值过小，残差可能存在自相关。因此要正确确定 p
值大小）。Π_i 为第 i 个变量的待估参数矩阵，μ_t 为随机误差干扰项。在 VAR
模型中，$\ln ZC$ 和 $\ln SC$ 这两个变量互为解释变量和被解释变量，Y_t 是制造业
ZC 和生产性服务业 SC 在第 t 期的产值水平，Y_{t-p} 是制造业和生产性服务业在
滞后 p 期时的产值水平，滞后期数与随机误差项是不相关的。之所以选用
VAR 模型是因为该模型主要用于预测和分析随机扰动对系统的动态冲击，包
括冲击的大小、正负及持续的时间，与本书的研究视角相吻合。

二、变量选取与实证分析

（一）平稳性检验

　　现阶段的 VAR 模型要求建立在平稳的时间序列上，因此在建立 $\ln ZC$ 和
$\ln SC$ 的 VAR 模型之前，首先要对这两个时间序列进行平稳性检验。本章采
用 ADF 检验法对 $\ln ZC$ 和 $\ln SC$ 这两个变量进行平稳性检验。由 ADF 检验结果
可知（见表 5-1），变量 $\ln ZC$ 和 $\ln SC$ 的原序列虽然平稳，但是基于其建立
的 VAR 模型无法平稳。对原序列进行一阶差分，发现在 5% 的显著性水平下

满足同阶单整，即 $I(1)$，即它们是一阶单整关系，满足建模前提。

表 5 - 1 变量平稳性检验结果

变量	ADF 统计量	1% 临界值	5% 临界值	检验形式	检验结果
$lnZC$	-4. 103346	-4. 394309	-3. 612199	（C，T，1）	平稳
$lnSC$	-4. 602808	-4. 571559	-3. 690814	（C，T，7）	平稳
$DlnZC$	-4. 303813	-4. 667883	-3. 733200	（C，T，8）	平稳
$DlnSC$	-4. 636530	-4. 800080	-3. 791172	（C，T，10）	平稳

注：检验形式中的 C 代表有常数项，T 代表没有时间趋势项，数字代表滞后阶数。

（二）构建 VAR 模型

在上述检验结果的基础上，便可建立 $lnZC$ 和 $lnSC$ 一阶差分的 VAR 互动关系模型。建立 VAR 模型的关键一步就是确定模型滞后阶数 p。这里利用 LR、FPE、AIC、SC 和 HQ 准则进行检验，根据系统检验结果（见表 5 - 2），当 $p = 1$ 时，VAR 模型是最理想的，亦即 VAR（1）最为有效。再利用 AR 根的检验方法检验 VAR（1）的平稳性，发现模型的全部特征根在单位圆曲线之内（见图 5 - 1），说明 VAR（1）是一个平稳系统，即满足了进行脉冲响应分析和方差分解的前提。

表 5 - 2 VAR 模型滞后阶数检验结果

滞后阶数	滞后阶数选择准则的各项指标					
	LnL	LR	FPE	AIC	SC	HQ
0	71. 53709	NA	8. 11e - 06	-6. 046704	-5. 947965	-6. 021871
1	78. 18907	11. 56866*	6. 46e - 06*	-6. 277310*	-5. 981095*	-6. 202813*
2	79. 83227	2. 571965	8. 02e - 06	-6. 072371	-5. 578678	-5. 948209

注：* 表示 10% 的显著性水平。

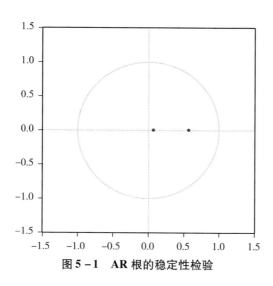

图 5 - 1　AR 根的稳定性检验

（三）VAR 模型的格兰杰因果关系检验

格兰杰因果关系检验既可以在建模前进行，也可以在建模后进行。在建模之前做格兰杰因果关系检验主要是看待建模的变量之间有无明显的因果关系，而在建模后进行格兰杰因果关系检验，主要是考察模型中每一个内生变量相对于模型中其他内生变量的显著性。二者除了结果显示的形式上有所不同，并无本质区别。本章选择基于 VAR 模型的格兰杰因果关系检验，结果见表 5 - 3。由检验结果可知，在 10% 的显著性水平下，变量 $DlnZC$ 相对于变量 $DlnSC$ 的概率值为 0.2417，所以变量 $DlnSC$ 不是变量 $DlnZC$ 的格兰杰原因。同理，变量 $DlnZC$ 也不是变量 $DlnSC$ 的格兰杰原因。所以，变量 $DlnSC$ 和 $DlnZC$ 没有明显著地双向因果关系，但这并不影响 VAR 模型的建立。

表 5 - 3　　　　　　　　　　VAR 模型的格兰杰因果检验结果

因变量	Excluded	Chi-sq	df	Prob
$D(X, 1)$	$D(Y, 1)$	1.370928	1	0.2417
	All	1.370928	1	0.2417

因变量	Excluded	Chi-sq	df	Prob
$D(Y, 1)$	$D(X, 1)$	2.224746	1	0.1358
	All	2.224746	1	0.1358

（四）VAR 模型的脉冲响应分析和方差分解

在上述平稳的 VAR 模型基础上，便可通过脉冲响应分析以及方差分解来考量变量内部之间的互动关系。

（1）脉冲响应分析。脉冲响应函数能够衡量在扰动项上加一个标准差大小的冲击时，内生变量的当前值和未来值受到多大的影响。图 5 - 2 显示了 VAR(1) 的脉冲响应结果。图中虚线部分表示正负两倍的标准差偏离带。从（a）图可以看出，制造业对于来自其自身的一个标准差的冲击立即就有响应，且为正向的。在第 1 期这种响应就达到最大值约为 0.052，之后这种冲击带来的影响缓慢减少，从第 6 期开始这种响应趋向于零，作用持续时间较长，说明长三角区域的制造业具有较好的自我增强作用。（b）图显示，制造业对于来自生产性服务业的一个标准差的冲击在第 1 期没有响应，且在其后的期间内这种响应都是负向的，并在第 2 期时这种响应达到最低值约为 −0.012，这说明长三角生产性服务对制造业有负向的影响，即二者之间存在一定程度的资源争夺效应。（c）图显示，生产性服务业对于来自制造业的一个标准差的冲击有正向的响应，在第 1 期就达到最大值约为 0.02，其后这种响应缓慢较少，从第 5 期开始这种响应趋于零，说明长三角的制造业对于生产性服务业需求有正向的拉动作用。（d）图显示，生产性服务业对于来自其自身的一个标准差的冲击在第一期就有响应，且达到最大值，但是从第 2 期开始，这种响应就逐渐稳定的趋于零，响应不够持久。这说明长三角生产性服务业的自我增强作用比较小，产业内部关联效应弱。

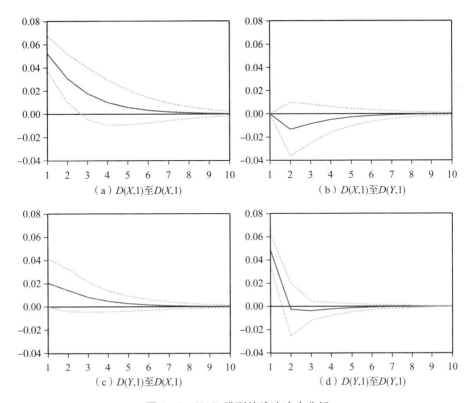

（a）$D(X,1)$至$D(X,1)$ （b）$D(X,1)$至$D(Y,1)$

（c）$D(Y,1)$至$D(X,1)$ （d）$D(Y,1)$至$D(Y,1)$

图 5－2 VAR 模型的脉冲响应分析

（2）方差分解。方差分解的主要目的是了解系统中各信息对 VAR 模型内生变量的相对重要性，其主要原理是按照 VAR 模型中各变量的成因，将 VAR 系统中的预测误差分解成各个变量冲击所做的贡献。图 5－3 显示了 VAR（1）的方差分解结果的合成图形。从（a）图可以看出，在第 1 期时，制造业预测方差完全是由其自身扰动所引起的。随着时间的推移，从第 3 期开始，由制造业自身扰动所引起的比重稳定在 93% 左右，而由生产性服务业的扰动所引起的预测方差比重稳定在 7% 附近。从（b）图可以看出，在第 1 期时，生产性服务业的预测方差中由制造业扰动引起的部分占到 85%，而由其自身扰动引起的部分比重占到 15% 左右。随着时间的推移，由制造业扰动引起的部分稳定在 79% 附近，而由生产性服务业扰动引起的部分则稳定在

21%左右。说明在制造业和生产性服务业的发展中，制造业产生的影响占主体，要远大于生产性服务业。

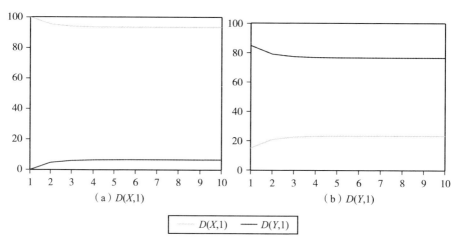

（a）$D(X,1)$　　　　　　　　　（b）$D(Y,1)$

$---\;D(X,1)$　　$——\;D(Y,1)$

图 5 – 3　VAR 模型的方差分解

（五）协整检验和误差修正模型

（1）协整检验。建立变量 $\ln ZC$ 和 $\ln SC$ 误差修正模型的前提是这两个变量之间存在协整关系，否则没有意义。在前文平稳性检验的基础上，本章采用 Johansen 协整检验法来检验上述变量一阶差分之间的协整关系，以考察长三角生产性服务业与制造业增长之间是否具有长期均衡关系。检验结果见表 5 – 4。

表 5 – 4　　　　　　　　　　　协整检验结果

协整向量	Hypothesized No. of CE（s）	迹统计量	5%临界值	最大特征值统计量	5%临界值	滞后阶数
$D\ln ZC$	None	17.50395	15.49471	10.25067	14.26460	1
$D\ln SC$	At most 1	7.253287	3.841466	7.253287	3.841466	

从表 5 – 4 看出，迹检验结果显示在 5% 的显著性水平下存在两个协整关

系。通过 EViews 10.0 运算得出协整方程为：$D\ln ZC = \mu_t - 1.137319 D\ln SC$。协整分析结果显示，长三角生产性服务业与制造业之间具有长期均衡关系，但是这种均衡关系表现为二者之间的资源争夺效应，即当生产性服务业每增长 1% 时，制造业会减少 1.137319%。

（2）误差修正模型。基于上述结果，我们可以建立变量 $\ln ZC$ 和 $\ln SC$ 的一阶差分变量之间的 VEC 模型。根据 EViews 10.0 输出的误差修正结果，建立误差修正方程为：

$$D(X,2) = -0.354634 VECM_{t-1} + 0.240389 D(X(-1),2)$$
$$+ 0.083923 D(Y(-1),2) + 0.003313 \qquad (5-2)$$
$$D(Y,2) = -0.245067 VECM_{t-1} + 0.536887 D(X(-1),2)$$
$$- 0.432028 D(Y(-1),2) - 0.002194 \qquad (5-3)$$

其中，$X = \ln ZC$，$Y = \ln SC$，误差修正项为 $VECM = D\ln ZC + 1.137319 D\ln SC - 0.243017$。由上述误差修正项的系数可知，当发生短期波动时，将会以 0.354634 和 0.245067 的力度调整到长期均衡稳定的状态。

图 5-4 是上述 VEC 模型的协整关系图，从图中可以看出，零值均线代表的是变量之间的长期均衡稳定关系。在 2007 年附近，误差修正项的绝对值比较大，表明该时期短期波动偏离长期均衡关系比较大；经过大约 2 年的时间调整，即在 2008 年左右重新回到长期均稳定状态，但紧接着在次年（即 2009 年）左右，又大幅度的偏离了长期均衡稳定的关系。又经过约 2 年时间的调整，即在 2012 年重新回到长期均衡稳定的状态。之后误差修正项的值都比较小，说明在之后的这段时间内，短期波动偏离长期均衡关系的幅度比较小。

三、主要结论

本部分基于长三角 2007~2017 年的产值数据（加总水平）对该区域内生产性服务业与制造业的互动关系进行考察，并基于 VAR 模型和 VEC 模型对二者内部间的动态关系进行计量检验：第一，脉冲响应和方差分解的结果

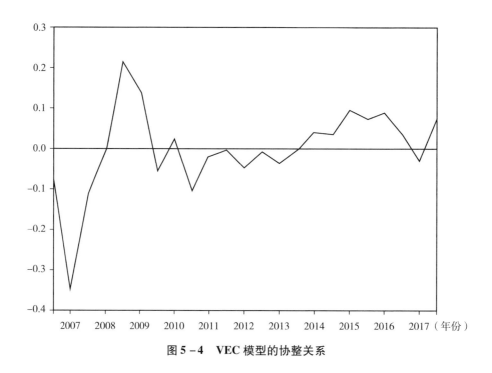

图 5 - 4　VEC 模型的协整关系

显示，长三角制造业的发展动力主要来自于其自身的增强效应，且这种效用比较持久，而生产性服务业对其自身发展的促进作用不明显，产业内部的关联效应较弱；制造业对生产性服务需求的拉动作用要大于生产性服务业对制造业的促进作用；生产性服务业对制造业表现出一定程度的资源争夺效应[①]。第二，协整检验结果显示，长三角生产性服务业与制造业之间在长期内存在协整关系，但是生产性服务业对提高制造业效率表现为负的影响。第三，误差修正结果显示，当发生短期波动时，会受到一个较大的反向作用力重新回到长期均衡稳定的状态，说明该区域产业结构有固化的趋势。

[①]　资源争夺效应是指在既定的社会资源下，产业的发展对某些社会资源具有共同需求。当一方产业发展时会占用另一产业发展所需的资源量，从而抑制另一方产业发展的现象。本书通过脉冲响应分析、方差分解以及协整分析可以看出长三角生产性服务业对于提高制造业效率表现为负向的影响，根据协整方程生产性服务业产值每增加 1%，制造业产值会减少 1.137319%，亦即长三角生产性服务业与制造业的发展存在"资源争夺效应"或"竞争效应"。

第二节 产业集聚间的依存性检验

上述关于产业动态关系检验只是基于纯粹的产业属性的总体维度分析，并没有纳入空间的思想。协同集聚源于产业联动但要高于产业联动，作为一种网络化的产业组织形态，集聚间的关系也肯定要比单一产业间的关系复杂得多。由于生产性服务业的主要服务对象就是制造业，就世界范围内来看，制造业已呈现出明显的空间集聚态势，形成了各种专业化集聚区和多样化集聚区。因此，生产性服务业与制造业的空间联动关系主要通过服务于制造业集聚来实现。生产性服务业对制造业集聚具有空间上的依附性，它倾向定位于跟随制造业集聚以获取丰厚市场和规模报酬。然而两大产业集聚虽同属空间概念，但毕竟由于行业异质性也使得两者具有不同的空间诉求，这使得生产性服务业集聚与制造业集聚在实现协同集聚过程中具有交错、动态和非均衡特征。从现实印象来看，中国制造业的集聚先于生产性服务业集聚发生（这与美国、西欧等发达国家类似），在东南沿海地区制造业集聚度还要略高于生产性服务业，那么两大产业的内生关联及其联动特征是否也会作用于产业集聚层面？率先集聚的制造业是否对生产性服务业具有带动作用？反之，后发的生产性服务业集聚是否进一步促进了制造业集聚？从长期来看，长三角两大产业集聚间是否具有收敛（均衡）特征？对这一论题的深入研究将会在更深层面上认识该地区的产业（协同）集聚。

一、研究模型

根据 2007～2017 年长三角 26 个城市的动态面板数据分别检验生产性服务业集聚与制造业集聚的依存关系及其演进规律（产业维度），其间剔除了一些可能影响产业集聚的外生因素。在模型选择上，采用 OLS 检验方法，基于产业集聚都具有路径依赖特性以及生产性服务业与制造业间内生的产业关联特性的考虑，一般来说，本期某产业集聚程度会受到上一期该产业集聚程度的影响（出于研究的便利性考虑，这里只考虑滞后一期的情况），另一个关联产业集聚程度可能也对该产业集聚存在滞后效应的影响，因此，本研究首先在排除其他集聚影响因素后，把两大产业集聚（度）本身作为因变量和自变量，构造了线性回归方程，并在模型中加入因变量和自变量的滞后一期进行初步回归［见模型（5－4）和模型（5－5）］，以检验在理论上看似必然的两大产业集聚耦合性在长三角这一全球价值链嵌入程度较高的地区是否存在一定的非同步性。

$$LQs_{it} = \alpha_0 + \alpha_1 LQs_{i,t-1} + \alpha_2 LQm_{i,t} + \alpha_3 LQm_{i,t-1} + \mu_{it} \qquad (5-4)$$

$$LQm_{it} = \beta_0 + \beta_1 LQm_{i,t-1} + \beta_2 LQs_{i,t} + \beta_3 LQs_{i,t-1} + \varepsilon_{it} \qquad (5-5)$$

在模型（5－4）和模型（5－5）中，LQs_{it} 表示 i 地区在 t 时期的生产性服务业集聚程度，$LQs_{i,t-1}$ 表示 i 地区滞后一期的生产性服务业集聚程度，LQm_{it} 表示 i 地区在 t 时期的制造业集聚程度，$LQm_{i,t-1}$ 表示 i 地区滞后一期的制造业集聚程度。α_0、β_0 分别为常数项，α_i、β_i 分别为各模型的待估参数，而 μ_{it}、ε_{it} 为误差项。

二、变量选取及表征、数据来源

虽说产业集聚测度现已不再是产业集聚研究的最为核心内容，但也是一项绕不过去的基础性工作。目前关于产业集聚测度指标已很丰富，主要有 HHI 指数、空间基尼系数、克鲁格曼专业化指数、E-G 指数、区位熵，学者们都基于自身的研究视角而采用了不同的指标，相应的结果（结论）也是大相径庭。由于中国服务业统计数据的相对不完善，相关数据的获取比较困难，因此关于生产性服务业集聚基本上都是沿用制造业集聚的测度方法，而且，上述诸多测度指标都是属于绝对测度方法，需要有更为精确和细分的行业统计数据，而现有的省际与城市数据并未提供具体生产性服务业内部细分专业市场的占有度或就业人数等相关指标。作为相对集聚度测量指标的区位熵指数其便利性就显现无疑。因此，本章在生产性服务业集聚与制造业集聚测度指标上统一选取区位熵①。值得一提的是，这里仅用区位熵指标对两大产业进行集聚度测算与简单的回归分析（单纯从产业内生关联属性出发，未考虑一些外生影响因素），可能会导致最后计量结果上有所偏差，但这不影响我们对长三角两大产业集聚间关系及演进规律的整体判断。相关的计算公式及其数据来源已在前文多次提及，这里就不再赘述。而且，在设定模型时，考虑到很多变量一般具有路径依赖的特性，引入因变量的滞后一期项。这样在不改变模型主要解释变量的系数符号及显著性的条件下，可减少由于反向因果关系而导致的内生性问题。

三、计量结果与分析

（一）数据平稳性检验、协整检验

模型（5-4）和模型（5-5）的数据平稳性检验、协整检验结果如表5-5和表5-6所示。在5%的显著性水平下，LQs_{it}、LQm_{it}的一阶差分均通过平稳性检验。采用 Pedroni 的方法对 LQs_{it}、LQm_{it} 的一阶差分的协整关系进行检验，在5%的显著性水平下，大多数检验方法通过了检验，即拒绝"不存在协整关系"的原假设，也即 LQs_{it}、LQm_{it} 之间存在长期稳定的均衡关系。因此可以在此基础上直接对原方程进行回归，此时回归结果较精确。

表5-5　　　　　模型（5-4）和模型（5-5）的数据平稳性检验

检验类型	滞后阶数	LLC		ADF	
		检验值	检验结果	检验值	检验结果
LQs_{it}	1	-0.61（0.2722）	未通过	19.69（0.4770）	未通过

---

① 从本质上讲，该指标代表了某地区某种产业的相对比较优势，当两个地区经济总量占全国的比重大致相同时，区位熵越高的表示这种产业更有优势、集聚程度更高。但这个指标在全国经济地位差异较大时会失效，本书不存在这种情况。

续表

检验类型	滞后阶数	LLC		ADF	
		检验值	检验结果	检验值	检验结果
$D(LQs_{it})$	1	-4.13 (0.0000)	通过	52.1931 (0.0001)	通过
LQm_{it}	1	-4.88 (0.0000)	通过	26.96 (0.1362)	未通过
$D(LQm_{it})$	1	-37.86 (0.0000)	通过	71.67 (0.0000)	通过

表 5-6　　　　　　　　模型（5-4）和模型（5-5）的协整检验

类型	模型（5-4）	模型（5-5）
Panel v	-1.82 (0.0754)	-1.82 (0.0754)
Panel rho	2.51 (0.0172)	2.51 (0.0172)
Panel pp	-3.06 (0.0037)	-3.06 (0.0037)
Panel ADF	-5.52 (0.0000)	-5.52 (0.0000)
Group v	2.89 (0.0062)	2.89 (0.0062)
Group pp	-4.98 (0.0000)	-4.98 (0.0000)
Group ADF	-4.13 (0.0001)	-4.13 (0.0001)

（二）模型回归结果解释

为了确定模型的设定类型，根据已有文献的处理方法，在进行计量检验之前，我们首要做的事情是顺序使用 F-统计量、豪斯曼检验来确定适宜的面板数据模型。表 5-7 的检验结果中显示，F-统计量的概率低于 1% 的显著性水平，所以应该拒绝采用混合效应模型的原假设。同时，表 5-8 的结果显示，模型（5-4）在 5%、模型（5-5）在接近 10% 的显著性水平下拒绝了"模型为随机效应模型"的原假设，所以方程适宜采用固定效应模型。关于方程的多重共线性问题以及自相关性我们在计量操作中通过 EViews 10.0 软件进行处理（见表 5-9）。

表 5 - 7　　　　　　　　　　　面板数据模型的各项结果

类型	模型 (5 - 4)		模型 (5 - 5)	
Effects Test	统计量	Prob.	统计量	Prob.
Cross-section F	256.686731	0	314.22654	0
Cross-section Chi-sq	659.002151	0	694.833804	0

表 5 - 8　　　　　　　　　　　Hausman 检验结果

类型	模型 (5 - 4)		模型 (5 - 5)	
Test Summary	Chi-sq	Prob.	Chi-sq	Prob.
Cross-section random	14.751751	0.0052	9.523339	0.0899

表 5 - 9　　　　　　　　　各模型回归结果汇总（$N = 26$）

解释变量	LQs	LQm
C	0.0454 (0.0652)	0.1386 (0.0466)
LQs_{it-1}	0.54 *** (0.4970)	
LQm_{it}	−0.21 * (0.0622)	
LQm_{it-1}	0.12 (0.0580)	
LQm_{it-1}		0.57 *** (0.4690)
LQs_{it}		−0.17 ** (0.2546)
LQs_{it-1}		0.37 *** (0.0627)
adj-R^2	0.8055	0.9248
F 值	23.4356	19.6318
DW 统计值	1.6729	2.0438

注：*、** 和 *** 分别表示在10%、5% 和 1% 的显著性水平下显著，括号内为标准误差。

第一，长三角生产性服务业集聚以及制造业集聚本身都具有明显的路径依赖效应。从模型（5-4）和模型（5-5）的检验结果来看，上一年的生产性服务业集聚程度对后一年生产性服务业集聚程度的贡献率为54%，而上一年的制造业集聚程度对后一年的制造业集聚程度的贡献率为57%。根据马歇尔的外部经济理论，最初的产业集聚由于历史偶然形成，之后形成了一定的外部效应，例如，企业协同合作创新的环境、人才供给便利、科技情报便利、经常性支出及成本降低等，但这些外部效应会被不断地循环累积并放大（规模报酬递增），不断吸引相关企业加入集群，使得产业集聚沿着一种特定路径发展。

第二，长三角同期的生产性服务业集聚与制造业集聚对彼此形成一定的阻力作用［在模型（5-4）和模型（5-5）中，解释变量 LQm_{it}、LQm_{it} 前的系数是负的］。出现这种理论预期与实证结论相悖的现象，可能是因为一个地区的土地、劳动、资本等资源是有限的，或是在某时期政策的偏向不同，导致了两种产业在占用资源、享受政策方面出现了相互排挤现象，从而使得一个产业的发展阻碍了另一个产业的发展。此外，由于两大产业在行业特质、利益取向和空间诉求上的差异，加之区域间发展水平的不均衡与行政分割的普遍性。在产业集聚形成的初期，各自都比较倾向于在集群内部发掘集聚效应，因此，生产性服务业与制造业的集聚协同性不可能当即体现，甚至会出现一定程度的短期资源争夺与排斥效应。

第三，该地区滞后一期的生产性服务业集聚会对当期制造业集聚产生一定的促进作用，而滞后一期制造业集聚对当期生产性服务业集聚推动作用不明显（$LQm_{i,t-1}$ 未通过显著性检验）。从模型（5-5）的检验结果来看，生产性服务业滞后一期项通过1%显著性检验，上一年的生产性服务业集聚程度对下一年制造业集聚程度的贡献率为37%。这说明制造业企业应该在已经形成生产性服务业集聚的地方选址，从而享受生产性服务业提供的高度专业化的中间服务，降低成本，获取外部经济效应。而滞后一期制造业集聚对当期生产性服务业集聚推动作用不明显的主要原因是，制造业集聚对生产性服务业需求的释放以及生产性服务企业在选址时的市场认知均存在一定的时滞。但只要市场导向明确，配套体系和制度逐步完善，上述认知分歧与协同瓶颈一定会在短期内得以消弭。

第三节 基于垂直关联的空间联动分析

生产性服务业作为制造业的中间产品，两者间具有内生的投入产出关联，因此，在一个广域空间范围内生产性服务业与制造业在产业联动与集聚关联上都十分密切，但在两者间协同集聚的过程中存在着明显的时空交替与迂回现象。本章前两节的实证分析也证明，短期内长三角生产性服务业与制造业之间的产业关联效应较弱，单纯的产业层面以及集聚层面都呈现出一定的挤出效应，而随着时间的推移，两者间将会呈现出一种长期协整（均衡）关系。本节主要以垂直关联模型为基础，对生产性服务业集聚与制造业集聚在空间维度上的联动关系进行计量分析，以检验两大产业集聚间是否存在空间联动（协同定位）关系及其相应的影响因素。

一、模型构建与变量说明

参照维纳布尔斯（Venables，1996）的产业区位选择的垂直关联模型，生产性服务业与制造业的区位选择过程是其生产（要素）成本、交易（商务）成本以及消费支出的函数，只是制造业集聚对前者较为敏感，而生产性服务业集聚对后者较敏感。在此基础上，还考虑了一些可能影响产业发展与协同集聚的因素，当然，影响产业集聚的因素较多且行业异质性较为明显，因此，出于数据可获得性考虑，本章主要以生产性服务业集聚与制造业集聚互为因变量和自变量，参照有关产业集聚的经典理论，并借鉴陈建军等（2009）关于新经济地理学视角下生产性服务业集聚影响因素的研究框架，以及陈建军和陈菁菁（2011）、王硕（2013）关于生产性服务业与制造业协同定位的研究思路（方法），主要从产业层面、要素层面、空间（区域）层面和制度（政策）层面出发选取一些影响产业集聚的变量作为控制变量构建如下回归模型：

$$LQs_{it} = \lambda_0 + \lambda_1 Ma_{it} + \lambda_2 Hum_{it} + \lambda_3 Comu_{it} + \lambda_4 Urb_{it} + \lambda_5 Open_{it} + \lambda_6 Gov_{it} + \eta_{it}$$
$$(5-6)$$

$$LQm_{it} = \gamma_0 + \gamma_1 Pa_{it} + \gamma_2 Wage_{it} + \gamma_3 Trans_{it} + \gamma_4 Ind_{it}$$
$$+ \gamma_5 Open_{it} + \gamma_6 Gov_{it} + \delta_{it} \qquad (5-7)$$

模型（5-6）体现了垂直关联中的"需求关联"，即生产性服务业是制造业区位、生产成本以及交易成本的函数。同理，由于制造业是生产性服务业的主要下游产业，生产性服务业的支出（交叉项）即可理解为制造业的可获得性。模型（5-7）体现了垂直关联中的"成本关联"，即制造业与生产性服务业区位、消费支出以及交易成本之间是一种函数关系，其中，以生产性服务业可获得性来表示制造业的生产成本是有理可循的，伴随着传统制造业生产能力的急剧膨胀和低端生产要素的非理性挤占，以知识和技术高度密集为特征的生产性服务业成为了企业形成产品差异化和决定产品增值的基本要素（Glasmeier & Howland，1994），因此，在验证两大产业空间联动关系时，以生产性服务业区位作为制造业生产成本的代理变量是切合的。此外，还加入了诸如城市化水平、工业化水平、开放水平和政府干预度等外生控制变量。考虑到模型中变量较多，且各变量的表征指标有的是绝对指标，而有的是相对指标，为避免出现异方差和多重共线等现象，对模型进行了对数化处理并寻找了替代指标进行了稳健性检验。最后，参照吴福象和曹璐（2014）的做法将长三角城市分为两个等级（按城市人口数占整个地区人口数的比例划分）进行逐步回归分析。

$$\ln LQs_{it} = \lambda_0 + \lambda_1 \ln Ma_{it} + \lambda_2 \ln Hum_{it} + \lambda_3 \ln Comu_{it} + \lambda_4 \ln LQm_{it} \times Scale_{it}$$
$$+ \lambda_5 \ln Urb_{it} + \lambda_6 \ln Open_{it} + \lambda_7 \ln Gov_{it} + \eta_{it} \qquad (5-8)$$

$$\ln LQM_{it} = \gamma_0 + \gamma_1 \ln Pa_{it} + \gamma_2 \ln Wage_{it} + \gamma_3 \ln Trans_{it} + \lambda_4 \ln LQs_{it} \times Scale_{it}$$
$$+ \gamma_5 \ln Ind_{it} + \gamma_6 \ln Open_{it} + \gamma_7 \ln Gov_{it} + \delta_{it} \qquad (5-9)$$

需要说明的是，LQs、LQm 分别表示生产性服务业与制造业的区位分布（用区位熵表示），$Scale$ 代表城市规模，一般而言用该地区的年末人口总数来衡量。在模型（5-8）中 Ma 代表生产性服务业的支出也就是需求关联，用制造业的可获得性表示。Hum 代表生产性服务业的生产成本，由于生产性服务业大多属于知识或技术密集型行业，对人力资本和知识要素的需求是其生产成本的主要构成，因此用人力资本支出来表示生产性服务业的生产成本具有合理性①。Comu 代表生产性服务业的交易成本，用某地区的人均通信与网络业务量（电信及移动业务加总）来表示，一般而言，信息及通信技术会影响到生产性服务业的交易成本、频次及效率，若通信及网络业务量越大，信息传输水平就越高（速度更快、质量更高），其交易成本就越低。两个交叉项分别表示 LQs、LQm 之间因城市规模变化而产生的交互影响。

在模型（5-9）中，Pa 代表制造业的生产成本也就是成本关联，用生产性服务业的可获得性表示。目前，长三角传统制造业低端化与同构化现象比比皆是，以资本和知识密集型生产性服务业作为一种高级投入要素构成了制造业企业产品差异和增值的决定因素，因此，用生产性服务业的可获得性来表示制造业的成本在逻辑上是成立的。$Wage$ 代表制造业的支出，由于我国制造业大多属于劳动密集型行业（劳动力需求大），这些传统行业中人员工资构成了其生产成本的主要方面，可以近似用对制造业从业人员的工资支付来表示制造业支出。$Trans$ 代表制造业的交易成本，这里可以用基础设施水平来表示，基础设施水平越高其交易成本就越低，基础设施投入可用某地区的全社会固定资产总额来替代。此外，还选取了诸如城市化水平、工业化水平、开放水平以及政府干预度等外生控制变量，以期使得模型的检验效果更为准确。λ_0、γ_0 分别为常数项，λ_i、γ_i 分别为模型（5-8）和模型（5-9）的待估参数，而 η_{it}、δ_{it} 为随机误差项。各变量的具体定义详见表 5-10。

---

① 参照陈建军、陈菁菁（2011）的研究方法，用制造业从业人员密度来衡量制造业可获得性（Ma）即某地区制造业从业人员数与长三角地区制造业从业总数之比。同理生产性服务业的可获得性（Pa）用生产性服务业从业人员密度来衡量。人力资本含量用地区普通高校在校人数与该地区年末从业人员总数之比来衡量，因此，人力资本成本 Hum 可以用人力资本含量与该地区职工平均工资的乘积表示。

表 5 - 10   联立方程中各变量的定义及说明

变量	符号	理论模型含义	代理变量
生产性服务业区位	LQs	ν^k	生产性服务业区位熵
生产性服务业支出	Pa	η^k	制造业可获得性
生产性服务业生产成本	Hum	ρ^k	职工平均工资×人力资本含量
生产性服务业交易成本	Comu	t^k	电信及移动业务总量
交叉变量	LQs × Scale		LQs 对 LQm 的影响因城市规模变化
制造业区位	LQm	ν^k	制造业区位熵
制造业生产成本	Ma	ρ^k	生产性服务业可获得性
制造业支出	Wage	η^k	职工平均工资×制造业劳动投入
制造业交易成本	Trans	t^k	基础设施投入（全社会固定资产投资）
交叉变量	LQm × Scale		LQm 对 LQs 的影响因城市规模变化
城市化水平	Urb		用非农业人口数量占总人口的比重来表示
工业化水平	Ind		用人均工业产值来表示
开放水平	Open		用地方合同外资金额占整个地区 GDP 之比表示
政府干预度（管制）	Gov		用财政预算支出扣除教育和科学的预算支出后占 GDP 的比重来量化

二、数据来源与处理

为了保持研究的内在统一性，本节所研究的行业范畴、时间跨度和空间范畴与之前的研究保持一致（这里就不再赘述）。同样，这里也以 2006 年为基期，对各项费用（产值）类指标进行相应平减调整，以尽可能剔除价格水平波动带来的外部影响。在产业可获得性指标测算方面，我们使用如下公式进行：

$$Ma_i = \sum_{i,j \in w, i \neq j} M_j \exp(-\lambda t_{ij}) \theta_i, \ \theta_{i \in w} = \frac{M_{i \in w}}{\sum_{i \in w} M_i} \qquad (5-10)$$

$$Pa_i = \sum_{i,j \in w, i \neq j} P_j \exp(-\lambda t_{ij}) \theta_i, \; \theta_{i \in w} = \frac{P_{i \in w}}{\sum_{i \in w} P_i} \qquad (5-11)$$

即 i 地区的总体可获得性是由该功能区内所有地区可获得性的加权平均数构成的。θ_i 表示地区 i 的产业区位情况（类似于区位熵计算），以其单位从业人员数占整个地区该产业单位从业人数的比重表示。t_{ij} 则表示 i 地区和 j 地区之间的时间距离（是一种距离衰变变量），是以 2013 年两个地区间直线公路的开车所需时间计，可基于百度地图人工收集该数据。在上述可获得性变量的计算公式中，可借鉴雨果森和约翰逊（Hugosson & Johanson，2001）的计算方法，将 λ 设置为 0.017。内生性问题是相关面板模型中一个不可回避的难题，在联立方程的估计中更是如此。对联立方程模型进行估计通常采用三种方法：单一方程估计（2SLS）、似乎不相关回归法（SUR）以及系统估计法（TSLS）。单一方程估计法由于没有考虑方程之间的关联（包括扰动项），现在已很少被采用。而 TSLS 属于 GMM 的特例，在工具变量上很难把握，而且对样本容量要求较高。考虑到模型中选择的各个变量都是从相关经典文献中甄选出来的，因此方程中各解释变量间的联合作用对因变量的影响不会太显著，此时联立方程的内生性问题主要体现在随机扰动项之间。出于研究的便利性考虑，这里采用兼顾方程关联与残差项关联的似乎不相关回归法（SUR）进行联立方程估计，也可避免异方差带来的不利影响。具体操作使用的计量分析工具是 Stata 14.0。

三、实证结果分析

通过布鲁奇－帕甘（Breusch-Pagan）LM 检测可以得到 $BP = 73.72$，拒绝残差项不存在相关性的原假设，即可初步判断模型（5-8）与模型（5-9）之间的残差项存在严重的相关性。而群组间异方差检测值 $\gamma^2 = 8.0356$，表示群组间不存在异方差现象。因此，本研究所采用的似乎不相关回归法（SUR）是贴切的。表 5-11 给出了基于长三角 26 个城市 2007~2017

年面板数据的 SUR 估计结果，总体上看，各个变量的回归结果基本符合预期。

表 5 – 11　　　　　　　　　　联立方程模型的回归结果

变量	系数	LQs	LQm
C	λ_0、γ_0	– 0. 238674 ** （ – 2. 013602）	– 1. 983358 * （ – 2. 943442）
lnMa	λ_1	0. 268327 * （3. 276459）	
lnHum	λ_2	0. 634807 ** （1. 039317）	
ln$Comu$	λ_3	2. 036670 * （10. 036621）	
ln$LQm \times Scale$	λ_4	0. 431700 * （5. 527611）	
lnPa	γ_1		2. 200370 * （7. 360138）
ln$Wage$	γ_2		0. 815523 * （4. 093620）
ln$Trans$	γ_3		0. 543807 ** （3. 220913）
ln$LQs \times Scale$	γ_4		– 0. 873534 * （ – 3. 642730）
lnUrb	λ_5	1. 467000 * （1. 812300）	
lnInd	γ_5		2. 916200 * （1. 243300）
ln$Open$	λ_6、γ_6	0. 374800 * （4. 817600）	– 0. 082460 （ – 3. 428500）

续表

变量	系数	LQs	LQm
lnGov	λ_7、γ_7	$-4.107800\,^{***}$ (-6.712650)	1.087244 (9.413600)
adj-R^2		0.794826	0.584430
F 值		$628.300\,^{***}$	$468.100\,^{***}$

注：*、**、*** 分别表示在 10%、5%、1% 的显著性水平下显著，括号内是 t 统计量的值。

第一，在联立方程模型中，两个核心解释变量（Ma 和 Pa）完全符合理论模型的预期。制造业可获得性（体现需求关联）对生产性服务业区位熵具有显著的正向影响。可近似地认为，制造业可获得性（Ma）每增加 1%，生产性服务业的区域聚集程度提高 0.2683 个百分点。而生产性服务业可获得性（Pa）（体现成本关联）对制造业的区位熵的正向影响也较为显著。即生产性服务业可获得性每增加 1%，制造业的区域聚集程度就会提高 2.2003 个百分点。这一双向作用的明显差异充分说明，两大产业的区位分布存在协同定位效应，但在长三角目前还是制造业占主导地位，生产性服务业的发展水平相对于制造业而言还是远远不够，因此生产性服务业的有效供给对制造业集聚的边际贡献（弹性）将会有较大的提升空间。此外，还有一种可能的解释就是，部分生产性服务业不仅仅需要制造业投入，也需要其他生产性服务业的投入（如金融、信息及部分商业服务等），这种交互需求与影响也会抵消生产性服务业区位选择对制造业可获得性的依赖程度。这一点也恰好印证了本章第一小节对两大产业间联动关系的检验结论，即在该地区制造业对生产性服务需求的拉动作用要大于生产性服务业对制造业的促进作用。

第二，生产性服务业的生产成本变量——人力资本支出（Hum）与生产性服务业的区位分布（以单位从业人数密度）显著正相关，其中生产性服务业每增加 1% 的人力资本投入，会使其区位熵增加 0.6348 个百分点，这也体现了生产性服务业其知识和讯息密集型的行业特质。而制造业的生产成本（主要支出）——职工工资（$Wage$）与制造业的区域集聚度显著正相关，意味着制造业对劳动用工支出每增加1%，会使制造业的区域集聚度提升0.8155个百分点；生产性服务业的交易成本变量——信息传输水平（Comu）与生产性服务业的区位分布（集聚程度）显著正相关，信息传输水平每提高1%，会使生产性服务业的集聚度提高1.0366个百分点，这充分说明生产性服务业对其交易成本比较敏感，而且目前长三角（乃至全国）的通信成本还相对较高，通信成本对生产性服务业集聚度的点弹性比较大。吴福象和曹璐（2014）等一项针对长三角生产性服务业集聚的实证研究也发现，目前该地区信息化水平对生产性服务业的驱动作用不高，还有很大的提升空间。与之形成鲜明对比的是，尽管制造业交易成本变量——基础设施水平（Trans）与制造业的区位分布（集聚程度）也呈显著正相关，但其敏感程度要远低于生产性服务业（只有0.5438），这说明，近年来随着长三角一体化上升为国家战略，区域基础设施建设更加完善，区域内的交通运输水平和市场联系程度得以大幅提高。

第三，两大产业空间联动会受到城市规模的影响，回归结果显示，城市规模与制造业区位分布的交互项显著为正，与生产性服务业区位分布的交互项显著为负，表明在城市规模扩大过程中，制造业区位选择对生产性服务业区位选择具有向心吸引作用（互补效应），而生产性服务业区位对制造业的区位选择具有离心排斥作用（挤出效应）。究其原因，主要是由于城市规模越大其土地等资源要素就会相对短缺，进而引发服务业的"城市病"现象①，而生产性服务业的人均或地均产出明显要高于一般制造业，因此，其对土地等要素价格上涨有一定的承受力，从而会出现随着城市规模的扩大，生产性服务业在中心集聚而制造业向外围扩散的现象，这一点在前述的理论分析部分已被提及。从最近的一些研究中也会发现，生产性服务业的集聚度不可能随着中心城市规模的扩大而无限提升，由于环境承载力及生产要素拥挤等客

---

① 所谓服务业的"城市病"现象，就是指在城市中服务业劳动生产率增长滞后，对服务的需求缺乏价格弹性。其中居民的服务性消费支出趋于增加，而生产制造型企业对生产性服务业的需求提升缓慢（程大中，2008），并使城市经济增长对物质和能源高度依赖，使得产业结构与经济发展陷入低水平循环。

观因素的存在，必然决定了存在一个最优集聚度（沈能等，2014）与最优城市规模（王俊、李佐军，2014），引申到生产性服务业与制造业协同集聚上来，由于上述因素的存在必将也会使得产业协同集聚效应在互补效应与挤出效应间进行动态交替，在广域的空间分布上呈现出"集聚－扩散－再集聚"的非线性演进特征。

第四，在其他的一些控制变量方面，首先，城市（镇）化与工业化是产业集聚化发展的重要基础，长三角城市（镇）化水平的提升将显著提升生产性服务业的集聚度、工业化水平也与制造业的区域集聚显著正相关，这一点在多数的经验研究中也得到了印证，同时也从侧面反映出长三角的城市化水平与工业化水平在全国也处于比较领先的地位。其次，从表5－9的回归结果中可看出，地区开放水平（Open）对生产性服务业集聚具有明显的正向促进作用，而对制造业集聚却具有负向的抑制作用。这与中国分阶段及分区域的对外开放政策有很大的关系，在东部沿海地区制造业领域已全面开放（融入了全球价值链），而对服务业领域的开放程度相对较低且步伐缓慢，此时，生产性服务业领域的进一步开放对其集聚化发展影响的边际作用十分明显，而制造业的进一步开放对其集聚化发展影响的边际作用则十分有限，甚至可能为负，而且由于长三角制造业生产模式中低端代工制造占有很大比例，在跨国公司主导的国际生产体系下，在全球价值链中被"俘获"的制造业很难在本地集聚起来（或者说缺少本地集聚的内在激励），而且这类制造业企业生产性服务外部化程度较低，从某种程度上也挤压了本地生产性服务业的集聚空间。最后，政府干预（管制）主要体现在地方政府部门对产业（集聚）的调控措施，属于正式制度的重要内容之一。表5－11的回归结果显示，政府干预（管制）对制造业集聚具有正向促进作用，但未通过显著性检验，可能的原因是，早期基于GDP锦标赛的官员晋升机制，促使各地官员为了追求GDP指标的光鲜，一心致力于经济成效快的制造业，某种程度上形成了对生产性服务业集聚的替代。近年来，随着区域经济一体化程度的加深以及产业转型升级的压力与日俱增，上述情况有所缓解，陈建军（2009）、胡霞（2009）研究结果均证实政府管制阻碍了生产性服务业的集聚。本应高度市场化的生产性服务业项目目前大都还是一些行政指令项目，适合本地生产性服务自身特质自发形成基于需求的生产性服务业较为缺乏（张益丰，2013），脱离本地实际需求的"移植式"生产性服务业难以形成产业集聚。一般而言，在产业成长阶段政府的干预（保护）政策能有效促进产业集聚（如设置一定的准入门槛、避免过度竞争和垄断经营等方面），但在产业发展进入成熟阶段后单一或过度的地方保护与行政干预反而会阻碍相关产业的进一步集聚。

第四节　本 章 小 结

本章主要从产业维度对生产性服务业与制造业的联动关系、集聚依存性以及从空间维度对两大产业（集聚）区位选择的关联性进行了计量检验，具体结论如下：

基于时间序列数据的向量自回归模型（VAR）与误差修正模型（VEC）的实证分析结果显示：第一，长三角生产性服务业与制造业的发展水平在全国领先，而产业内部的关联效应较弱，制造业发展动力主要来自于其自身的增强效应，而生产性服务业对其自身发展的促进作用不明显；第二，产业间的关联效应并不对称，在短期内制造业对生产性服务业的拉动作用要大于生产性服务业对制造业的推动作用（拉力＞推力）。而在长期内长三角两大产业之间存在协整关系，但这种协整关系更多表现在两大产业间的要素挤出或争夺，可能的解释是：第一，长三角国内价值链与全球价值链出现了一定的耦合趋势，但这种低端嵌入的外向经济模式，由于很多跨国公司内部化能力较强，倾向于自带服务，严重抑制了本地生产性服务业的发展；第二，产业发展都会呈现出一定的固化趋势（路径依赖特征），一定程度的产业固化有利于产业集聚的形成，但若产业固化程度过高，便会在两大产业之间形成一种隔绝机制，分立替代成为同一区域内产业间关系的主导特征，不利于产业间的互动融合。因此，在今后的产业结构调整中，要注意合理控制产业固化水平，防止过高的产业固化水平阻碍产业之间的互动发展。因此，应避免产业在低水平徘徊与相互之间挤压，大力促使长三角产业向价值链高端有序攀升，利用长三角一体化国家战略推进以及上海自由贸易区设立的历史性机遇，推进部分条件较好的生产性服务业（如金融、贸易及航运业）的率先集聚化发展，并加大对周边地区的辐射力度，注重产业间有效互动及相关要素的合理配置。

在此基础上，本章还借鉴维纳布尔斯（Venables，1996）的垂直关联模型构建空间维度的分析框架，并以长三角 26 个城市 2007～2017 年间的面板数据为例，基于两方程联立模型以验证生产性服务业与制造业的协同定位关系，结果显示：需求关联与成本关联对相关产业的区位选择都具有显著的正向影响，但相对而言后者的影响程度会更大一些（在不考虑时滞的情况下），这也体现出现阶段长三角生产性服务业呈现出一定的行业内（间）多元化及差异化能力，不再仅仅作为制造业的中间投入而唯一存在，也有可能服务于其他生产性服务业。而且，制造业区位与生产性服务业区位的相互影响作用由于城市规模的不同而存在差异，由此决定了不同城市产业发展顺序的差异。此外，交易成本也会对产业间的协同定位产生重要作用，相对而言，生产性服务业的区位分布对交易成本更为敏感。不同制造业（不同的行业分类与发展阶段）交易成本的降低是通过推动制造业靠近生产性服务业发达地区来实现"互补性"的协同定位，而生产性服务业交易成本的降低则是通过推动生产性服务业向城市中心集聚来实现"挤出性"的协同定位。出现了生产性服务业与制造业的"中心－外围"式空间分布形态，这种现象具有累积循环效益。近年来随着上海建立国际大都市及"四大中心"建设进程的推进，长三角呈现出"工厂经济"与"总部经济"的分离，应避免在全球价值链中被"低端锁定"，而要积极整合全球创新要素，提升国内价值链。此外，在一些外生控制变量方面，城市（镇）化水平对生产性服务业集聚具有显著正影响，而工业化对制造业集聚具有显著正影响，而开放水平及政府政策干预对两大产业的影响却截然不同，因此，制度因素对产业间互动与集聚化发展具有深远的影响。

从上述实证分析结论可进一步引申出一些重要的结论：首先，产业协同集聚并不完全等同于产业同步、对称集聚，长三角各城市的地方政府应根据自身城市规模的大小采取差异化的产业发展政策以强化生产性服务业与制造业的协同定位效应。由于不同城市规模与不同产业具有不同匹配性，因此，各城市应根据实际情况来安排产业发展顺序，确定是生产性服务业发展引领制造业空间集聚还是制造业发展带动生产性服务业集聚。其次，基于交易成本在两大产业协同集聚中的重要影响作用，因此，要深化分工、提高生产的专业化水平，积极引导制造业非核心业务（服务）外包，并鼓励生产性服务组织（市场）与跨区域服务平台的建设，以提高产业的生产效率。此外，加大知识资本与人力资本的投入与使用，增强技术含量与制度创新，积极构建区域创新驱动系统，大力提升信息化水平，完善市场制度环境、整合区域内要素市场、重点打造本土生产性服务业特色产业集群，全方位降低生产性服务业的交易成本。最后，基于长三角产业固化水平较高以及区域内各城市比较优势差异明显的现实特征，在兼顾"专业性"与"区域性"融合的背景下，从更为广域的空间内实现"工厂经济"与"总部经济"空间分离。在一些制造业基础较好而生产性服务业相对滞后的地区，可有针对性的鼓励制造企业实施跨区域、跨行业的兼并与重组，吸引关联性生产性服务业进入，打造城市特色服务业集聚区，促进生产性服务业集聚化、大型化、组织化发展，变单纯的制造业集聚为两大产业协同集聚的多功能产业集群模式。

第六章

产业协同集聚形成机理的经验求证

第四章对产业协同集聚的特征性事实描述以及第五章对产业联动与空间协同定位的实证分析，均从整体上印证了现阶段长三角生产性服务业与制造业已呈现出一定的产业联动与空间协同定位特征，但时间、空间与行业差异还比较明显。第三章虽已阐明了生产性服务业与制造业协同集聚的形成机理，但各因素的影响程度、作用关系及其约束条件尚不明确。本章主要是在前述理论分析与实证研究的基础上，提出有待验证的系列相关理论假说，并以协同集聚度为核心被解释变量，从"产业－空间－制度"三个维度对生产性服务业与制造业协同集聚的主要影响因素及其演进关系进行计量检验。本章相关实证分析中的源数据均来自 2007～2017 年《中国统计年鉴》和《中国城市统计年鉴》中的相应年份，后续不再一一注明。

第一节　理论假说的提出

目前关于产业集聚的研究基本还是围绕马歇尔外部性的理论分析框架而展开（Ellison et al. , 2007；Kolko, 2007；Gallagher, 2007），关于关联产业间集聚关系（协同集聚）的研究基本是衍生上述分析框架，这些研究更多的是集中于产业层面，但根据前文中的理论模型推演，产业联动和空间联动应是生产性服务业与制造业协同集聚的基本前提，两者缺一不可。更为重要的是，作为两大产业协同集聚的双重属性，产业联动与和空间联动之间不是孤立的，而是可以相互传导的，只是以往的相关研究在空间联动方面略显单薄而已。本书则通过将产业联动与空间联动因素纳入考虑范畴，并注重制度与政策因素在产业、空间交互影响中的重要作用，因此，在参照陈国亮和陈建军（2012）关于产业共聚研究框架的基础上，构建了一个囊括"产业－空间－制度"三个维度的相对完整理论分析框架，并在相关文献的梳理分析中提出有待实证检验的主要理论假设命题。

一、基于产业联动视角

以马歇尔（Marshall，1920）为代表的新古典经济学认为产业存在三种外部性：熟练的劳动力市场，与本地大市场相联系的前后向投入产出关联以及知识（技术）溢出。国内外相关的实证研究文献也基本上支持了上述三种外部性的存在，只是作用强度与广度存在差异而已。至于何种因素占据主导地位则要视产业配对情况而定。埃里森（Ellison，2007）利用美国 1972~1997 年人口普查局的纵向研究数据库数据，基于制造业产业间协同集聚的视角实证检验了马歇尔关于产业集聚三大机制的显著性，结果显示，上下游关联、劳动力池与知识外溢都显著地节约成本进而促进集聚，同时，通过对英国相应行业数据的实证分析也支持上述结论，尤其是前后向投入产出关联是最重要的影响因素，劳动力池次之。科尔克（Kolko，2007）一项针对美国服务业协同集聚的实证研究也表明，与制造业（协同）集聚不同的是，服务业间存在明显的知识外溢及其之间的贸易纽带是服务业协同集聚的根本动力，而降低成本是其中的主要原因之一。贺灿飞和肖晓俊（2012）的实证研究指出，产业协同集聚更多可能的是受益于跨行业多样化协同共聚，而不是同一个产业内相邻产业的协同集聚。第三章和第五章的综合研究结论显示，从长期来看，生产性服务业与制造业的产业联动能节约运输成本。特别是关联产业间集聚使得相关企业选址时倾向于存在投入－产出关系的企业附近（Hanson，

1998；Anti，2005），对于协同集聚而言，两大产业基于中间产品的投入产出关联在很大程度上解释了两者在空间上的协同定位。陈国亮和陈建军（2012）的实证分析也发现，产业关联与知识密度有助于第二、第三产业协同集聚水平的提高。加布和亚伯（Gabe & Abel，2015）指出，具有垂直产业关联的上下游产业为节约运输成本，以及具有水平产业关联的相近产业链条上的产业为满足面对面接触需求，都倾向于在空间上协同定位。综上所述，无论对于产业内或产业间的协同集聚而言，投入－产出关联是一个不可或缺的基础性影响因素，这一点在第五章的实证结论中也得到了初步印证。因此，这里提出如下假设命题：

假设命题 6－1：生产性服务业与制造业的产业关联（前后向）促进了产业协同集聚水平的提高。

知识外溢主要表现为企业空间上的协同定位能加速思想的流动，从而促进产业间进一步的融合。而相对于制造业，生产性服务业具有两大特点：知识密集型和差异化（Markusen，1989），因此生产性服务业之间的知识外溢则可以突破空间和行业间的限制，以获得范围经济，这使得生产性服务业之间的溢出作用会更加明显。集聚区内企业间的高频率知识交流与信息传播（隐性知识和显性知识）能够产生较强的知识和技术外溢效应，这些企业通过正式或非正式网络进行高频率的知识交流和学习（陈建军，2009），这种互补性产业间的知识流动与共享会带来明显的集聚学习效应，使得集聚区内所有参与主体间的"集体学习过程"形成循环累积因果关系，并进一步放大知识外溢效应（增量与存量）（Keeble，2000；陈建军、陈国亮，2009）。彭向和蒋传海（2011）的研究发现，雅各布斯外部性（产业间知识溢出）中的产业互补对创新的推动作用最大，产业多样性与马歇尔外部性（产业内知识溢出）作用相对较小。沈能（2013）指出，知识存量和知识溢出对生产性服务业集聚有显著正向影响，更重要的是，传统制造业的知识外溢仅局限在同一行业或同一地区内部，而服务业知识外溢可以突破行业或地理空间的限制，知识溢出的效应更加明显。因此，从这个意义上讲，知识外溢对于关联产业的协同集聚而言，也同样具有较强的解释力。

产业间的知识外溢有多种途径，而对于生产性服务业与制造业而言，主要表现为基于研发合作的知识外溢机制。虽然随着社会分工日益深化以及生产性服务外部化进程逐步推进，生产性服务业作为一种独立的产业组织形态与战略管理功能日益明显，但其与制造业内生的技术关联始终存在，这也成为两者实现协同集聚和创新的基础。拉森等（Larsen et al.，1997）认为技术关联形成的交流和研发合作为知识溢出创造了可能，尤其是通过制造环节和研发环节之间的有效交流和沟通来实现（Charlot & Duranton，2004）。而且很多实证研究也进一步指出，知识外溢通常与投入－产出关系密切相关，特别容易在上下游产业部分之间发生，从而促进了产业集聚（Foni & Paba，2002）。但是现实印象中，与生产性服务业实现协同集聚的制造业往往都是技术密集型制造业，两者都是属于知识密集型产业，因此，要实现彼此间的知识外溢，就需要与之相适应的知识存量，也只有在具有雄厚知识积累的环境里，关联产业间的知识外溢才成为可能。此外，生产性服务业与制造业之间的知识外溢（或技术关联）具有显著的双向性以及强烈的动态性，埃里森等（Ellison et al.，2010）基于制造业和服务业协同集聚方法的经验研究证实，技术外部性在创新部门和生产性服务业发挥了更加重要的作用。故本书提出如下假设命题：

假设命题 6 - 2：知识存量累进所引致的知识外溢有助于生产性服务业与制造业实现协同集聚。

二、基于空间联动视角

产业关联和知识外溢只是表明生产性服务业与制造业协同集聚存在要素的关联性，但产业协同集聚还包括空间联动性（产业间基于不同的比较优势通过要素流动和产业转移而实现在空间上的有机分布，以近距离协同式集聚为主，但随着信息和通信技术的发展及应用，两大产业也可在较远的距离内实现协同式集聚为主）。根据上文理论模型的推导可看出，空间联动主要涵盖两大维度：城市内部的空间互动和城市间的联动。

（一）城市内部的空间互动

鉴于生产性服务业与制造业区位选择上存在一定的差异性，因此在城市经济学范畴内探讨两大产业协同集聚就显得十分具有针对性（陈国亮、陈建军，2012）。理论上讲，两个产业的空间布局应该具有耦合效应，但随着城市规模的变化，两大产业的空间集聚存在着非同步性[1]，随着城市等级的提升，这种现象会更明显。蒲加（Puga，2009）指出，由于生产性服务业集聚对城市有很强的依赖性，尤其是当服务业和制造业在空间上发生分离，当播种和收割异地进行时，城市之间的相互依赖性增强。陈建军和陈菁菁（2011）的实证研究结果也显示，城市规模对本地确定产业发展优先顺序进而引导生产性服务业与制造业的空间联动具有重要影响。一般而言，在要素充分流动的情况下，城市等级越高其要素集聚的外部性就越高，其研发和创新效率就越高，隐性知识的共享效应作用就更大，从而加速生产性服务业的集聚。相对而言，制造业在大城市中并不具有比较优势，很多制造企业出于成本考虑反而会随着城市等级的提升向周边地区扩散。以往的多数研究大都从城市规模所引致的集聚效应与拥挤效应的角度来分析单个产业的集聚或扩散（王俊、李佐军，2014；沈能等，2014），而在第五章的实证分析部分也同样发现，生产性服务业与制造业的空间区位选择都受城市规模的影响，只是两大产业区位选择对彼此间的作用方向和力度有所差异而已。概括而言，城市规模对产业协同集聚影响的内在机制在于通过商务成本[2]的作用使得两大产业在城市内形成互补效应和挤出效应的交互作用。

---

[1] 例如，在外资企业比较密集的长三角地区，生产性服务业与制造业的空间集聚存在着非同步性，如在长三角地区的很多跨国公司倾向于自带服务，切断了外资制造业与本土生产性服务业的产业空间联动。

[2] 目前对于商务成本的概念还没有统一的界定，赵晓雷（2004）认为商务成本是企业成本中由于地域不同所形成的差异或波动的那部分成本，是地域敏感性成本。江静和刘志彪（2006）认为商务成本总体上由制造成本和交易成本构成，本书也基本参照这一分类方法。

商务成本可以分为要素成本和交易成本，在第三章的第二小节关于"产业联动促进空间协同集聚的条件"中已基本涉及，随着城市规模的扩大，要素成本与交易成本之间会呈现周期性交错规律，由于不同类型的产业集聚对相应成本的敏感程度各不相同，因此，城市中生产性服务业集聚与制造业集聚也会出现此消彼长的关系（互补效应与挤出效应的动态交替），这一过程中商务成本是一个核心变量，亨德森（Henderson，2006）在对中国城市净集聚效应的估计中发现，城市最优规模与制造业和服务业比值呈现负向关系。江静和刘志彪（2006）认为，长三角以较低的商务成本在开放型经济发展中极具优势，然而，在涉及诸如长三角内部具体的各类产业分布格局时，则需要从商务成本结构的角度来进行分析，商务成本对城市产业格局的形成具有重要影响。陈国亮和陈建军（2012）、李强（2013）也通过实证分析发现，城市中存在一个均衡的租金水平使得协同集聚的互补效应最大，这里也就暗含了存在一个最优城市规模的问题（如图6-1所示）。而且，区域中心城市对其他城市的协同集聚效应有一定的辐射作用，协同集聚效应对劳动生产率有倒U形促进作用，只是不同地区、不同行业之间的差异比较明显。因此，本书提出如下假设命题：

假设命题6-3：商务成本水平与两大产业间协同集聚程度存在非线性关系。

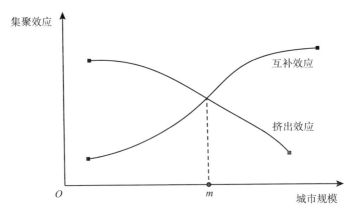

图6-1 互补效应和挤出效应

资料来源：笔者自行整理。

（二）城市间的联动①

已有关于产业集聚的研究都是将各主体置于同一个空间层面，而产业间跨区域（协同）集聚的研究迄今还尚显薄弱。城市间联动对城市与城市之间的空间距离有一定的要求（适宜的空间距离有助于空间联动性的提高)②。现实中由于产业发展进程与城市发展阶段、规模差异的影响，生产性服务业与制造业容易产生产业链上匹配性不一致的矛盾，而区域性中心城市通过生产性服务业集聚的外部性作用弥补了周边城市两大产业匹配性不足等问题（陈国亮、陈建军，2012）。就长三角而言，王红霞（2011）认为，随着中心城市的辐射扩散作用增强，长三角城市区域将呈现扁平化发展态势，有利于要素流动与空间集聚。陆铭和向宽虎（2012）基于新经济地理学的研究发现，区域性的大城市对第三产业劳动生产率的影响更加明显。姚永玲和赵宵伟（2012）指出，服务业的聚集效应主要由多样化来实现，现代服务业对邻近城市有较大影响，且随着规模扩大和中心城市地位的增强，以乘数效应的方式进行传递。席敏强等（2015）认为，生产性服务业多样化程度越高的城市，对周边城市制造业劳动生产率的空间溢出效应就越明显。某种意义上看，中心城市对大区域内周边城市的辐射（涓滴效应）弥补了生产性服务业与制造业在产业维度协同集聚的先天不足，这时，应不断提升城市群功能分工水平，尤其是区域中心城市要重新进行功能定位，实现由要素驱动向创新驱动转变（齐讴歌等，2012）。此外，关于中心城市对周边城市的局部负面影响（极化效应），相关实证研究都相继表明，随着城市间职能分工的逐渐明确，

---

① 一个城市实现生产性服务业与制造业协同集聚主要有两个来源：一个是通过城市的内部化来实现（需求遵从或供给主导），由于两大产业在时空格局上不可能完全契合，这就使得单纯依靠城市内部化难以实现两大产业的协同集聚，因而，另外一个来源即中心城市对周边城市的辐射。现阶段，随着我国城市（镇）化以及区域经济一体化进程的加快，区域经济发展中具有高经济能级的核心辐射源型城市建设已初具成效，通过中心城市的辐射作用促进周边城市两大产业的协同集聚具有一定的现实性与可行性。

② 因为，过小的空间距离容易在空间上产生挤出效应从而弱化空间联动效果，而过大的空间距离导致投入品共享、知识外溢等随地理距离的增加而衰减，导致两大产业协同集聚中的互动性缺失。

城市体系中"中心–外围"不同圈层的产业分工不断深化，区域中心城市与周边城市在生产性服务业同行业竞争方面的负面影响将得以消弭（钟韵等，2010）。同时，城市群空间格局的优化又进一步降低了运输成本、促进了面对面接触，从而强化了产业协同集聚（陈建军等，2016）。基于上述考虑，本书提出如下假设命题：

假设命题6–4：区域性中心城市有助于周边城市产业协同集聚水平的提升。

三、基于制度视角

制度因素对一国经济增长的作用主要体现在：降低不确定性和交易费用、激励企业选择并约束经济主体行为、减少负外部性的发生、稳定并提升对未来的预期等方面。制度环境对任何一个产业的发展而言，都存在着深远的影响。一般而言，制度因素改善主要是通过降低（协同）集聚中的内生交易成本与隐性交易成本来发挥作用的。而新经济地理学中考虑的交易成本主要是指以运输成本（"冰山"成本）为代表的外生交易成本或显性交易成本，这些完全可以通过技术创新和有效的制度安排来降低，但可能出于研究的严密性考虑，新经济地理学派的诸多研究对制度因素的影响未能很好地在相关理论模型中得以重视。刘志彪（2007）指出，在城市中先进制造业、现代服务业对制度的投入比较敏感。路江涌和陶志刚（2007）实证研究结果显示，国有产值比例和地方税收贡献率对制造业集聚有负的影响。对于生产性服务业集聚，地方保护的影响同样存在。刘作丽和贺灿飞（2011）认为集聚经济和制度约束是影响汽车产业跨国公司在华不同功能区位选择的重要因素。江波等（2013）运用经济合作与发展组织（OECD）的面板数据证实了政府规模的非理性膨胀会直接或者间接侵蚀生产性服务业发展及其有效集聚。陈艳莹和鲍宗客（2013）研究认为，政府对不同生产性服务业的行政垄断程度差异使得生产性服务企业之间的利润率差异并非由企业资源与能力所内生决定，而在很大程度上取决于其所处行业。第五章的实证分析结果显示，制度因素对生产性服务业与制造业的区位选择具有重要的影响作用，因此，有理由相信，两大产业间的制度匹配能力也必将对产业间协同集聚产生重要影响。盛龙和陆根尧（2013）指出，国有化和地方保护主义会严重阻碍生产性服务业的集聚，同时这种阻碍作用在东部地区的影响程度要更大一些，这可能是由于东部地区在经济开放度、市场化程度较高，产业的发展会更加排斥政府的干预。赵祥（2012）认为我国各级地方政府所实施的片面城市化政策提高了劳动力区际流动的隐性成本，阻碍了中国产业在空间上的有效集聚。总体来看，制度因素在生产性服务业或制造业集聚中的重要作用已被普遍提及。

在上文的假设命题6-1至假设命题6-4中都暗含一个基本的前提是地区之间要素自由流动，或者说这需要区域经济一体化作为前提条件。但中国作为一个转型中的大国，目前存在较为严重的市场分割（Young，2000），这就导致了地区之间要素流动受阻，相关产业集聚间的知识外溢作用大打折扣，同时也稀释了中心城市对周边城市的辐射和带动作用。白重恩（2004）等发现，产业集聚度与利税率、国有化程度和地方保护主义呈现出明显的负相关关系，而在此基础上通过逆向传导发展起来的生产性服务业通过反馈作用使得当地的制造业逐渐偏离比较优势（畸形发展），进而使得当地的制造业集聚与生产性服务业集聚的匹配性很难得以提高。刘志彪（2006）认为服务业与制造业两者在地理空间上具有协同定位和集聚的特征，由于信息壁垒的存在，很多服务业外商直接投资与制造业外商直接投资具有相互追随的效应。顾乃华（2010）认为政策（制度）环境正向影响着生产性服务业对工业获利能力的外溢效应。陈国亮和陈建军（2012）的实证分析结果也显示，政府规模与第二、第三产业协同集聚呈负相关关系。上述研究结果都显示出，无论是单个产业集聚还是产业间协同集聚，地区之间的市场分割（地方保护主义）、产业非协同发展、国有化程度较高等这些都是阻碍产业协同集聚的重要因素，而这些因素又都与政府较强的行政干预能力密切相关，相关实证分析中东西部地区产业（协同）集聚对制度的敏感程度与作用方向的差异就充分印证了这一点。

从行业层面看，行业的国有化程度越高，对资源的垄断及分配能力就越强，很多大型的国有企业（集团）（无论是制造业还是生产性服务业）凭借其强大的内部化能力，其投入－产出的关联活动、劳动力的流动与配置、知识（技术）的交流与共享等层面的活动就会在一个相对封闭的环境中进行。就某个制造行业而言，若其中的国有企业占有较大比例，其很多本应外包给外部市场的服务环节更容易在内部消化（很多大型的制造业企业反而会采取"服务增强"战略），人为地形成了行业间的战略隔绝机制，市场的统一性和纵深性都会受到影响，而（协同）集聚效应的有效释放在很大程度上依赖于市场机制的完善与统一。因此，就整个行业而言，国有化程度的提高使得关联产业协同集聚的市场环境得不到延续，再加上一些门槛设定与歧视性政策使得大部分关联小企业游离于有效集聚空间之外，这也必然导致协同集聚程度逐渐变小，基于上述考虑，本书提出如下假设命题：

假设命题6-5：国有化程度的提高对产业协同集聚具有明显的抑制作用。

就城市内部而言，在产业发展初期一定程度的地方保护主义是有利于产业迅速集聚化发展的，本地的生产性服务业与制造业能够得以协同集聚，但这种政府"拉郎配"式的"包办婚姻"是经不起市场考验的，因此，从这个意义上说，囿于一隅的协同集聚只能是一种低水平的产业协同集聚。而从长期来看，过度的地方保护主义只会是"失之东隅收之桑榆"，产业集聚效率会大打折扣，要素的拥挤效应也会越发明显。而从跨区域层面来看，一方面，地方保护主义越严重，地区间要素流动与配置以及相应的商品和服务贸易也会受到相应的影响，导致生产性服务业与制造业很难在地区间形成协同集聚；另一方面，地方政府的行政干预本身就是一种对生产性服务业的替代，过多的政府规制也会使得生产性服务业进入市场的机会较少且难度较大。综上所述，长期来看，地方保护主义会人为割裂产业链、市场链与空间链之间的有机联系，损失的是协同集聚的互补效应。故本书提出如下假设命题：

假设命题6-6：地方保护主义的加深不利于生产性服务业与制造业的协同集聚。

第二节　产业协同集聚的计量检验

一、变量描述与模型设计

（一）因变量

产业协同集聚度 $C(r)_{it}$，表示第 i 个城市第 t 期的生产性服务业与制造业协同集聚度，该指标在第四章的特征性描述已有所涉及，这里就不再赘述。

（二）解释变量

（1）前后向关联（Link）。在投入产出表中，一般常用直接消耗系数来表征关联产业间的前后向关联。由于生产性服务业作为制造业的上游产业，生产性服务业投入越大，其与制造业的前后向关联就越密切。遵循这一思想并兼顾研究的便利性，本书参照陈国亮和陈建军（2012）的研究思路将产业关联度指标定义为：

$$Link = (P/M) \times \delta \qquad (6-1)$$

其中，P 表示生产性服务业增加值，M 表示制造业增加值，同时，本书还考虑到制造业不是生产性服务业的唯一服务对象，因此，在生产性服务业增加值与工业增加值比值基础上还需要乘以一个系数 δ，在该系数的选取上借鉴程大中（2008）的研究结论，即 $\delta = 0.547$，我们预期其符号为正。

（2）知识存量（Know）。对知识存量衡量的指标通常分为投入和产出两种方法，投入法主要从科技文献、专利和缄默知识等方面出发，但是缄默知识的测量通常比较困难和复杂，通常情况下需要采用相对主观的指标来进行描述，这可能降低研究结论的科学性。基于此，这里将从投入的角度来对区域知识存量进行研究，在《中国统计年鉴》中，投入的相关指标主要包含研发经费支出和科技活动经费支出。依照 OECD 的认定，科技活动经费比研发经费具有更加广泛的含义，因此，参照苏屹等（2012）的研究思路，选择科技活动经费支出作为从投入角度来衡量知识存量的指标。根据上述分析（结论），我们预期其符号为正。

（3）商务成本（*Cost*）。在以往的研究中，很多学者都只注重要素成本对城市产业结构的影响。张光辉等（2010）认为商务成本是一个结构性的概念，企业的区位选择是交易成本与要素成本之间博弈的结果。因此，本研究将要素成本和交易成本同时纳入计量范畴。在具体度量上，我们参考安礼伟等（2004）所构建的长三角城市商务成本指标体系，同时，出于数据可获得性考虑，这里对安礼伟等（2004）的指标体系作简化处理，构建二级指标体系①，根据理论假说，商务成本与两大产业协同集聚成倒 U 形关系，因此，我们预期一次项系数为正，二次项系数为负。

（4）中心城市的辐射（*C-city*）。当代发展经济学和新经济地理学理论都十分强调中心城市的作用。由于中国存在三大都市圈（长三角、珠三角和京津冀），这三大都市圈的核心城市不仅仅是区域性的中心城市，更是全国性的中心城市，而且这三大都市圈的辐射范围也存在一定的差异（孟可强、陆铭，2011）。因此，中心城市辐射问题的研究应锁定在一个特定的区域空间里，全国范围样本的研究不具实践针对性。就长三角而言，作为区域经济发展龙头的上海市，其对外围城市的影响是巨大的，考虑到本地市场效应，上海城市的超大规模，必然左右整个长三角的产业地理分布，生产性服务业与制造业的协同集聚模式必然要围绕上海这个中心城市来配置。基于此，本书也是沿用长三角其余 25 个城市到上海的高速公路里程来进一步研究兼具全国

---

① 安礼伟等（2004）构建了一个包含要素投入成本、交易成本和其他成本（社会治安与文化兼容）在内的商务成本评价指标体系，并基于德尔菲（Delphi）法对长三角五大城市的商务成本进行了权重赋值，就一级指标而言，要素投入成本、交易成本和其他成本的权重分别为：43、41 和 16，近年来，随着长三角区域经济一体化与城市化进程的推进以及政府服务意识和效率的提升，在城市中要素投入成本提高速度较快，而交易成本和其他成本有逐渐回落的趋势，基于此并出于研究数据可获得性考虑，本书粗略地将要素成本权重设为 60%，而将交易成本的权重设为 40% 是具有一定的科学依据的，也并不影响最后的实证分析结果。

经济中心和国际金融中心双重身份的上海对产业协同集聚的影响（近年来江苏、浙江等地接轨上海、融入上海的趋势愈发明显）。

（5）政府干预。一般而言，政府对经济的干预主要表现在对地方市场的保护以及对微观经济主体的渗透与干预（体现了经济行为的非市场力量）这两个方面。出于数据获得性的考虑，本书用政府非转移支付支出在财政支出中所占的比例来衡量（用地方财政预算内支出扣除科学事业费支出、教育事业费支出、社会保障补助支出及抚恤和社会福利救济支出之后的余额占地方财政预算内支出的比重）地方保护程度（Gov），用行业国有单位就业人数所占比重来表征国有化程度（$State$）。此外，影响产业协同集聚的制度因素较多，除了地方保护程度和国有化程度两项之外，本书还侧重分析反映地区市场化进程和经济开放水平的制度因素对产业协同集聚的影响。因此，我们还考虑了以下控制变量（X）：

（X_1）对外开放程度：以 FDI 来表示。沙米沙（Sharmistha，1989）实证分析了在美国影响 FDI 的主要因素，研究发现 FDI 逐渐从制造业流入服务业部门，而且近几年中国服务业 FDI 比重也在逐步上升（这一现象在一些高端服务业中尤为明显）。由于长三角开放型经济发展水平较高，FDI 是实现产业集聚的最重要因素（刘志彪等，2008）。因此，在生产性服务业与制造业协同集聚中 FDI 的作用是不可忽视的。考虑到 FDI 发生作用有一定的滞后性，本书采用了 FDI 存量指标。对初始资本存量和折旧率的估算，现有研究得到的估计值不尽相同，这里参照张军等（2004）关于资本存量的处理方法，将各城市 2005 年的 FDI 流入额除以 10% 作为该市的初始外资存量，将其经济折旧率设为 9.6%。

（X_2）市场规模：本书参照陈国亮和陈建军（2012）的控制变量设计方法，用地区生产总值（GDP）来表示。弗朗索瓦（Francois，1990）认为，随着市场的扩张及其网络化程度的提高，相应的企业数量和生产规模会扩大，生产过程得到更加细分，竞争会更充分，交易成本也会应运而降，价值链的整合能力越强，从而提高生产的专业化程度，而更为细化的分工也使得生产性服务业与制造业组合配对的机会更多，也能在更高层次的平台上实现协同集聚，我们预期该变量系数符号为正。

在数据来源方面，本书选取了新规划下的长三角所辖的 26 个城市（包含 1 个直辖市与 3 个副省级城市）为研究样本（2007～2017 年），数据来源及处理与前文相同。为了保持研究的统一性与可比性，这里也以 2006 年为基期，对各项产值或余额类指标进行平减调整，以尽可能剔除价格水平波动带来的外部影响。此外，我们还在研究过程中引入了各城市到上海的距离变量（假设在样本期内各城市距上海的最短公路距离未发生多大变化），相关位置信息可从谷歌地图（Google Earth）上进行收集，并利用 ArcGIS 10.0 将其转化为空间点。

（三）计量方法与模型设定

长期以来，空间效应的忽略是主流经济学在产业集聚研究中出现不恰当的模型识别或设定的根源所在，而其中空间依赖性和异质性是两大不可回避的问题（Anselin，1988）。这也使得在采用忽视空间效应的 OLS 模型估计存在设定偏差问题，进而导致推论结果不够科学严谨并缺乏说服力（吴玉鸣，2006）。由于产业（协同）集聚存在区域间相互影响的可能，溢出效应比较明显，现有的基于 Moran's I 指数（全域与局部）的研究都表明产业集聚（无论是制造业集聚还是生产性服务业集聚）都存在区域之间的空间依赖性和空间自相关特征（赵增耀、夏斌，2012；沈能，2013），因此，在构建生产性服务业与制造业协同集聚时的计量模型势必也要纳入空间因素。根据安塞林（Anselin，1988）的研究方法，空间计量模型可以划分为空间滞后模型（SLM）和空间误差模型（SEM）。关于空间计量模型的设置及其形式判定可具体参考相关文献（Anselin，1988；吴玉鸣，2006），这里就不再一一赘述。现主要就空间计量模型的估计技术与模型取舍问题做进一步的交代。

（1）估计技术。第一，内生性问题：鉴于空间回归模型自变量的内生性，对于上述两种模型的估计结果如果仍采用最小二乘法（OLS），系数估计会有偏或者无效，需要通过工具变量法（IV）、极大似然法（ML）或广义最小二乘估计（GLS）、广义矩估计（GMM）等其他方法来进行估计。考虑到现实中寻找合适的外生 IV 难度较大，比较简便而且常用的方法就是用各个变量的前定变量（即滞后变量）作为 IV。因此，这里对所有变量采取了滞后一期的方法对变量进行估计。此外，遵循安塞林（Anselin，1988）的建议，采用极大似然法估计 SEM 和 SLM 的参数；第二，空间权重矩阵（W）的确定：通过定义一个二元对称空间距离权重矩阵来表达 n 个位置的空间区域的邻近关系，其形式如下：

$$W = \begin{pmatrix} w_{11} & \cdots & w_{1n} \\ \vdots & \ddots & \vdots \\ w_{n1} & \cdots & w_{nn} \end{pmatrix} \qquad (6-2)$$

式中，ω_{ij} 表示城市 i 与城市 j 的临近关系，它可以根据距离标准或邻接标准来度量。确定空间权重矩阵的规则有简单的二进制邻接矩阵和基于距离的二进制空间权重矩阵两种方法。本书使用空间邻接权重矩阵表示地区单元的相互邻近关系，并使用空间计量软件 GeoDa-1.12.1.59 生成的空间距离权重矩阵 W，相关的地图数据与信息均通过 Google Earth 上采集获得。

　　（2）空间自相关检验及 SLM、SEM 模型的选择。判断地区间生产性服务业集聚的空间相关性是否存在，以及 SLM 和 SEM 哪个模型更恰当，一般可通过包括 Moran's I 检验、两个拉格朗日乘数形式 LMERR、LMLAG 及其稳健的 R-LMERR、R-LMLAG 等来实现。通常是先用 OLS 方法估计不考虑空间相关性的受约束模型，然后进行空间相关性检验。由于事先无法根据先验经验推断在 SLM 和 SEM 模型中是否存在空间依赖性，有必要构建一种判别准则，以决定哪种模型更加符合客观实际。安塞林等（Anselin et al.，2004）提出了如下判别准则：如果在空间依赖性的检验中发现，LMLAG 较之 LMERR 在统计上更加显著，且 R-LMLAG 显著而 R-LMERR 不显著，则可以断定适合的模型是空间滞后模型；反之，则可以断定空间误差模型更恰当。除了拟合优度 R^2 检验以外，常用的检验准则还有：自然对数函数值（LogL）、似然比（LR）、赤池信息准则（AIC）、施瓦茨准则（SC），一般而言，对数似然值越大，AIC 和 SC 值越小，模型拟合效果越好。这几个指标也用来比较

OLS 估计的经典线性回归模型和 SLM、SEM，似然值的自然对数最大的模型最好。

为了验证上文提出的 6 个理论假设命题的可行性，本书以协同集聚度为被解释变量，根据这 6 个假说来定义核心变量进行逐步回归求证，并加入了经济开放度、市场规模等控制变量。在此基础上，结合长三角的实际情况设计如模型（6－3）所示的计量模型。

$$X = \alpha_0 + \alpha_1 \ln(Link_{it}) + \alpha_2 \ln(Kno_{it}) + \alpha_3 \ln(Cost_{it})$$
$$+ \alpha_4 \ln(Cost_{it})^2 + \alpha_5 \ln(C\text{-}city_i) + \alpha_6 \ln(Sta_{it})$$
$$+ \alpha_7 \ln(Gov_{it}) + \alpha_8 \ln(Fdi_{it}) + \alpha_9 \ln(Gdp_{it}) \qquad (6-3)$$

此外，本研究将空间变量纳入分析框架，在模型（6－3）中，主要考虑上海对长三角区域内其余城市产业协同集聚的影响，由于整体距离较短，所以只考虑了线性关系。采用取对数的方法以确保各变量变得更加平稳；并逐步对模型加入滞后变量、加入滞后一期等进行回归变换以此考察模型核心变量对产业协同集聚的稳健性。

二、假说检验及讨论

（一）空间视角的分析

本章的实证分析思路主要是：OLS 回归－空间计量模型选择－空间计量回归－结果比较。表6－1中报告了不考虑空间相关性的回归结果。根据豪斯曼检验结果，这里采用固定效应模型[①]，其中，模型1是根据逐步回归法以长三角26个城市为样本借以考察主要变量回归结果的稳定性，模型2则是在模型1核心变量基础上引入了相关控制变量，模型3则是加入自变量滞后一

---

① 我们首要做的事情是顺序使用 F－统计量、豪斯曼检验来确定适宜的面板数据模型。检验结果显示，Cross-section F 概率低于 1% 的显著性水平，所以应该拒绝采用混合效应模型的原假设。同时，Hausman 检验的结果拒绝了随机效应的原假设（Cross-section random：Chi-sq = 14.7517，Prob = 0.0052），方程适宜采用固定效应模型。

期的回归结果，结果显示这5个核心变量都符合预期的设想，从各核心变量的系数变化来看，各个估计系数基本上在较小的区间内波动，说明对自变量系数的估计结果是稳健的，以及从3个维度提出的关于产业协同集聚实现机制的6个假设命题初步也得到经验研究的支持。但表6-1中可能存在模型设定不恰当的问题，例如，没有考虑城市（截面单元）的空间相关性。进一步利用 Moran's I 指数，两个拉格朗日乘数来判断空间计量模型的形式选择，在表6-2中，Moran's I 指数均在5%的显著性水平下通过检验，表明回归方程的误差项通过了空间相关性检验，说明生产性服务业与制造业协同集聚确实存在空间自相关性。另外，LMLAG 和 R-LMLAG 分别通过了5%和10%的显著性检验，而 LMERR 和 R-LMERR 均未能通过检验，根据安瑟兰等（Anselin et al.，2004）的判别准则，SLM 相对比较合适。陈国亮和陈建军（2012）分别采用了空间一阶邻接矩阵和空间二阶邻接矩阵作为空间权重，并基于中国212个地市的回归结果基本一致，因此，在空间权重矩阵的选择上，这里也有选择性地使用一阶邻接矩阵。从表6-1中各解释变量在不同模型中的估计结果来看，在采用了 SLM 后，利用极大似然估计法（ML）对几个空间计量参数进行估计，SLM 的 R^2 和 Log-L 值都有所提高（相对于 OLS 回归结果），AIC 和 SC 的值都相对变小，说明在考虑了空间效应后，上文提出的几个假设命题仍然是成立的。较好解释了空间维度对产业协同集聚的作用机制。

表6-1　长三角产业协同集聚实现机制的 OLS 回归与空间计量回归结果

变量	以 $\ln C(r)_{it}$ 为被解释变量					
	OLS			SLM（一阶邻接矩阵）		
	模型1	模型2	模型3	模型1	模型2	模型3
C	−15.429 *** (4.352)	−12.384 *** (4.283)	−9.602 *** (5.003)			
$\ln Link$	0.063 *** (0.265)	0.067 *** (0.265)	0.062 *** (0.384)	0.088 * (4.865)	0.068 * (1.924)	0.062 * (2.162)

变量	以 $\ln C(r)_{it}$ 为被解释变量					
	OLS			SLM（一阶邻接矩阵）		
	模型 1	模型 2	模型 3	模型 1	模型 2	模型 3
$\ln Kno$	0.007 *** (0.020)	0.006 *** (0.023)	0.005 *** (0.023)	0.005 ** (0.415)	0.007 ** (0.415)	0.010 (1.015)
$\ln Cost$	15.182 *** (3.106)	13.462 *** (3.125)	10.259 *** (3.120)	10.627 *** (6.265)	9.546 *** (5.835)	8.385 *** (4.767)
$\ln Cost^2$	-2.663 *** (0.483)	-1.751 *** (0.469)	-1.226 *** (0.450)	-0.628 *** (-4.469)	-0.685 *** (-4.653)	-0.664 *** (-3.170)
$\ln C\text{-}city$	2.715 *** (3.454)	1.982 *** (2.005)	2.068 ** (2.289)	5.248 * (4.724)	3.891 * (4.746)	3.232 ** (4.732)
$\ln State$	-0.063 *** (0.083)	-0.168 *** (0.062)	-0.226 *** (0.050)	-0.192 *** (-4.469)	-0.185 *** (-4.653)	-0.264 *** (-3.170)
$\ln Gov$	0.625 *** (0.056)	0.580 *** (0.052)	0.436 *** (0.052)	0.423 *** (2.306)	0.368 *** (2.834)	0.525 *** (2.906)
$\ln FDI$		-0.054 (-0.007)	-0.050 (-0.007)		-0.074 (-6.322)	-0.069 (-7.866)
$\ln GDP$		0.072 ** (0.136)	0.059 ** (0.220)		0.034 ** (1.573)	0.060 ** (1.054)
Hausman 检验	固定效应	固定效应	固定效应	—	—	—
R^2	0.2560	0.3362	0.2639	0.3520	0.2873	0.3966
DW	1.7214	1.6908	1.4246			
F 检验值	16.4239 *	17.0932 *	15.0754 **	14.6389 *	16.3280 **	17.8372 **
LMLAG		6.3520 **				
R-LMLAG		8.2478 *				
LMERR		0.1534				
R-LMERR		2.3520				
Log-L		142.5680		169.4280	176.9403	206.4731

续表

变量	以 $\ln C(r)_{it}$ 为被解释变量					
	OLS			SLM（一阶邻接矩阵）		
	模型 1	模型 2	模型 3	模型 1	模型 2	模型 3
LR	—			5.0089	7.0658	8.6792
AIC		152.0356		97.3850	93.4320	87.4438
SC		168.3729		123.0418	98.0513	92.0543

注：***、**、*分别表示在1%、5%、10%的显著性水平下显著；参数估计值下面括号中的数字为标准误。

表 6-2　　　　　　长三角产业协同集聚 Moran's I 及统计检验

年份	Moran's I	Moran's I 期望值 E（I）	标准差 Sd	正态统计量 Z	P 值
2007	0.2954	-0.0327	0.1158	2.6635	0.0100
2008	0.3008	-0.0327	0.1204	2.6295	0.0150
2009	0.2898	-0.0327	0.1208	2.7635	0.0100
2010	0.3020	-0.0327	0.1241	2.7635	0.0100
2011	0.3308	-0.0327	0.1104	2.6295	0.0150
2012	0.2890	-0.0327	0.1208	2.6032	0.0290
2013	0.3059	-0.0327	0.1149	2.7012	0.0120
2014	0.2985	-0.0327	0.1285	2.6977	0.0150
2015	0.2960	-0.0327	0.1168	2.4085	0.0110
2016	0.2870	-0.0327	0.1220	2.5265	0.0200
2017	0.2993	-0.0327	0.1297	2.5971	0.0130

（1）毋庸置疑，产业关联效应对生产性服务业与制造业协同集聚具有显著的正向促进作用。正如瑞安·加拉格尔（Ryan M. Gallagher，2007）将产业

关联归结为协同集聚的首要因素。① 粗略地看，每提高一个单位的产业关联度就可以提高 0.068 个单位的产业协同集聚度，这一结果印证了马歇尔和克鲁格曼关于产业关联（linkage）促进上下游产业集聚的结论，这一点在大多数的实证研究文献中也得到了印证。只是在长三角这种促进效应更为明显一些。在考虑了空间效应后，产业关联效应的促进作用略有下降，说明生产性服务业与制造业不但存在产业间内生的互为传导关系，而且存在跨区域的产业转移与互动现象（不局限于单一空间内）。

（2）代表知识存量的科技活动经费支出呈现出对产业协同集聚具有正向促进作用（无论是传统的 OLS 模型还是 SLM 模型），而且在 1% 的水平上显著，这与假设 2 的预期比较吻合。知识存量每提高一个百分点，产业协同集聚度就会相应地提高 0.007 个百分点，这说明在既定的空间范围内随着知识存量水平和知识密集度提升而引致的知识外溢效应不仅存在于产业内也存在于产业间，而且关联产业间的知识外溢可以突破行业和空间的限制。上文所提到的假设命题 6 - 1 和假设命题 6 - 2 也从侧面证实了马歇尔外部性在解释生产性服务业与制造业协同集聚上的可行性。这也与陈国亮和陈建军（2012）基于东部地区样本数据的实证分析结论基本相似。

（3）长三角各城市的商务成本与产业协同集聚表现出预期的倒 U 形（一次项为正，二次项为负）特征，说明存在一个均衡值使得产业协同集聚达到最优水平，根据一元二次函数极值算法，当商务成本达到 42.36 时可以实现最优协同集聚度，当越过这个"拐点"（$Y^* = -\dfrac{\beta_1}{2\beta_2}$ 处达到拐点，其中 β_1 和 β_2 分别为一次项和二次项的参数值）后，商务成本与产业协同集聚度呈反向变动关系（产业集聚间的离心力大于向心力，协同集聚效应由互补为主向挤

---

① 瑞安·加拉格尔将产业关联分为第一级关联（first-degree linkages）和第二级关联（second-degree linkages），第一级关联主要是指产业或企业（组织）间因直接贸易而产生的具体的实质性的业务关系（因地理临近使得交易成本降低），而第二级关联主要是指除了因直接贸易（业务）关系而引致的其他一切关系的总和。对生产性服务业与制造业而言，第二级关联对其产业协同集聚影响更为广泛，主要体现在：知识外溢、劳动力池、自然优势和投入/市场关联等方面。

出为主演进）。以长三角各城市的样本数据为例，超过 75% 的城市尚未到达拐点（商务成本标准值小于 6.9679），说明，在该地区随着城市化和市场化进程的逐步推进，产业协同集聚度还有很大的提升空间。

（4）在中心城市的辐射方面，由于长三角各城市离上海的距离都不算太远，这里未列入多次项进行回归。从回归结果来看，离上海越近，反而不利于城市内产业协同集聚度的提高，造成这一现象的主要原因是：第一，随着长三角一体化进程、城市"退二进三"战略的推进以及商务成本的攀升，上海逐渐和周边城市形成了生产性服务业与制造业在空间上的离散化，从而导致了上海与周边城市的专业化分工（不同发展定位与经济能级城市间的层级分工）。虽然这会降低单个城市的产业协同集聚度，但通过产业有序转移和区域空间重构会形成广域空间的产业协同集聚（即区域集聚效应大于城市集聚效应）。与此同时，这也会削弱长三角一些省会城市对周边次中心城市的影响和辐射，这一点已在一些研究中也基本得到印证（顾乃华，2010；陈建军、陈国亮，2012）。第二，由于生产性服务业具有高度的跨界服务与空间流动特征，使得一些周边城市（空间距离相对较近、经济条件相对较好、技术与知识消化吸收能力相对较强）的高端制造业在对那些无须"面对面"接触的高端生产性服务业需求方面会转而投向上海。而在距离上海较远的长三角一些边缘城市，由于其规模小、经济能级低，其当地制造业对生产性服务业需求主体部分主要集中在诸如邮电、仓储及存贷款等一些低端生产性服务业上，而基于行业服务半径以及交易频率的差异性（宣烨，2014），上海对这些较远城市（或地区）的辐射能力就会减弱，这样反而会提高该城市内的产业协同集聚度。

（5）从全国来看，地方保护、国有化程度与产业集聚、产业协同集聚呈现出一致的负相关关系（胡霞，2009；陈建军、陈国亮，2012；沈能，2013；盛龙、陆根尧，2013）。用行业国有单位就业人数所占比重来衡量的国有化程度呈现出明显的负相关关系（−0.168），而且在考虑空间效应后其显著性更加明显。国有化程度的提高可能在产业集聚的初期有利于提升产业集聚度，但从长期来看，其会形成并固化产业间的战略隔绝机制，不利于产业间协同集聚度的提升。以地方政府非转移支付支出所占比重来表征的地方保护程度并没有出现预期的负相关关系，而且影响也较小（0.004），其原因主要是近年来随着长三角一体化上升为国家战略、上海打造国际金融中心以及上海自贸区的设立等一系列政策利好的出现，该地区的市场化水平较高，政府的服务意识与理性因素逐步提升，无形中降低了各种正式交易成本与非正式的制度成本，而这与中西部地区的相关实证分析结论形成了鲜明的对比（陈国亮、陈建军，2012）。

（6）在加入控制变量之后，上述核心变量的系数依然显著，而从控制变量来看，在各模型中外商直接投资变量与产业协同集聚并没有出现预期的正相关关系，而且还均未能通过显著性检验。从也有的研究成果来看，外商直接投资政策在实施初期可能会对产业集聚产生一定的促进作用（梁琦，2004；金煜、陈钊、陆铭，2006），但从长期来看，其对关联产业间协同集聚的作用尚不能明确（曹聪丽、陈宪，2018；张治栋、陈竞，2019），可能的解释是：第一，基于统计数据的分析可知，从长三角外商直接投资流入的构成比例来看，大多数城市主要还集中在制造业领域，而服务业尤其是知识、技术密集型的生产性服务业的比例尚不足40%（2016年的平均水平），而且外商在投资过程中也会予以各种施压和技术封锁以阻止我国掌握其核心技术。因此，长三角外商直接投资流入对该地区产业协同集聚的增量效应不会太明显。第二，目前，作为处于国内价值链"总部经济"地位的长三角，在全球价值链模式下，仅仅发挥了"工厂经济"的作用，这种以代工方式参与国际分工的模式客观上导致了生产性服务业与制造业空间集聚的非均衡态势，也在很大程度上限制了生产性服务业集聚度①。原因是大多数的跨国公司在对外投资时往往倾向于自带服务，对本地的服务要素的需求并不强烈（吴福象、曹璐，2014）。郭晔（2010）的研究也证实我国三大经济区内FDI均未对产业

---

① 以汽车业为例，跨国汽车集团在长三角依靠股权投资实现了对汽车产业链的间接控制，并以此获得了行业支配权地位。在与跨国公司合资过程中，长三角原有的汽车工业基础，包括零部件、发动机、材料、研发设计等环节却被外国汽车集团所分割，本土汽车制造商及零配件供应商多数停留在低层次加工制造环节。

集聚产生积极的作用。此外，市场规模这一变量与预期相符合，这也从侧面反映了产业集聚是一个柔性综合体，市场规模越大，其面临的专业化抑或多样化集聚选择机会就越多，也意味着生产性服务业与制造业不同行业间组合配对的成功概率也大大提升。

（二）行业视角的考察

空间视角从行业整体维度剖析了产业协同集聚形成机制中内部各主要影响因素及其作用关系，但是由于生产性服务业的细分行业间差异明显，制造业与不同生产性服务业行业之间的配对组合在内在机制上可能存在不同的特点。因此，为刻画这种特征，本部分主要考察不同行业配对组合的实现机制。另外，由于制造业行业门类众多，逐一计量检验工作量极大，因此，这里主要考虑制造业（产业加总水平）与生产性服务业分行业的配对组合情况，即制造业 – 交通运输、仓储及邮政业（ZZ·JT）、制造业 – 信息传输、计算机服务及软件业（ZZ·XX）、制造业 – 金融业（ZZ·JR）、制造业 – 房地产（ZZ·FC）、制造业 – 租赁和商务服务业（ZZ·SW）、制造业 – 科学研究、技术服务和地质勘查业（ZZ·KJ），本研究还是参照陈国亮和陈建军（2012）的研究思路，仍然采用 ML 估计法分别对长三角这 6 个行业配对形成的空间面板数据进行独立样本回归，在研究变量选择上，仍然以协同集聚度 $C(r)$ 为被解释变量，自变量及其表征方式与上文中的设定基本相同①，具体结果如表 6 – 3 所示。在生产性服务业与制造业分行业协同集聚中，不同生产性服务行业与制造业协同集聚的空间效应存在一定的差异性。其中，行业组合（2）（3）的空间效应并没有通过显著性检验，说明制造业与信息传输、计算

① 在表 6 – 1 中"中心城市的辐射"对产业协同集聚的影响并没有出现预期的结果，反而离特大中心城市（上海）越近，越不利于协同集聚度的提升。考虑到产业协同集聚是多个空间维度协同作用的结果，因此，在分行业空间回归时将中心城市的辐射界定为省会城市对周边城市的辐射，这里以一个城市到省会城市的公路距离表征，记作（lnCapital），以便考察区域内和跨区域层面上中心城市辐射对产业协同集聚的推动作用。由于到中心城市距离与市场潜能之间的倒 S 形曲线关系（赵增耀、夏斌，2012；陈国亮、陈建军，2012）。出于研究便利性考虑，本书将以线性关系分析为主，只是作为空间分析视角的一个拓展。

机服务及软件业和金融业的协同集聚存在较弱的空间依赖性。而本章提出的6个假设命题继续得到不同程度的验证。

第一，在行业组合（1）（2）（4）（5）（6）中，产业关联系数至少在10%水平上显著为正，而且从行业配对组合情况来看，制造业与交通运输、仓储及邮政业的关联效应最强，这也与贸易成本、运输费用在制造业集聚中的显著作用有关。第二，在行业组合（2）（3）（5）（6）中，知识存量对于促进制造业与高技术类生产性服务业（如信息传输、计算机服务及软件业，租赁和商务服务业与科学研究等行业）的协同集聚作用并不是很明显。这主要可归因为大部分制造业企业的技术创新意愿与步伐明显滞后，与相应生产性服务业企业之间存在较大的知识差异性，行业之间的进入壁垒较大。此外，许多中心城市的信息化、网络化特征越发明显，其中的一些服务业的新领域与新业态层出不穷，一些已经实现"标准化"转型、具有"后台"功能的服务业企业无需与制造业企业进行"面对面"接触就能完成交易。第三，制造业与不同生产性服务行业之间存在不同商务成本的均衡值，其中，在行业组合（6）中，商务成本在制造业与科学研究、技术服务和地质勘查业的协同集聚的影响存在最大的均衡值为49.6，目前仅有8个样本城市（仅占样本城市总数的26.67%）超越了这一"拐点"。第四，省会城市对产业集聚的辐射效应则存在一定的差异。与特大中心城市（上海）对产业协同集聚的辐射不同，省会城市对制造业与交通运输、仓储及邮政业、制造业与信息传输、计算机服务及软件业以及制造业与租赁和商务服务业的协同集聚的辐射作用比较显著，这说明制造业对这些生产性服务业实现了需求本地化和内部化，本地市场效应明显，同时也印证了宣烨（2012）的研究结论，即常规化（标准化）生产性服务业集聚的空间外溢效应是随地理距离逐渐衰减的，最大区域边界不超过省际范畴。第五，国有化程度对生产性服务业与制造业协同集聚呈现出行业异质性，诸如对制造业与交通运输、仓储及邮政业、租赁和商务服务业协同集聚的影响微乎其微，而对其他行业的协同集聚则表现出与预期相符的显著负相关关系。而地方保护程度在制造业对生产性服务业诸行业协同集聚中的影响不显著，这说明市场机制应该在协同集聚的要素流动与资源

配置中起到基础性的主导作用。第六，在控制变量方面，对外开放度（FDI
存量）对制造业与生产性服务业分行业协同集聚呈现出一定的行业异质性，
其中在对制造业与交通运输、仓储和邮政业，制造业与信息传输、软件业和
信息技术服务业，制造业与租赁和商务服务业的协同集聚方面影响并不显著，
而对制造业与金融业的协同集聚产生了显著的负向影响，但从行业整体层面
看，这种作用并不明显（如表6－3所示）。而市场规模的作用与行业整体回
归结果差异不大，说明在市场化程度较高的地区市场规模越大，产业间协同
集聚所产生的规模与范围经济（累积循环效应）越发明显。

表6－3　　　　生产性服务业与制造业分行业协同集聚的回归结果

解释变量	$\ln(ZZ \cdot JT)$ 行业组合 （1）	$\ln(ZZ \cdot XX)$ 行业组合 （2）	$\ln(ZZ \cdot JR)$ 行业组合 （3）	$\ln(ZZ \cdot FC)$ 行业组合 （4）	$\ln(ZZ \cdot SW)$ 行业组合 （5）	$\ln(ZZ \cdot KJ)$ 行业组合 （6）
$\ln Link$	0. 028 *** （3. 327）	0. 028 *** （1. 654）	0. 322 （0. 708）	0. 098 *** （4. 285）	0. 102 *** （1. 945）	0. 052 * （2. 104）
$\ln Kno$	0. 042 * （1. 327）	0. 004 （0. 794）	－ 0. 007 （－ 0. 032）	0. 032 *** （3. 807）	0. 012 （1. 405）	0. 006 （1. 295）
$\ln Cost$	18. 116 *** （3. 932）	0. 284 *** （2. 394）	8. 245 *** （2. 985）	5. 107 * （1. 285）	6. 102 *** （2. 945）	8. 479 *** （3. 656）
$\ln Cost^2$	－ 2. 738 *** （－ 3. 327）	－ 0. 149 ** （－ 2. 23）	－ 1. 052 （－ 2. 092）	－ 0. 054 （－ 1. 005）	－ 0. 821 ** （－ 1. 804）	－ 1. 056 *** （－ 3. 543）
$\ln Capital$	1. 028 *** （3. 327）	2. 048 *** （1. 094）	1. 442 （0. 985）	0. 023 （2. 465）	0. 102 *** （1. 945）	0. 086 * （0. 104）
$\ln State$	0. 038 （－ 2. 327）	－ 0. 048 ** （－ 2. 23）	－ 0. 052 （－ 1. 085）	－ 0. 054 *** （－ 4. 005）	－ 0. 021 （－ 1. 287）	－ 0. 056 *** （－ 2. 493）
$\ln Gov$	0. 008 （0. 327）	－ 0. 048 *** （－ 2. 392）	0. 069 （0. 985）	－ 0. 066 （－ 3. 057）	－ 0. 061 （－ 1. 945）	0. 052 （0. 894）
$\ln Fdi$	0. 002 （1. 327）	0. 004 （1. 094）	－ 0. 007 （－ 0. 985）	0. 032 *** （6. 972）	0. 012 *** （1. 945）	0. 006 *** （2. 894）

续表

解释变量	ln(ZZ·JT)	ln(ZZ·XX)	ln(ZZ·JR)	ln(ZZ·FC)	ln(ZZ·SW)	ln(ZZ·KJ)
	行业组合 (1)	行业组合 (2)	行业组合 (3)	行业组合 (4)	行业组合 (5)	行业组合 (6)
$lnGdp$	−0.038*** (−2.327)	−0.048** (−2.23)	−0.052 (−1.085)	−0.054*** (−4.005)	−0.021 (−1.287)	−0.056*** (−2.493)
spat. aut	0.238*** (4.327)	0.048 (0.094)	0.052 (0.985)	0.223*** (4.005)	0.102*** (1.945)	0.156*** (2.894)
log-likelihood	−132.64	289.06	280.83	177.45	84.11	283.26
adj-R^2	0.2560	0.0362	0.0639	0.3062	0.0993	0.2086

注：*、**、*** 分别表示在10%、5%、1%的显著性水平下显著；参数估计值下面括号中的数字为 t 值。本书在对变量关系进行回归时，也分别采取未加入控制变量、加入控制变量以及加入自变量滞后一期（3 种情况）分别进行回归，囿于篇幅所限，本表只是给出各个变量滞后一期的空间计量回归结果，而 OLS 回归结果暂未列出。

第三节　主要结论

　　在诠释生产性服务业与制造业协同集聚形成机理过程中，本章提出了 5 个核心理论假设命题，分别加入控制变量、滞后一期变量并考虑了空间效应，进行了 OLS 回归与 SLM 估计，总体来看设定的模型较为稳健，并有几个经验研究结论值得关注：首先，从产业层面上看，在控制其他变量不变的情况下，产业关联通过生产性服务业和制造业前后向联系促成相关专用性资产投资与要素流动，并进而带动产业协同集聚；知识存量决定了相关行业（企业）间知识、技术的消化吸收能力，进而通过行业间的知识外溢有助于产业协同集聚的实现。其次，从空间角度看，由于要素成本和交易成本对生产性服务业和制造业存在动态交互作用，因此，存在均衡的商务成本水平使得生产性服务业与制造业协同集聚度达到最优（表现为城市中协同集聚互补效应和挤出效应的动态演进），而区域性中心城市（如省会城市）对周边地区的产业协同集聚有进一步的带动作用，但上海作为长三角的特大型核心城市对外围城市辐射进而推进产业协同集聚的作用与预期不太相符，上海在与周边地区的一些经济发达城市在高端制造业与高端生产性服务业协同集聚方面形成了某种意义上的挤出效应，而距离上海较远的一些边缘城市（经济发展水平相对较低）反而在低端生产性服务业与低端制造业层面的协同集聚度较高，这种产业协同集聚低端化、碎片化将不利于整个地区产业动态转型升级。最后，从制度层面看，对外开放度对产业协同集聚并没有出现预期显著作用，这说明近年来长三角生产性服务业与制造业集聚具有非同步性，很多外资企业的本地嵌入性已大大降低，很多本土制造业处于被低端"俘获"与"同构"的困境，而外资制造业与本土生产性服务业的产业空间关联也被切断。因此，长三角在构建新型开放体系中应合理引进外资，提高"质量门槛"。与此同时，国有化程度提高不利于产业协同集聚，而地方保护的影响作用在长三角正被逐渐弱化，这说明在长三角随着区域经济一体化、城市化进程的推进，产业集聚外溢效应的空间边界与行业边界将逐渐被打破。

此外，考虑到生产性服务业的行业异质性，本章还就生产性服务业细分行业与制造业行业整体的空间计量回归分析，研究进一步表明，上述研究结论还存在地区差异性和行业异质性，因此，并不能就此否认对外开放对产业集聚的重要作用以及周边城市积极融入上海的区域发展战略。从政策层面看，应本着强化积极作用，弱化负面影响的原则，在今后很长一段时间内积极提高城市的人力资本水平（尤其是高技能人才），积极发挥劳动力蓄水池在产业协同集聚中的作用，并充分彰显市场一体化和人力资本对产业跨区域/行业（协同）集聚的关键支撑作用，并以创新资源的快速流动与高效整合为契机，通过降低成本、补齐短板、优化环境来积极打造"共同市场"和"创新共同体"。另外，要认识到中心（大）城市是城市群经济发展的中枢和骨架，因此，要突破静态空间概念，充分发挥区域中心城市（省会）与特大中心城市（上海）在促进产业协同集聚方面的互补效应，最小化挤出效应。推进区域都市化和城市集聚区的整合与重构，实现广域空间的协同集聚。在制度上，要加快行政体制改革与区域市场化进程，着力降低交易成本与商务成本，促进要素自由流动。此外，在制定产业协同集聚政策方面，要体现出行业异质性，有些行业可以尝试打造一些区域性的产业协同集聚区，并以此协同推进长三角产业、空间和制度层面的改革。

第七章

协同集聚效应及其解构：
互补效应与挤出效应

通过前两章集聚度拟合的直观描述、不同行业的组合配对以及基于垂直关联的协同定位分析可以看出，长三角生产性服务业与制造业协同集聚的存在性与差异性，制造业与生产性服务业的不同形态①与集聚模式注定彼此间的产业链配对不是一个单向的——配对关系，而是一个网状结构关系，随着工业化进程的推进，相关产业的转型升级以及在区域间的梯度转移趋势日益明显，这也将注定生产性服务业集聚与制造业集聚间的关系始终处于一个动态演进过程中，这一过程虽然没有改变两大产业间的投入产出关系，但相互作用的强度与幅度一定会发生变化，体现在协同集聚效应上就是一种双重效应——互补效应与挤出效应的交互更替。此外，城市规模对两大产业的区位选择均有显著的影响（陈建军、陈菁菁，2011），第五章基于垂直关联的空间联动分析也表明城市化水平及规模显著作用于生产性服务业与制造业的区位选择，只是作用方向与敏感度不同而已。总的来看，在

---

① 程佳和黄繁华（2011）在对长三角地区生产性服务业集聚的实证分析发现，技术密集型制造业集聚对生产性服务业集聚的贡献度大于资源密集型制造业集聚对生产性服务业集聚的促进作用。这与理论假设类似，因为技术密集型制造业生产环节复杂，迂回生产水平较高，产业链较长，与生产性服务业的互动环节较多。因此，技术密集型制造业集聚与生产性服务业集聚的（协同）互动性最明显。

一个给定的空间范围内其所能承受的经济能级是有限度的，这个空间范围能否容纳生产性服务业与制造业的协同集聚以及动力如何受多重因素的影响，第五章的联立方程模型分析已经给出了一个初步的答案。而且，一般意义上所讨论的协同集聚更多地体现为一个结果，而这个作用过程迄今仍是一个"黑箱"，破解这个"黑箱"的关键在于厘清在不同约束条件或组合下，生产性服务业与制造业在同一城市集聚可能会产生的互补效应与挤出效应，至于何种效应占主导以及能否实现长期稳态均衡在很大程度上取决于城市空间规模、产业链的匹配以及相对应的制度环境优化。因此，从这个意义上看，上述双重集聚效应的综合作用将会对一个城市的产业布局与空间拓展具有重要影响。然而，目前这一方面的研究主要还停留在理论（逻辑）分析与直观特征描述，有针对性的实证研究仍较为鲜见。基于上述考虑，本章将以产业协同集聚效应分析为切入点，在对已有研究文献全面梳理的基础上，尝试从产业链与城市空间两大维度探讨互补效应与挤出效应的生成机理及其协调过程，尝试构建集聚效应协调度指标来刻画生产性服务业与制造业协同集聚所引致的互补效应与挤出效应，并以此为核心变量，基于长三角 26 个城市的面板数据对影响产业协同集聚效应的主要因素进行计量检验。在此基础上，本章还将对空间视角下的协同集聚效应进行拓展，以辨识在不同城市规模条件下，协同集聚的互补效应与挤出效应对城市经济发展质量的影响。本章实证分析结果的源数据均来自 2008～2018 年《中国统计年鉴》和《中国城市统计年鉴》的相应年份，后续不再一一注明。

第一节　异质性视角下协同集聚效应的生成与演进

生产性服务业与制造业的性质和构成复杂多元，而且区域差异明显（张浩然，2015）。近年来长三角城市发展与产业格局已呈现出多样化态势①，而现有关于产业集聚效应的讨论多数是从单一视角展开，更多的是关注特定空间内某个产业多样化集聚效应与专业化集聚效应之间的比较与选择，实质上，行业异质性和空间异质性都会产生不同的集聚路径（沈能，2014），不同的产业（集聚）模式的选择对产业发展贡献（产业效率的提升作用）不同，相应的产业集聚效应的受益面也会有所差异（席强敏等，2015）。有些产业可能会受益于行业间集聚，而不受益于行业内集聚，有些产业在大空间尺度上集聚，在小尺度上离散，现有研究囿于本地化经济和城市化经济的固有分类，缺乏对产业集群的内部构成及其效应的细分（贺灿飞，2011），而且也未能充分考虑产业集聚与城市化之间的多层次、多阶段互动特点（于斌斌、胡汉辉，2013），而恰恰对于一个城市中具有上下游投入产出关联的产业间协同集聚效应更是极少关注。

一、行业异质性与协同集聚效应

（一）产业形态差异

陈国亮（2010）指出，从协同集聚形成的内在原因看主要是产业间高度上下游投入产出关系。以往关于两大产业集聚关系的研究大都从产业整体上去分析，而缺少从更细化的产业链角度去研究（产业链的实质就是不同产业的企业间基于供求关系而形成的关联，它是价值维度与空间维度相结合的一个概念综合体）。因为，不同的环节和产品对中间服务投入是有着不同的需求的，所要求的服务性投入的含量也是不同的，因而就形成了产业链中的高服务环节和低服务环节（郑凯捷，2008）。但由于生产性服务业存在众多行

---

① 当前，长三角城市群发展格局总体上呈现出三大特征：第一，都市区及次都市区组合成为主流，长三角城市群由"单核引导"向"单核＋多中心支撑"转变；第二，交通同城化超预期发展导致传统区位优势弱化，创新活力取代时空距离成为城市竞争成败的关键；第三，上海自贸区的制度红利将逐渐释放，接轨上海的战略理念也需要作出重大调整。

业以及相应产品供给和需求的差异化，因此，与制造业产业链之间也不是单向的一一配对关系，而更多的是网络状关系（如图 7 - 1 所示）。从图 7 - 1 中我们可以发现，生产性服务业与制造业的不同形态在空间上会形成网络状配对。而且，不同制造业对生产性服务业的需求是不一样的①，每一个制造业的产业链环节上的资本密集度、技术含量也是有差异的。例如，软件、通信及计算机行业，在研发设计环节就需要比较高端的生产性服务业与之相匹配，而这些配套服务往往都集中在中心城市，而在计算机组装环节则交易频率大、服务标准化程度高，产品附加值相对较低，往往一些中小城市就可胜任。需要指出的是，随着制造业转型升级进程加速，创新驱动理念日益强化，使得地区制造业产业链从低端向高端跃迁成为可能，这就使得与之相互补的生产性服务业也处于动态更替中，也就注定生产性服务业与制造业产业链关系不是静态的，而是一个双向动态选择与匹配过程。一般而言，两大产业间产业链环节匹配性较低的话，则协同集聚的挤出效应就较为明显。此外，研究长三角产业协同集聚及其价值链创新问题有一个不容忽视的前提，那就是该地区的产业集群（无论是内生的还是外生的）大部分已融入全球价值链中，因此，生产性服务业与制造业互动发展与协同集聚的价值链创新就是需要基于全球价值链与国内价值链嵌入融合的视角对价值链环节上活动及构成要素进行重新整合，在创造出更高顾客价值的基础上获得企业经济绩效的增长。价值链创新可以根据企业价值链活动的相对重要性选择不同的主导者，在创新模式上形成企业差异化和竞争优势（徐从才、丁宁，2008）。

虽然，基于投入产出关联的两大产业集聚间的双向传导使得在产业链互动匹配性上呈现出网络状格局，但这只是基于行业同质性从整体层面对产业协同集聚所进行一般性的逻辑分析，缺少特殊性和纵深性，这也使得行业异质性成为一个不可回避的话题。若放松行业同质性假设，将制造业简单划分为

---

① 例如，劳动密集型制造业的产业链较短，技术含量较低，因此，它所对应的生产性服务业规模较小，而资本密集型和技术密集型则表现出相反的情况，也就是说，不同地区由于主导产业的技术含量存在差异性，使得两大产业的产业链关系图所反映出的行业联系紧密度也是不一样的（陈国亮，2010）。

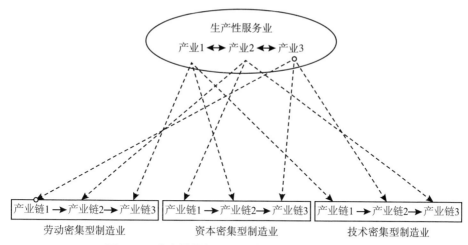

图7-1 生产性服务业与制造业的产业链网络关系

资料来源：陈国亮. 新经济地理学视角下的生产性服务业集聚研究［D］. 杭州：浙江大学，2010。

劳动密集型、资源密集型、资本密集型和技术密集型四大类，它们与生产性服务业协同集聚最大的区别体现在由于产业链的长短不同而导致的互动性存在强弱。一般来说，劳动、资源密集型制造业产业链较短，或者说生产环节较为简单，也就是说不管从投入产出关联还是制造业集聚的逆向传导对生产性服务业的需求都较为薄弱，从而使得两大产业集聚间的互动性不强。而技术密集型制造业产业链较长，其生产环节的"细分化"和"迂回生产"水平较高，因此，其与生产性服务业互动的环节较多，互动性较强。由于资本密集型制造业无论是在价值链的长短以及生产复杂程度上都居于中间水平，据此可初步推断，其与生产性服务业的互动性也应该介于上述产业之间。从区位选择偏好上来看，生产性服务业与制造业对集聚区位的选择的根本目的都是要最大限度地受益于集聚效应。陈建军等（2011）的实证研究也进一步证实，资本、技术密集型产业部门的区位选择更多地收敛于城市化集聚（多样化集聚效应），而传统的劳动密集型产业则是更偏好于地方化集聚（专业化集聚效应）。因此，单纯从产业形态的角度来看，产业协同集聚的互动性强弱是与技术关联性、资本密集度高度相关的。例如，劳动、资源密集型制造业其所需的生产性服务业比较低端，相应的生产性服务供给市场竞争比较激烈，进入门槛较低，这些服务企业倾向于更加灵活分散的空间布局（协同集聚的受益不明显）。同时，产业区位选择还可以影响城市（群）空间格局，而城市（群）空间格局的优化又进一步促进产业协同集聚，形成循环累积因果的产城互动发展模式（陈建军等，2016）。因此，无论在城市内或城市间，不同形态制造业（集聚）不可能分布在一个均质空间里，产业间的产业链互动匹配性也始终处于一个强弱动态交替过程中，这种差异性也导致了生产性服务业与制造业协同集聚双重效应的创生。

（二）集聚模式差异

（1）不同产业发展模式。就单纯从产业发展模式来看，多样化的产业倾向于共址，没有城市是完全单一产业发展的，即使是好莱坞和硅谷这样的城市也不例外（Helsley，2014）。目前，中国很多城市都面临城市高速发展中专业化与多样化发展模式之间的选择。从本质上来讲，产业协同集聚属于一种特殊的产业集聚现象。现阶段，在中国还没有一个完全专业化的城市，产业集聚的中性特征——协同集聚几乎是所有城市的普遍现象（胡尊国等，2015）。在一个特定城市中，制造业（工业）对生产性服务需求的规模和门类共同决定了生产性服务业发展的合理模式，因此，我们可以推断出不同生产性服务业发展模式对制造业效率提升的作用机理也是有区别的（见图7-2）。

（2）不同产业集聚模式。目前对于制造业集聚促进生产性服务业集聚的模式与途径仍是一个崭新的研究话题。制造业集聚的模式主要可分为"根植型"和"嵌入型"，前者主要表现为制造业集聚内生于当地经济，而后者主要得益于外部资本的介入。同样，生产性服务业集聚模式也可分为两种：第一种是完全内生于当地的制造业集聚需求，两者在空间上完全一致；第二种是与制造业集聚在空间上不同步。第一种模式由于生产性服务业主要服务于当地制造企业，企业数量和规模都视制造业企业的需求而定，并且随着生产性服务业的比重逐渐上升，该地区的制造业将逐渐退出或转移至周边地区，

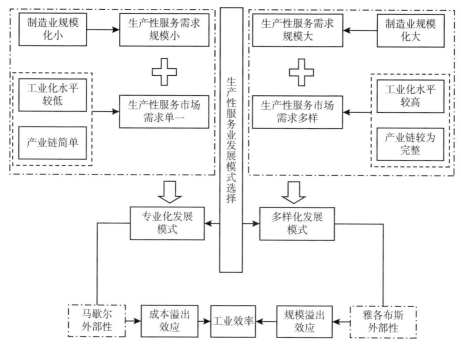

图 7 - 2　生产性服务业发展模式对制造业效率提升的作用机理

资料来源：席敏强，等. 中国城市生产性服务业模式选择研究：以工业效率提升为导向［J］. 中国工业经济，2015（2）：18 - 30。

但两大产业间关联性依然存在，实质上这种模式而导致的产业协同集聚更多是追求以市场力量为主导，通过市场竞争和梯度发展寻求生产性服务业与制造业在广域范围内的分工协作与功能互补。第二种模式则是生产性服务业集聚的形成在很大程度上是由于政府优惠政策吸引而形成的各类生产性服务业集聚区，而这个地区原先并没有比较雄厚的制造业基础，此类生产性服务业集聚可能更多的是来源于国际产业转移与服务外包，且多属于跨国公司全球生产组织体系中的封闭环节，产品线和产业链延伸不足，这种模式而导致的产业协同集聚更多是一种基于集聚自组织性（产业内的知识外溢与信息共享）的弱协同关系。此时，在一个特定区域内生产性服务业集聚与本土制造业集聚间更多地体现为一种资源（要素）争夺（挤出效应）。因此，地方政府适宜的制度安排就显得尤为重要。

二、空间诉求差异与协同集聚效应

目前，关于生产性服务业与制造业空间区位选择研究的普遍观点是，由于两大产业内生关联性以及在市场机制的作用下，最终会形成生产性服务业集聚在中心城市而制造业在其周边集聚的格局，江静和刘志彪（2006）认为，在一定区域内，对交易成本较敏感的生产性服务业集中在中心城市，而对要素成本比较敏感的制造业分布在中心城市的外围地区，形成空间协同定位（圈层式产业布局）。同时，城市的进一步发展也加快了制造业的扩散和生产性服务业的集聚，促使城市间由专业化分工向功能分工结构转变（齐讴歌等，2012）。但诺伊尔和斯坦贝（Noyelle & Stanback，1984）、萨森（Sassen，1991）提出，从区域层面看，生产性服务业与制造业具有不同的空间布局动力机制，在特殊条件下两者的协同集聚并不一定表现为空间上的相互依赖或临近（也可表现为一种分离式协同集聚）。第五章关于两者间协同定位的实证分析也表明，两者间的协同定位因城市规模和交易成本而显现出一定的差异性。但值得关注的是，在一些"去工业化"的国家，一些高度集聚的生产性服务机构为了贴近市场，满足需求者（制造业）的需求，也随着本国制造业的转移在新的制造业集聚地附近去开设分支机构。近年来，西方一些国家"再工业化""制造业回流"呼声日益高涨，上述"协同—分散—再协同"的空间布局动态趋势也得到了进一步强化。

还有一种观点认为，生产性服务业与制造业可以跨区域（国界）分离，麦克弗森（Macpherson，2008）研究发现，20 世纪 90 年代中期以来，纽约州中小企业使用外部生产性服务显著增加，互联网的发展使得一些制造企业增大了异地服务采购，选择的地理范围可以扩大到国际范围。吴义爽（2012）就浙江部分制造业企业"服务平台"战略的创新案例，分析其与生产性服务业之间"跨层面协同"模式①。服务平台打破了原有产业内外分工、合作的均衡格局，引发了服务业内部、制造业内部、产业间新一轮秩序或架构系统的重构，可进一步服务于产业转型升级的根本目标。吴福象（2014）从全球价值链与国内价值链互动关系出发分析了长三角16个核心城市生产性服务业的空间集聚机制，实证研究发现，在跨国公司主导的国际生产体系中，长三角以代工方式参与国际分工的模式，客观上导致制造业和生产性服务业的空间集聚存在着非同步性（由于跨国公司在对外投资时往往倾向于自带服务，生产性服务外化程度较低）。这充分说明生产性服务业已由原先生产制造的黏合剂（辅助功能）逐渐向一种独立的产业组织形态（战略功能）嬗变，这一趋势在城市化水平与开放水平相对较高的长三角越发明显。上述关于协同集聚看似相悖的观点其实都可归因为生产性服务业集聚对制造业集聚空间溢出效应的区域边界问题，正如刘志彪（2006）指出，上海的现代生产性服务业发展程度和水平与其他一些国际化大都市相比还有很大差距，其辐射半径目前仍局限于长三角经济区范围内。

值得一提的是，生产性服务业与制造业协同集聚的研究所暗含的前提条件是在广域的空间范围内，具体到一个特定的城市（区域）内部，两大产业集聚间并不必然表现出相互促进的关系，因为，一定的空间范围所能承受的经济能级是有限度的，两大产业集聚过程中的诸多影响因素（向心力与离心力）并不是同步、等量出现的。梁红艳和王建（2012）研究表明，生产性服务业与制造业在城市内部的空间分布具有挤出效应，两大产业区位选择的动机不同，贸易成本的降低有利于缓解城市内部两大产业间的挤出效应。第五章关于两大产业集聚关系的回归分析以及区位选择的联立方程模型分析结论

---

① 例如，浙江传化集团依托原有内部物流功能从化学药品制造向物流产业延伸，以物流平台运营商的战略定位与相应行为在杭州萧山引发了大量物流企业集聚以及其他服务企业的衍生和发展，这种效应反过来又促进强化了该平台战略的实施与影响力以及相应能力的投资与提升。目前浙江传化集团已经在宁波、苏州、成都地区成功复制了这种跨层面协同模式，其独特之处在于：基于服务平台战略个体制造企业不仅获取了源于服务业的新利润源泉，为自身产业间升级奠定了坚实基础；也同时带动了生产性服务业的集聚与衍生，并在整体意义上为制造业与生产性服务业的产业间互动发展创造了条件。

也证实了这一点。现有的研究已经普遍关注到，在同一个城市中伴随着经济规模的持续扩大，土地、水电、能源等资源要素的相对稀缺性和资本要素过度密集日益明显，产业集聚的规模效应和拥挤效应如"一枚硬币的两面"（周圣强、朱卫平，2013）。沈能等（2014）也注意到集聚经济的两面性，集聚正（负）外部性在不同的集聚阶段可交替出现，这里也暗含了一个最优集聚度识别的问题。上述实证研究样本主要集中在制造业集聚领域（行业内协同集聚）。出于行业异质性考虑，区域内生产性服务业集聚与制造业集聚（行业间协同集聚）也必然呈现出互补效应和挤出效应的动态交替，从某种意义上看，城市集聚经济实质上就是两大产业协同集聚的互补效应与挤出效应的综合作用结果。而根据阿隆索（Alonso，1964）的投标租金模型，这两种力量都是关于租金的函数，随着租金水平的变化协同集聚的互补效应与挤出效应也会相应地动态交替，但总会存在一个最优的租金水平使得两大产业协同集聚度最高，而此时生产性服务业与制造业的协同集聚效应达到均衡。

城市视角下的产业协同集聚效应，必须关注两大问题：第一，城市规模问题。大城市由于存在多个服务业特别是生产性服务业的协同集聚，使得制造业有更多的机会和相应的生产性服务业实现配对，从而充分发挥互补效应（这也是今后城市化与产业转型升级耦合协同的关键所在）。洪银兴（2003）认为，城市越大市场容量越大，服务业规模越大越经济，这使得生产性服务业集聚能充分与制造业集聚实现协调发展。朱江丽（2013）的实证研究结果显示，在长三角以本地市场为支撑的产业集聚与城市规模增长负相关。吴福象（2014）认为，在长三角核心都市圈内，城市等级越低，在该城市集聚的产业等级也相对更低，生产性服务业与制造业的关联性就相对更弱。柯善咨和赵曜（2014）也指出，生产性服务业－制造业结构对生产率的影响取决于城市规模，城市需要达到一定的门槛规模方能从上下游产业关联中受益。在后续有关产业协同集聚各类效应的研究中，基于城市规模的门限效应分析也是重中之重（豆建民、刘叶，2016；周明生、陈文翔，2018；崔书会等，2019）。第二，中心城市的辐射问题（城市间互动）。通过中心城市的辐射作用，也能提高次中心城市的协调度，从这个角度看，中心城市对次中心城市的辐射作用实际上就是把城市区间从单个城市扩展到了城市群，在一个广域的空间内实现协同集聚的互补效应，有效缓解单一城市挤出效应的不利影响。高峰和刘志彪（2008）认为生产性服务业和制造业的协同集聚既受到产业集聚的共性影响也受到一些特殊因素的影响，其中，中心城市的辐射是影响协同集聚的一个不可或缺因素。杜传忠等（2013）指出，虽然长三角产业协同发展程度还有较大的提升空间，但目前在长三角经济圈内部基本形成了以上海为龙头的区域城市群，区域内部产业关联性和资源优化配置程度逐步高，生产性服务业与制造业的耦合协同水平明显高于京津冀经济圈。但相对而言，长三角外围地区的多数城市接受核心区域产业转移和产业扩散的功能还不强，特别是对于资本密集型、技术密集型等先进制造业的吸收能力较弱（魏守华等，2015）。

三、协同集聚效应：一个现实印象

产业集聚作为一种独立的产业空间组织形态其空间分布并不是随机的，作为具有内生产业关联的生产性服务业集聚与制造业集聚必定存在一定程度的协同性，但这种协同集聚关系显然存在一个类似空间的前缀条件，相关研究也已证实。生产性服务业集聚与制造业集聚的互补效应更多的是体现在广域空间层面（省际），若将空间样本细化到地市或县级层面，生产性服务业集聚与制造业集聚的关系并不一定能展现出线性一致性。由于行业和空间的异质性必然使得协同集聚效应表现出倒 U 形的变化轨迹，这种演变路径实质上就是表现为存在双重集聚的情况下，挤出效应和互补效应的并存，之前的实证研究已初步证实了这一点。参照陈国亮（2010）的方法，我们简单假定在城市市辖区中服务业就业比重超过 60% 视为服务业集聚对制造业集聚的挤出效应较大，而比重低于 40% 视为制造业集聚对服务业集聚挤出效应较大，而比重介于 40%～60% 视为制造业集聚和服务业集聚存在较大的互补效应。陈国亮（2010）以 2006 年中国 286 个地级以上城市的数据为例，计算结果发现，其中有 142 个城市服务业就业比重介于 40%～60% 之间，这也似乎表明在城市层面同时存在服务业集聚和制造业集聚的互补效应和挤出效应。而我们对长三角26个城市2016年数据的计算结果发现，66%左右的城市服务业就业比重介于45%~68%之间（而且2008年以来这一比例波动不是太大），说明目前该地区各城市内部生产性服务业集聚与制造业集聚尚处于互补效应与挤出效应动态交替阶段。虽然这是一种比较直观的判断与笼统的计算，但至少我们可得出这样的一个初步判断，即长三角各城市在生产性服务业集聚与制造业集聚方面还是挤出效应大于互补效应，而挤出效应归结到产业层面实质上就是产业间的协调发展问题。

前已述及，产业集聚间挤出效应产生的根本原因就在于生产性服务业集聚与制造业集聚共存的情况下两大产业不协调发展问题（陈国亮，2010）。虽然，目前尚未有直接刻画产业协同集聚互补效应与挤出效应的指标体系，但是已经有学者开始关注关联产业协调发展（共生演化）的度量问题（胡晓鹏、李庆科，2009；杜传忠等，2014）。无论是基于投入产出表的动态比较还是基于系统协调度模型的具体测算，对两大产业间的共生（依存）关系实际上就是两大产业协调发展的表征。遵循这一逻辑，本书认为生产性服务业集聚和制造业集聚在空间上也必然存在一个协调度的问题（即空间协调互动）。为正式量化两个效应，这里引入相对多样化指数来予以描述[①]，即：

$$RDI_i = \frac{1}{\sum (S_{ij} - S_j)} \qquad (7-1)$$

其中，S_{ij}为部门 j 在城市 i 中的就业份额，S_j 是部门 j 产业在全国所占份额，

---

① 本书认为使用这一指标具有一定的合理性和解释力度。首先，相对多样化指数反映的是一个城市产业多样化性，如果一个城市内部产业越多，那么它的相对多样化指数就越高，而一个城市产业种类越多，说明在城市内部实现服务业和制造业的产业配对的概率就越大，那么生产性服务业与制造业的协调度也越高，因此，从这个意义上讲，用相对多样化指数来作为协调度的替代指标具有一定的合理性，在经济意义上也是吻合的。其次，虽然相对多样化指数不能准确反映协调度的大小，在现实描述上会存在一的偏差，但本书更多的还是从空间和产业链两个维度来考察双重集聚的协调度，因此，从这个角度看，替代变量所反映的研究结论与真实变量从理论上看应该是一致的。上述都表明适用替代变量在这个问题的研究中是可行的。

同时规定，该系数越高表明互补效应越大，该系数越低则表明挤出效应越大。另外，鉴于集聚效应的多维度特征（经济效应与环境效应），已有关于经济与环境耦合关系的研究为我们研究生产性服务业与制造业协同集聚效应提供了新的视角，张晓东和池天河（2001）将经济环境协调度[①]定义为：

$$C_{xy} = \frac{x + y}{\sqrt{x^2 + y^2}} \qquad (7-2)$$

根据相关研究，x、y 分别表示为综合经济实力提高速度与环境承载力的变化速率。这里根据研究需要借鉴这一指标，将 x 定义为生产性服务业集聚程度，y 则表示为制造业集聚程度（集聚度测算指标与前文研究相同）。以《中国城市统计年鉴》数据为依据对 2012 年和 2017 年长三角 26 个城市的相对多样化指数与经济环境协同度进行估算，生产性服务业与制造业所涵盖的细分行业条目与前文保持一致，这里就不再赘述。

表 7-1　　　　2012 年和 2017 年长三角 *RDI* 和 C_{xy} 排名前十位的城市

RDI				C_{xy}			
2012 年		2017 年		2012 年		2017 年	
城市	数值	城市	数值	城市	数值	城市	数值
泰州市	34. 5919	合肥市	22. 10333	上海市	1. 41420	杭州市	1. 41421
杭州市	14. 76331	嘉兴市	16. 57879	杭州市	1. 41382	上海市	1. 41289
嘉兴市	14. 76271	杭州市	16. 15431	合肥市	1. 41304	合肥市	1. 41284
滁州市	13. 21395	池州市	12. 32444	舟山市	1. 41280	泰兴市	1. 41211
芜湖市	11. 76491	盐城市	10. 85275	泰州市	1. 41263	盐城市	1. 408794
南京市	11. 16252	扬州市	10. 44984	池州市	1. 41215	池州市	1. 407410
扬州市	10. 53406	泰州市	10. 20092	南京市	1. 40666	南京市	1. 406460

---

　　① 本书借鉴这一指标有两个目的：一个是从不同角度考察双重集聚下的协调度，另一个也为本书的后续的实证分析提供一个稳健检验的依据。

RDI				C_{xy}			
2012 年		2017 年		2012 年		2017 年	
城市	数值	城市	数值	城市	数值	城市	数值
盐城市	9.50019	滁州市	9.861209	扬州市	1.40663	扬州市	1.404908
金华市	9.354859	舟山市	7.147507	盐城市	1.39038	舟山市	1.399227
宁波市	9.269159	台州市	7.027222	金华市	1.38778	金华市	1.389620

表 7-1 列出了 2012 年与 2017 年长三角 RDI 与 C_{xy} 排名前十的城市，即空间协调度最高的 10 个城市。这两个指标反映的特点是中心城市与偏远中小城市产业集聚的互补效应与挤出效应的协调度较高。以 2017 年的数据为例，RDI 指数前十的城市中合肥与杭州是长三角的副中心城市，而其余城市如盐城，扬州，滁州等均为离上海中心相对较远的中小城市，而 C_{xy} 排前十的城市中，有 3 个是长三角的大城市（副中心城市），还有上海这一特大城市，其余城市（宁波除外）也是非长三角经济圈核心城市。与此形成鲜明对比的是，作为沿沪宁线前三名的城市（苏州、无锡、常州），它们在集聚协调度方面的情况却不尽如人意。可能原因是上述地区制造业较为发达，生产性服务业的匹配集聚程度较低。当然，指标刻画上的偏差也是可能的原因之一（因为，各城市的数值都较为接近）。另一方面，与之前学者得出的结论略有出入的是，作为特大城市的上海其互补效应与挤出效应也体现出了很高的协调度，主要原因可能是本次所选取的城市较少，比较范围较小，因而有所限制。另外，也可能是近年来上海经济转型加速，产业布局也日趋优化。对于偏远的中小型城市所呈现出的高协调度，我们认为：一方面是这些城市产业的体量较小，差异化程度不高、层次相对较低，本地化需求特征明显（虽然互补效应与挤出效应的协调度的相对值较高，但这是一种由于生产性服务业与制造业整体发展水平不高而形成的一种低水平协调）、另一方面是近些年来这些地区的政策扶持力度也逐渐加大（制度因素的边际贡献较大），产业

转型升级的进程也加快，这也从一定程度上提升了生产性服务业与制造业的协调发展程度。

因此，在相对固定的空间范围内且同时存在生产性服务业集聚和制造业集聚的情况下，有可能形成产业协同集聚的互补效应和挤出效应，但上述研究结果仅仅是基于数据的静态统计分析。这种效应演进过程的内在机制是什么？有哪些因素可能会左右这种效应？如果说，纳入空间因素后使得互补效应和挤出效应综合作用的协调度产生波动的话，那么，多大的空间范围是合适的？或者说，在不同城市规模下产业协同集聚的双重效应会呈现出怎样的差异性？这些问题迫切需要从理论与实证两大层面予以准确回答。目前，国内的相关研究基本还处于定性描述阶段，全面系统的实证研究尚不多见。基于此，本书在第六章关于产业协同集聚形成机理分析的基础上，从空间、价值链及制度因素等视角来分析产业协同集聚的双重效应，提出理论假说并进行实证检验，并从城市规模分组的角度做进一步的拓展，以指明长三角生产性服务业与制造业协同集聚的动力、路径以及该地区未来城市的发展方向。

第二节　协同集聚效应影响因素的理论假说

上文从行业、空间异质性视角阐述了产业协同集聚效应的生成机理，并对这种双重集聚效应（互补效应与挤出效应）进行了简单刻画。在此基础上，本书认为解释生产性服务业与制造业双重集聚下互补效应与挤出效应有两个基本视角，即城市空间视角与价值链视角。其中，空间视角主要是基于城市空间的研究（包括城市有形空间与无形空间），即包括城市内部的区域联系也包括城市间因中心城市辐射而形成的互动关系；而价值链视角则是主要基于生产性服务业与制造业的产业匹配性角度而言的。

一、城市空间视角

目前，对集聚效应（经济）的主流研究视角都是从产业专业化与多样化入手检验不同行业集聚效应的差异，而事实上，集聚体的经济环境是多重的，尤其是城市产业间协同集聚，不仅包含多样化经济，更包含由于人口、产业规模等扩大而带来的外部性（陈建军等，2011）。而且，已有关于生产性服务业集聚与制造业集聚互动协同方面的研究所暗含的前提条件基本都是广域的空间范围，目前还鲜有文献从城市角度对此进行深入研究，而这个城市视角既包括城市的有形空间（物理空间），也蕴含了城市的经济能级（无形空间）。在谈论一个城市的有形空间前我们假设该城市的经济发展到了服务业与制造业都比较充分的阶段。按照阿隆索（Alonso，1964）的竞租模型（具体可参见本书第二章内容），服务业与制造业对于不同的土地租金会有不同的反应，由于各自产业对成本的敏感度不同，因此，城市中心适宜于服务业集聚而不利于制造业集聚。这一点在很多国家（地区）的城市产业演进中都可以找到实践例证。由于竞租模型没有考虑交通成本对产业集聚的影响，而且，竞租模型中服务业适应高租金而制造业适应低租金的简单线性关系也是过于武断，生产性服务业与制造业能否在一个城市空间内实现协同集聚取决于两大产业间的向心力和离心力（这一论断在新经济地理学理论思想中已有所体现），在一个特定的城市中，这两种力量之间的权衡主要取决于租金水平①。因此，生产性服务业与制造业的具体某一产业形态存在一个均衡的租金水平，在这个均衡的租金水平上互补效应和挤出效应协调度最高。基于上述分析，我们可以得到如下假设命题：

---

① 当城市化水平较低从而租金较低时，制造业集聚处于主导地位，此时对生产性服务业集聚的挤出效应更明显。随着城市的发展，土地租金水平开始上升，一部分制造业开始从城市中撤离而服务业开始进入城市，两者的向心力开始增强，协同集聚的互补效应开始显现，但随着租金水平的进一步上升，离心力开始超过向心力，两大产业间更多的是因为资源/要素挤占而导致获利能力受限，此时挤出效应又成为主要表现形式。

假设命题 7−1：在城市中存在一个均衡的租金水平，在这个租金水平上生产性服务业与制造业的协同集聚达到最优，即协同集聚的互补效应达到最大。

从空间视角来看，城市经济区域还存在一个无形的空间，这个无形空间是相对于市场容量而言的，市场容量的大小取决于市场需求，而市场需求是一个城市工业化和经济发展的真实体现。当经济处在工业化发展初期的时候，人均可支配收入较低、市场需求不足导致市场容量较低，并决定了产业结构的单一性，此时既没有挤出效应也没有互补效应。而随着工业化和城市化进程的推进，人均可支配收入不断增加。在这个阶段，城市中的主要产业是制造业，此时制造业发展也促进了生产性服务业的发展，但以低附加值为主的制造业对生产性服务业的拉动作用并不明显，关联与互动程度较低。当发展到工业化后期阶段，城市主导产业的服务化转型特征日益明显。洪银兴（2003）认为随着城市规模增加带来的市场容量增加，使得生产性服务业集聚与制造业集聚能实现协调发展。因此，城市无形空间的拓展必将有利于产业集聚的协同耦合度（互补效应），并且随着工业化和城市化进程向纵深推进，生产性服务业与制造业协同集聚所产生的互补效应和挤出效应也将从不协调逐步向协调转变，基于上述分析，可以推导出如下假设命题：

假设命题 7−2：市场规模与互补效应成正比，市场规模的扩大有利于互补效应与挤出效应协调度的提高。

二、价值链视角

不管从有形空间来看，还是从无形空间来看，这都是相对于城市内部而言，而生产性服务业与制造业双重集聚下互补效应和挤出效应的协调过程实际上还受中心城市和次中心城市之间关系的制约，具体归结到微观层面就是价值链的协调问题。价值链是产业链的重要构成部分，一个产业链可包含多个价值链环节，而制造业价值链环节上的资本密集度和技术含量都具有一定的差异性，所以需要不同的生产性服务业相匹配，但是制造业的价值链环节与生产性服务业可能存在不合理的匹配，此时协同集聚过程中的挤出效应可能就比较明显①。而且，近年来随着制造业转型升级进程的加快，制造业的价值链处于不断变化中，这对生产性服务业匹配提出了更高的要求。因此，生产性服务业与制造业的协同集聚问题从另一个侧面来看实际上就是两大关联产业在价值链上的协调发展问题，从这个意义上讲，我们提倡的产业分工与差异化发展思路同样也是适用于生产性服务业的。另外，由于大城市中产业集聚的多样化特征比较明显，使得大城市中制造业与生产性服务业有更多的组合配对机会，产生明显的互补效应。徐康宁和陈健（2008）、余珮和孙永平（2011）的研究表明服务业发展水平及其集聚效应对在华跨国公司的选址有显著的促进作用。但由于大城市规模较大，"城市病"现象比比皆是，其实现产业协同集聚的难度也较大，这也导致了部分中心城市暂时表现出低协调度的特征（如表7-1所示），但生产性服务业与制造业双重集聚中互补效应的最高值应该大于规模较小的城市，因此，从长远来看，城市规模与协调度的变化基本上是同步的。此外，对于占据绝对比例的次中心城市而言，生产性服务业与制造业的协同集聚互补效应来自两个方面：一是城市内部制造业集聚所产生的对相匹配的生产性服务业需求而带来的生产性服务业集聚（主要取决于市场规模和城市规模）；二是其积极利用和消化吸收来自中心城市的辐射效应。中心城市的辐射作用实际上是把城市区间从单个城市扩展到了城市群，从一个广域空间范畴来实现协同集聚的互补效应，以此来缓解单一城市内挤出效应的不利影响。高峰和刘志彪（2008）也认为中心城市的辐射是影响协同集聚的重要因素。因此，中心城市与次中心城市在价值链上的匹配使得生产性服务业与制造业协同集聚实现了广域空间范畴的均衡，从而形成一种网络状的互动格局。

在探讨长三角产业协同集聚效应时，外商直接投资是一个不可回避的重要影响因素。长三角由于其成熟的工商业基础和先发的政策优势已领先于其

---

① 一般而言，生产性服务业更适合于在城市集聚化发展，阿兰等（Aarland et al., 2007）发现美国企业总部倾向于将大量商务服务外包给服务业企业，其中要素报酬中的 13.4% 用于支付会计服务、15.2% 用于法律服务、36.3% 用于广告服务。因此，一个城市的产业越是高端化，生产性服务业就越能从中获益（增加值或从业规模）从而形成集聚化发展态势，但制造业则不仅其然。

他地区逐步融入了全球价值链，这种发展模式在迅速扩大当地产业规模和经济总量的同时，也暴露出明显的局限性。例如，早期的一些外资代工企业虽然通过加工贸易方式融入了跨国公司主导的制造业分工体系，但普遍都是以本地廉价的资源（如劳动、土地、环境等）承接由跨国公司主导的国际产业转移，在全球价值链与国内价值链之间并没有很好地充当引进、消化和吸收先进技术的转换器（吴福象、蔡悦，2014），而且这类外资企业由于其生产的"迂回"程度较低以及价值链创新空间较小，因此，并不能真正拉动本土生产性服务业的需求，并不利于生产性服务业的有效集聚①，相反也会进一步挤压本土制造业的发展空间。此外，长三角作为国内高等级城市群近年来也被一些世界顶级跨国公司所青睐，纷纷在该地区设立一些合资企业或全资子公司（目前世界500强企业中已有400多家落户长三角），虽然这些企业都是一些资本、研发密集型企业（处于全球价值链的高端），从某种程度上也有利于进一步整合该地区的全球创新要素并提升产业竞争力，但最为突出的是这些外资企业与本土生产性服务业关联性差，原因是这类跨国公司有其明确的全球战略目标体系，它们在对外投资时往往倾向于自带服务，生产性服务外化程度较低（这一点在苏州、上海等外资发达地区尤为明显），也导致了生产性服务业与制造业空间集聚存在着非同步性，甚至在一定程度上会产生一定的"挤出效应"。此外，由于区域内各城市间在招商引资政策方面的差异化程度不高，也导致了城市间产业同构化、碎片化现象比较严重。因此，从某种意义上讲，现阶段长三角的外商直接投资形成了对该区域产业集聚效应的稀释，造成了本土生产性服务业与制造业在价值链环节的分立替代，不利于关联产业协同集聚中互补效应与挤出效应的总体协调度提升。

综上所述，可以推断出如下假设命题：

---

① 外资制造业中加工型、出口型、生产型企业居多，且多属于跨国公司全球生产组织体系中的封闭环节，产品线和产业链延伸不足，对本地金融机构的信贷服务需求较少，产品设计、关键技术和零部件主要依赖进口，同时对本地研发或技术服务需求少，企业所需的高级管理人员培训、物流服务、法律服务、广告策划、市场调研等商务服务，也表现出明显的外向化特征，对当地生产性服务业的发展带动作用并不大。

假设命题7-3：城市规模与协同集聚双重效应的协调度成正比。

假设命题7-4：一个城市越接近中心城市就越能促进协同集聚双重效应协调度的提高。

假设命题7-5：外商直接投资对协同集聚双重效应的协调度具有一定的负面影响。

第三节　假设命题的实证检验

一、计量模型构建与变量描述

（一）计量模型

为了检验上述假设命题，我们根据假设内容定义了五个基本变量对假设进行经验求证，分别以城市租金水平（$Rent$）、市场规模（Mar）、城市规模（Cit）、距中心城市距离（Dis）以及外商直接投资水平（Fdi）来表示。另外，借鉴陈国亮（2010）关于双重集聚效应实证分析的思路，由于考虑到地方政府在约束性考核背景下都有最大化地方利益的动机，从而导致地区分割的形成，这可能会降低生产性服务业集聚与制造业集聚的协调效应，因此加入度量地区分割程度的变量（Apa）。同时一个地区资本密集度的提升会导致商务成本的上升，会造成现代服务业与传统制造业在价值链与空间层面的分离，也会抑制制造业的进一步集聚[1]，因此，加入另一个控制变量（Cap）。本章主要是利用2007～2017年长三角26个城市的面板数据进行上述假说的

---

[1]　例如，在长三角的一些核心城市（如上海、杭州和南京等）高度集中了一些集聚大量优质资源和要素的现代产业部门，一些传统的加工制造型企业只能被动地向外围迁移，导致大型企业的总部在核心区扎堆，外围仅剩下制造业工厂，形成了总部经济与工厂经济在空间上的分离局面，这一格局无论对该地区产业内还是产业间协同集聚效应的生成、释放及其传导都会产生一定的阻滞作用。

计量检验，是对前面几章实证研究结论的进一步挖掘与深化，因此，相关数据来源、范畴界定及处理方法都与前文保持一致。需要指出的是，由于《中国城市统计年鉴》数据中并没有制造业的分行业数据，因此，在实证研究过程中将制造业视为整体进行考量，由于未考虑行业异质性因素，可能会对协同集聚中互补效应与挤出效应考察有所遗漏，但这不会影响整体分析结果。此外，为了尽可能降低异方差的存在，所有变量都以自然对数的形式引入方程（ln）。在模型形式的确定上，正如假说 1 所描述的那样，考虑建立如下的非线性回归模型：

$$\ln(RDI_{it}) = \alpha_0 + \alpha_1 \ln(Ren_{it}) + \alpha_2 \ln(Ren_{it})^2 + \alpha_3 \ln(Mar_{it}) + \alpha_4 \ln(Cit_{it})$$
$$+ \alpha_5 \ln(Dis_i) + \alpha_6 \ln(Fdi_{it}) + \alpha_7 \ln(Apa_{it}) + \alpha_8 \ln(Cap_{it}) + \mu_{it}$$

$$(7-3)$$

$$\ln(C_{xyit}) = \beta_0 + \beta_1 \ln(Ren_{it}) + \beta_2 \ln(Ren_{it})^2 + \beta_3 \ln(Mar_{it}) + \beta_4 \ln(Cit_{it})$$
$$+ \beta_5 \ln(Dis_i) + \beta_6 \ln(Fdi_{it}) + \beta_7 \ln(Apa_{it}) + \beta_8 \ln(Cap_{it}) + \sigma_{it}$$

$$(7-4)$$

其中，α_0、β_0 为常数项，而 $\alpha_k(k=1, \cdots, 8)$ 为模型（7-1）的待估系数，$\beta_k(k=1, \cdots, 8)$ 为模型（7-3）、模型（7-4）的待估系数，μ_{it} 和 σ_{it} 分别为两个模型的误差项。

（二）变量描述

（1）RDI_{it} 和 C_{xyit} 表示城市 i 第 t 年生产性服务业与制造业协同集聚过程中所产生的互补效应和挤出效应的度量，指标的具体计算方法和意义在上一节中已作交代。同时选择 C_{xyit} 作为另一个计量模型的因变量，主要是为了从另外一个侧面来分析两种协同集聚效应的变化和计量结果的稳健性。

（2）$Rent_{it}$ 表示城市 i 第 t 年的租金水平，但现实中关于租金的数据是极其分散的，很难从一个统一口径上获取，这里参照陈国亮（2010）的研究思路，用单位面积 GDP 来替代（即城市经济密度），在一些发达城市的中央商务区经济密度与租金水平是高度相关的，因此，用这一指标来代替土地租金是可行的。本章第二节已提及一个城市中租金水平与集聚效应协调度的倒 U 形关系，因此，在回归方程中加入租金的二次项。我们预计二次项的系数为负，一次项的系数为正。

（3）Mar_{it} 表示城市 i 第 t 年的市场规模，通过这一变量来研究城市无形空间的影响，参照大多数相关研究思路，这里还是用人均地区生产总值来表征生产性服务业与制造业的市场规模（需求）（与第六章保持一致），这不仅可以表示居民生活质量的提升，还蕴含着产业结构升级和经济发展方式的转变。因此，我们预计该系数的符号为正。

（4）Cit_{it} 表示城市 i 第 t 年的规模大小，对于城市规模有不同的测度方法，本章主要从城市的空间范围来衡量城市的规模，具体用城市辖区的面积来量化，此时城市规模的扩大即为生产性服务业与制造业在城市集聚提供了可能，同时也有利于周边城市的辐射。因此，我们预计该系数的符号为正。

（5）Dis_i 表示城市 i 距离地区中心城市的距离。一般而言，衡量中心城市对次中心城市的辐射能力有两种方法：一是根据中心城市和次中心城市的贸易流量；二是根据空间距离来衡量。由于目前缺少省际（城市间）的贸易流量数据，因此采用第二种方法。为简化起见，这里以各省份的省会城市来替代中心城市①，即以该城市距离省会城市的公路距离来度量，一般而言，与中心城市的距离和来自中心城市的辐射作用是呈反向变化的。因此，我们预计该系数的符号为负。

（6）Fdi_{it} 表示城市 i 第 t 年的外商直接投资数量，考虑到外商直接投资对产业协同集聚发生作用有一定的滞后性，而且增量效应更为明显，因此，这里采用外商直接投资增量指标（即以当年与前一年度实际利用外资额的差额来表示），由于第六章所采用的是存量指标对外商直接投资与协同集聚度的关系进行了验证，本章采用增量指标进行外商直接投资与双重集聚效应协调

---

① 第六章中的实证结果显示，上海作为区域特大核心城市对外围城市辐射进而推进产业协同集聚的效果与预期并不相符，而一些区域性的中心城市（主要是一些省会城市）对周边地区产业协同集聚有进一步的带动作用，这也从侧面证实了目前长三角地区各城市产业集聚普遍存在分工不够明确、互补性不强以及服务半径有限等问题。因此，这里只考虑区域性中心城市对周边较近城市的辐射。

度的关系验证，也可进一步阐明在生产性服务业与制造业协同集聚下外商直接投资对双重集聚效应的存量效果与增量效果。基于此，我们预计该系数的符号为负。

（7）控制变量分别以城市分割程度（Apa_{it}）和资本密集度（Cap_{it}），出于数据的可获得性考虑，城市分割度直接用第六章中的"地方保护程度"这一变量来替代，具体表示为政府非转移支付支出占总财政支出的比率，城市分割会导致中心城市的生产性服务业很难进入次中心城市，进而影响协调度的进一步提升，因此，我们预期其符号为负。资本有增量和存量的区别，城市 i 第 t 年的资本密集度可以用该城市第 t 年的固定资产投资总额占城市面积的比率来衡量。由于资本密集度过高有利于服务业集聚而不利于制造业集聚，从而也不利于生产性服务业与制造业双重集聚的协调度提升，同样，我们也预期其符号为负。

二、实证分析

由于本章的回归模型用的是面板数据，首先通过 LLC、IPS 以及 Fisher-ADF 等三种方法对面板数据进行平稳性检验，检验结果均显示，所有变量的水平值无法全部通过三种检验方法，而变量的一阶差分却能够在至少 5% 的显著性水平下全部通过检验，可认为所有变量均为一阶单整变量。在此基础上，本研究采用佩德罗尼（Pedroni，1999）、考（Kao，1999）的检验方法来进行协整检验，检验结果显示，所有检验统计量均能够在 5% 的显著性水平上拒绝原假设，可认为变量间存在着协整关系（会达到长期均衡状态）。最后，利用 Stata 14.0 软件对模型（3）和模型（4）进行 F 检验，以确定面板模型的取舍问题（Pooled 和 FE 之间比较），F 检验的 P 值为 0.0000，拒绝了混合模型假设。豪斯曼检验结果：Chi-sq Statistic = 26.5802（P = 0.0000），拒绝"模型为随机效应模型"的原假设，因此采用固定效应模型。此外，由于本章研究中的城市样本数较少（$N = 26$），且时期跨度并不大。因此，采用固定效应面板数据模型对生产性服务业与制造业集聚效应的协调度进行整体分析也是合适的。此外，在回归过程中为避免自变量间的多重共线性问题，这里采用逐步加入控制变量进行回归的方法①。

表 7-2 　　　　2007~2017 年长三角各城市面板数据固定效应回归结果

解释变量	以 $\ln RDI$ 为被解释变量				以 $\ln C_{xy}$ 为被解释变量（稳健性检验）			
	模型（1）	模型（2）	模型（3）	模型（4）	模型（1）′	模型（2）′	模型（3）′	模型（4）′
常数项	-4.232 * (-2.186)	-4.110 * (-2.226)	-4.024 ** (-2.452)	-4.019 *** (-2.48)	-0.098 * (-0.686)	-0.099 * (-0.692)	-0.135 * (-0.892)	0.152 *** (-0.848)
$\ln Rent$	0.724 ** (3.428)	0.825 ** (3.428)	0.827 ** (3.428)	0.899 ** (3.428)	0.067 ** (3.472)	0.087 ** (3.805)	0.065 ** (3.339)	0.086 ** (3.702)
$\ln Rent^2$	-0.049 *** (-3.824)	-0.049 *** (-3.926)	-0.049 *** (-3.926)	-0.050 *** (-4.035)	-0.006 *** (-3.824)	-0.008 *** (-3.926)	-0.005 *** (-3.926)	-0.005 *** (-4.035)
$\ln Mar$	0.045 (0.632)	0.049 (0.789)	0.052 (0.804)	0.055 (0.932)	0.003 (1.013)	0.002 (0.989)	0.004 (1.108)	0.002 (1.032)
$\ln Cit$	0.206 ** (3.838)	0.195 ** (3.886)	0.226 ** (3.902)	0.232 ** (4.038)	0.026 ** (2.752)	0.025 ** (2.586)	0.025 ** (3.709)	0.032 ** (2.638)
$\ln Dis$	-0.135 ** (-2.081)	-0.135 ** (-2.038)	-0.160 ** (-1.903)	-0.168 ** (-1.938)	-0.015 ** (-2.843)	-0.014 ** (-3.036)	-0.012 ** (-2.947)	-0.013 ** (-3.628)
$\ln Fdi$	-0.088 ** (-1.323)	-0.092 ** (-1.038)	-0.096 ** (-1.295)	-0.098 *** (-1.352)	-0.006 * (-1.579)	-0.007 ** (-1.468)	-0.007 ** (-1.095)	-0.008 *** (-1.772)
$\ln Apa$		-0.405 (-1.019)		-0.574 (-1.628)		-0.035 (-1.692)		-0.038 (-1.628)
$\ln Cap$			-0.074 (-0.628)	-0.072 (-0.594)			-0.039 (-1.465)	-0.036 (-0.994)
F	123.480	119.620	236.540	278.380	226.900	106.420	95.320	102.870
R^2	0.6998				0.6320			
样本	26				26			

注：括号内为各系数所对应的 t 统计量，*** 、** 和 * 分别表示在 1%、5% 和 10% 的显著性水平通过检验。

————————————

① 表 7-2 中的模型（1）、模型（2）、模型（3）和模型（4）分别为"未加入控制变量""加入控制变量（城市分割程度）""加入控制变量（资本密集度）""同时加入上述两个控制变量"这四种情形下的基本回归模型，此时其余基础变量均保持不变。

从表 7-2 中以 lnRDI 为被解释变量的回归结果可以看出，租金水平变量的一次项系数为正值，二次项系数为负值，符合理论分析中的互补效应与租金水平存在倒 U 形关系的性质，这也证实了存在一个使得产业协同集聚双重效应（协调度）达到最优的均衡租金水平。根据二次方程极值计算方法可测算出当租金水平的替代变量（经济密度）接近 900 万元/平方公里时可以实现最大化的协调度。长三角有一半以上城市已达到该标准。虽然，本书中的样本数有限，而且都集中于行业整体研究，但至少证明均衡的租金水平是存在的，因此，初步计量验证了假设 7-1 的合理性。市场规模变量对双重集聚效应协调度的影响符合我们的预期（符号为正），但是所有回归模型的市场规模变量都不显著，这可能是模型中指标设置问题（用人均地区生产总值这一单一指标来的局限性）。因此，假设 7-2 中关于长三角主要城市无形空间的扩大有利于生产性服务业与制造业协同集聚互补效应的提高这一预设命题还有待进一步的验证。这一结论与陈国亮（2010）对中国 286 个地级市的实证研究结果略有出入。

从城市规模变量所有回归结果来看，对协同集聚双重效应协调度的影响不论是系数符号还是显著性都符合预期（这一点在第六章的协同集聚影响因素分析中已得到初步印证），城市规模增加 1%，互补效应将增加 0.232%，虽然这里未用人口数量来表示城市规模，但已有相关研究均已证实城市人口规模与集聚效应协调度的非线性关系（陈国亮，2010；柯善咨、赵曜，2014）。因此，假设 7-3 中提出的预设命题已得到验证。lnDis 在所有回归方程的系数为负，表明区域中心城市（省会城市）与次中心城市之间的距离对提高协同集聚中互补效应有积极作用，这也意味着强化城市间的路网建设、缩短城市间的有效距离具有重要的现实意义。lnFdi 在所有回归方程中的系数都为负且都通过显著性检验，这说明现阶段长三角以跨国公司为主导的外商直接投资也不太利于生产性服务业与制造业的整体协同集聚发展，"虹吸效应"与"极化效应"已日益凸显。

两个控制变量的估计系数为负，表明由于政府干预而衍生的城市间行政分割以及城市资本密度的增加都不利于互补效应的提高，但都无法通过显著性检验。可能的解释是，单纯用非转移支付支出占总财政支出的比率来刻画政府干预度有失偏颇，因为现实中政府的干预既有积极的一面（"看得见的手"），也有消极的一面（政府失灵），但由于数据所限，这里没有进一步将这两种影响区分开，若能将这两种不同方向与程度的影响严格区分开，城市分割对协同集聚效应影响的显著性水平可能会提高。为了验证模型检验的稳健性，又以 $\ln C_{xy}$ 为被解释变量进行回归，从表 7-2 中的回归结果可以看出，虽然各变量的回归系数大小发生了变化，但是回归系数的符号和显著性并未发生明显改变。综合上述检验结果，可以认为生产性服务业与制造业协同集聚互补效应最大化的实现路径为：不断提高城市中的经济密集度，促进不同等级城市间有效互动，缩短城市间的经济距离，不追求地区产业发展中的攀比与追高，寻求关联产业间价值链的有效契合。同时，减少地方经济的分割（保护主义），降低由市场分割带来的效率损失。

第四节 本 章 小 结

从理论逻辑上讲，生产性服务业集聚与制造业集聚之间存在一种投入产出的上下游关系，而且这种关系表现为生产性服务业与不同形态的制造业不同产业链形成一种网络状的格局。另外，制造业不同产业链的动态演进也对生产性服务业产生了一种逆向传导作用。但是，不同形态的制造业具有长短不一的产业链，这是导致协同集聚的互动性上存在一定的差别，正是这种差别在空间上表现为协同集聚同时存在互补效应和挤出效应。基于上述认识，有别于一般意义上对产业协同集聚的测算，本章尝试性地将两大关联产业集聚间的互补效应与挤出效应的协调度为核心变量，深入研究在空间、行业异质性视角下产业协同集聚的主要影响因素。在诠释双重集聚效应的过程中，以协调度为中介的实证研究表明（以 RDI 为核心被解释变量，以 C_{xy} 为稳健性检验指标），有形空间以及价值链的匹配性成为形成协同集聚双重效应的内在机制。有两个经验研究结果值得关注：一是在控制其他变量的情况下，存在一个均衡土地租金水平值使得双重效应的协调度达到最大（倒 U 形趋势）；二是在价值链匹配性问题上，中心（省会）城市对该省其他城市的影响是显著的，换句话说，上海作为长三角的龙头城市和全国性的特大中心城市是不够显著的，在第六章关于产业协同集聚形成机制的实证研究中也已印证了这一点。因此，长三角各地方政府在推进城市化及区域经济一体化进程中，应协调好"经济服务化""再制造业化"等看似矛盾的产业发展战略问题，以最大化互补效应、最小化挤出效应为根本宗旨，注重城市发展的空间组织形式创新，强调产城融合发展，尽量减少地方保护主义，降低由市场分割带来的效率损失，不断推进产业协同集聚与城市化之间的层级转换及阶段跃迁。

既然两大产业集聚因空间维度的差异而表现出不相兼容的"互补效应"和"挤出效应"，那么是否存在最优的空间结构使得互补效应和挤出效应产生的净效应最大呢？或者说多大的城市规模与协同集聚双重效应的协调度相匹配呢？已有针对省级、地市层面的研究都证实了城市规模对双重集聚效应协调度的倒U形趋势，若以人口规模（常住人口或就业人口）来衡量城市规模，就会存在一个最优的城市规模问题（临界点），而且随着时间的推移，会有越来越多的城市跨越这个临界点（这一问题，将在第八章关于协同集聚经济效应的门槛分析中深入展开）。但问题是在城市规模继续扩大的同时，有没有可能保持这种净效应的最大化呢？答案是肯定的，因为上述实证研究中是将城市空间规模静态化了（研究便利性考虑），但只要激活这一变量，通过空间范围拓展，城市最优人口规模也是可以往后延伸的。当前，就长三角各类城市而言，在今后城市扩容过程中应避免走入单一盲目地提升产业集聚度的误区，要注重城市发展的空间组织形式创新，通过资源整合提高中心城市的辐射能力，通过城市群内部之间的跨区域合作及资源整合，将若干个城市打造成"城市集聚区"，缓解"资源诅咒"和"专业化诅咒"，提高中心城市的辐射能力，也消弭"互补效应"对"挤出效应"的冲击，提升双重集聚的协调度。在此基础上，利用"城市集聚区"作为平台，以产业价值链的延伸为重点，以产业多样化为辅助，来实现城市内的禀赋升级、价值链提升以及空间结构优化的协同发展。此外，各城市应主抓招商引资的精准性和创新性，注重补链、强链以及项目落地后的本地化配套，真正实现外商直接投资与本土产业的协调性均衡发展。

| 第八章 |

产业协同集聚对城市发展质量的影响

一个显著的特征性事实是，经济发达国家（地区）均实现了现代服务业与先进制造业的"双轮驱动"，产业协同集聚成为优化产业布局、促进结构转型的重要手段（陈建军等，2016）。中国各城市也相继提出积极发展生产性服务业，使城市产业结构由制造业单一驱动向制造业和服务业"双轮驱动"转化（江曼琦、席强敏，2014）。城市（群）经济是以城市为载体和发展空间，是资本、技术、信息等生产要素高度集中，规模效应、集聚效应和扩散效应十分突出的地区经济。那么，生产性服务业与制造业协同集聚（效应）能否真正促进城市经济增长、带动产业（结构）转型升级和提升绿色全要素生产率，进一步明晰其主要影响因素、作用机理及其约束机制，对于促进市经济发展动力由要素驱动、投资驱动向创新驱动的转变具有重要现实意义。然而，多数研究是在中国经济高速增长的情境下展开的，在产业协同（集聚）发展质量和效益、产业-空间的交互作用和空间溢出性、门槛特征及效应等方面还存在诸多理论盲点，因而导致理论建构、政策含义与产业实践相去甚远。有鉴于此，本章在前文的理论分析及假说检验基础上，进一步聚焦研究主题，利用动态面板模型、空间计量模型以及门槛效应模型，主要从经济增长、空间溢出、（产业）结构优化、绿色发展等维度来对产业协同集聚的综合效应进行系统评判，这将为从产业/空间层面探索城市经济高质量发展的形态、模式/路径提供一个崭新的理论视角，也将有助于政府制定精准化的产业政策与差别化的城市发展战略，进而为重塑区域战略优势提供一个新的选项。

第一节　产业协同集聚对经济增长的影响

一、理论背景分析

产业集聚作为产业发展和演化过程中的一种地缘现象，被认为是一个国家（地区）生产率和竞争优势的源泉之一。改革开放以来，中国产业集聚的成功实践为区域经济增长注入持续动力。进入 21 世纪后，随着要素成本的上升和环境规制的趋紧，单一产业集聚的种种局限性不断显现出来，学界也逐渐认识到产业集聚不仅是单一产业在空间上的不断集中，更应伴随着相关产业的协同集聚。现阶段，生产性服务业与制造业的协同集聚不仅演变成一种普遍的产业组织形式和重要的产业发展政策，也逐渐成为重塑城市内部产业空间结构的主导力量（刘奕等，2017）。各级政府纷纷将加快生产性服务业发展作为推进城镇化和产业结构转型的新引擎，但目前生产性服务业仅能实现 0.56 的价值转换（发达国家达到 1 以上）。而且，在部分中心城市或大城市中，服务业迅速集聚的同时在空间上也对制造业形成挤压（Qi & Liu，2015），一些地方甚至还面临着新一轮的集聚区重复投资、服务业同构化以及城市产业空心化的隐忧，这在一定程度上弱化了产业集聚的质量和效益，也会对区域间分工协作的运行机制形成阻滞。值得深思是，生产性服务业产业活动与制造业产品生产具有内生价值关联性，在空间上也具有一定程度的协同性和可分性，那么在向心力和离心力的共同作用下产业协同集聚与城市经济增长之间是否存在必然联系？这其中的影响因素或约束机制有哪些？

总体而言，已有研究大都还停留在协同集聚的水平测度与机制分析上，还没有普遍形成从"现象→机制→效应"的完整分析脉络。而且，多数关于集聚效应的研究也主要从单一产业层面来进行分析，在产业维度与空间维度之间并未形成稳定的交集，也缺乏更为细化和动态的经验证据与评判标准。有鉴于此，本书突破了封闭的单一城市空间，从产业和空间层面来系统刻画两大关联行业的集聚程度及其协同特征，并基于长三角城市群 26 个城市（地级及以上）2007～2017 年的面板数据，考虑从经济规模和生产效率两个维度对产业协同集聚经济效应的影响因素进行检验，在此基础上，着重从经济发展水平和人口规模双重视角对协同集聚经济效应的演进规律及其门槛特征进行系统刻画，将为区域发展逻辑从"制造业优先"向"多产业协同"转变进而促进长三角更高质量的一体化发展提供理论指导。

二、实证研究设计

（一）模型选择与变量设置

为了检验产业协同集聚的经济增长效应，选用人均地区生产总值作为衡量经济增长的指标。同时，考虑到城市经济增长的动态特征，前期的经济发展状况也会对现期经济增长产生影响。因此，在模型中加入人均地区生产总值的一阶滞后项构建动态自回归模型进行计量分析。在普通回归模型的设定上参考传统的 C-D 生产函数，并借鉴于斌斌（2015）的处理方法，在模型中逐步加入人均 GDP 的一阶滞后项和协同集聚指数（RI）的二次项，用来检验生产性服务业与制造业协同集聚与经济增长之间的非线性特征。同时，为了消除各变量的时间趋势而引发的异方差问题，这里对所有变量进行对数化处理，具体模型如下：

$$\ln AGDP_{it} = \alpha_0 + \alpha_1 L.\ln AGDP_{it} + \alpha_2 \ln RI_{it} + \alpha_3 \delta_{it} + \mu_{it} \qquad (8-1)$$

$$\ln AGDP_{it} = \alpha_0 + \alpha_1 L.\ln AGDP_{it} + \alpha_2 \ln RI_{it} + \alpha_3 \ln RI_{it}^2 + \alpha_4 \delta_{it} + \gamma_{it} \qquad (8-2)$$

其中，$\ln AGDP_{it}$ 为被解释变量；$L.\ln AGDP_{it}$ 表示被解释变量的一阶滞后项；RI 表示协同集聚水平（这是一种建立在区位熵基础上的协同集聚测度方法，已在第六章有所交代，这里不再赘述）；i 表示各城市，t 表示年份；δ_{it} 为一系列控制变量组成的向量集（参考产业集聚对经济增长/TFP 影响因素的一些经典文献，本章主要涉及的控制变量及其表征方式如表 8 – 1 所示）；$\alpha_0 \sim \alpha_4$ 为待估参数；μ_{it} 和 γ_{it} 分别表示随机扰动项。本章实证分析的相关数据主要来源于《中国城市统计年鉴》，因为外商直接投资涉及汇率换算问题，主要利用《中国统计年鉴》中历年人民币年平均汇率进行换算（下同）。同时，为尽可能减少数据偏差，部分缺失数据主要利用线性插值法进行补充，与价格因素相关的变量均以 2006 年为基期进行指数平减。

表 8 – 1 　　　　　　　　　　主要控制变量及其表征方式

变量名称	变量符号	变量说明
市场化水平	Mar	城市年末私营企业与个体工商户就业人数占地区年末就业总人数比重
城镇化水平	Urb	城市非农人口占总人口的比重
人力资本水平	Hum	城市年末高等学校专任教师数
信息化水平	Info	城市年末人均移动电话拥有数
政府干预度	Gov	城市政府预算内支出占地区生产总值的比重
对外开放度	Open	城市当年实际利用外资额占地区生产总值的比重
投资水平	Inve	城市固定资产投资额占地区生产总值的比重

（二）基准回归结果及分析

由于解释变量中引入了被解释变量的滞后一期（属于动态面板模型），这就容易导致被解释变量滞后项与随机扰动项之间可能存在的内生性问题。在这种情况下，较为常用且更有效的做法是进行"广义矩估计"（GMM），而且动态 GMM 可以较好地解决弱工具变量问题，更适用于截面样本多而时间跨度短的面板数据类型（Blundell，1998），这比较符合本章的实际情况。因此，本章选用动态 GMM 进行参数估计，为了以示区别，将每个基准模型都细分为未加入控制变量、加入全部控制变量两大组进行回归估计（共四个模型）。

表 8 – 2 动态 GMM 估计结果

解释变量	被解释变量 lnAGDP		被解释变量 lnAGDP	
	（1）	（2）	（3）	（4）
L. lnAGDP	0.464 ***	0.665 ***	0.461 ***	0.655 ***
	（0.022）	（0.007）	（0.021）	（0.007）
lnRI	0.178 **	0.171 **	0.178 **	0.173 **
	（0.022）	（0.111）	（0.058）	（0.028）
lnRI²			– 0.125 *	– 0.095 ***
			（0.056）	（0.028）
lnMar		0.289		0.274
		（0.028）		（0.029）
lnUrb		– 0.116		0.279 *
		（0.063）		（0.082）
lnHum		0.035		0.031
		（0.058）		（0.006）
lnInfo		0.012 **		0.006 **
		（0.012）		（0.012）
lnGov		– 0.077 **		– 0.122 **
		（0.101）		（0.099）
lnOpen		0.308 ***		0.219 ***
		（0.187）		（0.189）
lnInve		0.200 ***		0.223 ***
		（0.022）		（0.022）
常数项	6.282 ***	4.253 ***	6.266 ***	4.418 ***
	（0.251）	（0.098）	（0.025）	（0.095）
时间/地区固定	Yes	Yes	Yes	Yes
AR（1）	0.005	0.005	0.000	0.000
AR（2）	0.582	0.593	0.484	0.482
Sargan	0.272	0.283	0.218	0.224

注：实证的结果均由 Stata 14.0 计算并整理得出；*** 、** 和 * 分别代表 1%、5% 和 10% 的显著性水平，括号里的数字是双尾检验的 t 值，下同。

依据 Sargan 统计量和 AR（2）检验来确定最佳滞后阶数，通过多次检验发现滞后二期最符合实际情况，说明基准模型不存在二阶序列相关和过度识别问题，工具变量的选择是合理的。表 8－2 的结果显示，被解释变量及其滞后一期的系数都显著为正，表明协同集聚对经济增长有正向促进作用（*RI* 每增加 1% 会促进 *AGDP* 增加 0.173%），并具有一定的时滞效应。从参数估计结果来看，随着控制变量的引入，各个变量的回归系数符号都未发生明显改变（系数的绝对值略有减小），而且显著性水平也没有异常变动。具体而言，市场化水平、人力资本水平和城镇化进程对经济增长的影响均不显著，而信息化水平、对外开放程度、投资水平系数都显著为正。在四个模型中，政府干预系数均为负（5% 的显著性水平），说明政府干预对于经济增长有显著抑制作用。总体来看，当在模型中加入核心解释变量的二次项后，其系数显著为负，说明产业协同集聚对于人均地区生产总值的影响是非线性的（倒 U 形），这与新经济地理学关于集聚效应动态变化的相关假说基本一致，也再次印证了"威廉姆森假说"在产业协同集聚领域的适用性[①]。与此同时，解释变量的系数依然显著为正，说明目前长三角生产性服务业与制造业协同集聚对经济增长仍然具有正向促进作用。此外，控制变量中城镇化水平的影响效果得到显著改善，而市场化水平与人力资本水平的影响依然不显著，这也为今后推进长三角高质量一体化发展明确了重点（目标）。

（三）稳健性检验结果及分析

为了保证结果的可靠性，本章用替换被解释变量、被解释变量差分这两种方法对上述面板回归结果进行稳健性检验。首先，使用固定资产投入和劳动力就业人数作为投入要素，地区生产总值作为产出要素，并基于 DEAP 2.1 软件计算 Malmquist 生产率指数来衡量经济增长效率；其次，被解释变量差分

[①] 威廉姆森在研究集聚与经济增长问题时发现，空间集聚的规模效应在经济增长初期较为明显，但越过某一拐点后，空间集聚的规模效应将趋于弱化，甚至会转化为拥挤效应，从而更倾向于分散的地理空间结构。

法是计算当期人均地区生产总值与其滞后一期的差值（$DeltaAGDP = \ln AGDP - L.\ln AGDP$），其能较好地解决内生性问题。表 8 - 3 的第（1）（2）列、第（3）（4）列分别是第一种方法、第二种方法估计的结果，稳健性检验结果显示，两类新被解释变量的滞后一期也表现出极为显著的正相关性，进一步印证了上述采用动态 GMM 进行估计的合理性。同时，核心解释变量（RI）系数均为正（5% 的显著性水平），而控制变量中除了人力资本水平由原来的不显著变为负显著，其余各变量的估计结果也未发生异常变动。总体来看，上述动态 GMM 估计结果是较为稳健可靠的。

表 8 - 3   稳健性检验结果

解释变量	替换被解释变量 lnMal		差分被解释变量 lnDelta_gdp	
	（1）	（2）	（1）	（2）
$L.\ln Mal$	0.477 *** (0.061)	0.471 *** (0.061)		
$L.Delta\_AGDP$			0.192 *** (0.009)	0.198 *** (0.009)
$\ln RI$	0.076 ** (0.038)	0.078 ** (0.038)	0.243 ** (0.165)	0.238 ** (0.165)
$\ln RI^2$		-0.017 ** (0.016)		-0.069 ** (0.063)
$\ln Mar$	-0.001 (0.057)	0.001 (0.057)	-0.160 (0.232)	-0.174 (0.232)
$\ln Urb$	0.108 (0.135)	0.094 * (0.082)	0.326 ** (0.274)	0.308 ** (0.232)
$\ln Hum$	-0.031 *** (0.011)	-0.030 *** (0.011)	-0.019 *** (0.017)	-0.016 *** (0.023)
$\ln Info$	0.652 *** (0.021)	0.064 *** (0.021)	0.055 ** (0.039)	0.052 ** (0.037)
$\ln Gov$	-0.445 *** (0.162)	-0.438 *** (0.162)	-0.218 (0.245)	-0.164 (0.233)

续表

解释变量	替换被解释变量 lnMal		差分被解释变量 lnDelta_gdp	
	（1）	（2）	（1）	（2）
ln*Open*	0.298	0.313 *	0.713 **	0.634 **
	（0.378）	（0.387）	（0.706）	（0.601）
ln*Inve*	0.082	0.078	0.101	0.121
	（0.055）	（0.055）	（0.202）	（0.203）
常数项	0.211 **	0.218 **	0.401 ***	0.421 ***
	（0.095）	（0.095）	（0.374）	（0.375）
时间/地区双固定	Yes	Yes	Yes	Yes
AR（1）	0.003	0.001	0.014	0.014
AR（2）	0.782	0.393	0.724	0.462
Sargan	0.384	0.255	0.539	0.675

（四）门槛回归结果及分析

在基准回归分析中发现，生产性服务业与制造业协同集聚的经济增长效应呈倒 U 形演进趋势。城市规模是集聚效应和拥挤效应之间权衡的结果（Brakman et al.，1996），也是捕捉一个城市经济活动密度和市场规模大小的重要途径。为进一步考察城市异质性背景下协同集聚经济增长效应的非线性特征，本章将选取城市规模作为门槛变量进行实证检验。这里采用汉森（Hansen，2000）提出的门槛面板回归模型，研究城市规模门槛变量对经济增长效应的影响，基本分段函数模型如下：

$$\begin{cases} y_{it} = \delta_i + \beta_1 x_{it} + \varepsilon_{it}, & \text{若 } q \leqslant \gamma \\ y_{it} = \delta_i + \beta_2 x_{it} + \varepsilon_{it}, & \text{若 } q \geqslant \gamma \end{cases} \quad (8-3)$$

其中，q_{it} 为门槛变量，γ 是带估计的门槛值，ε_{it} 为独立同分布的扰动项。具体来说，本章研究的是协同集聚对人均 GDP 的影响，核心解释变量为 *RI*。出于研究的系统性和准确性考虑，从经济发展水平和人口规模两个维度来设置门槛变量，分别以城市人均地区生产总值（万元）、年末城镇常住人口数（万人）来衡量。

表8-4和表8-5的检验结果显示，经济发展水平与人口规模的三重门槛都不显著，单一门槛和双重门槛均通过了1%的显著性检验（但双重门槛更为稳健）。为保证检验结果的合理性和直观性，进一步采用似然比检验图来确定门槛效应的估计值（如图8-1和图8-2所示）。通过门槛效应"自抽样"检验和似然比检验，综合考察门槛值的置信区间，经济规模中单一门槛估计值所对应的实际值为8.609，双重门槛估计值所对应的实际值为8.632和14.268，人口规模中单一门槛估计值所对应的实际值为124.91，双重门槛估计值所对应的实际值为125.234和490.956。单一门槛和双重门槛分别将数据区间分成2个和3个区间，为简便起见，计量检验主要以双重门槛为主，将数据区间划分为（min, 8.632]、（8.632, 14.268]、（14.268, max]，(min, 125.234]、（125.234, 490.956]、（490.956, max]，在此基础上，以单一门槛模型作为对照组进行对比分析。

表8-4 经济规模的门槛检验

模型	F 值	P 值	BS 次数	临界值			门槛值
				1%	5%	10%	
单一门槛	161.42***	0.018	100	12.433	11.266	10.186	10.546
双重门槛	51.41***	0.001	100	12.164	9.376	8.282	10.695
							10.817
三重门槛	40.64	0.620	100	77.066	88.635	119.434	11.284

注：***、**、*分别表示1%、5%、10%的显著性水平；BS表示抽样次数。这里主要使用软件 Stata 14.0 中的 xthreg 命令进行估计，表8-5同。

表8-5 人口规模的门槛检验

模型	F 值	P 值	BS 次数	临界值			门槛值
				1%	5%	10%	
单一门槛	41.28***	0.011	100	14.393	10.422	9.127	4.860
双重门槛	26.43***	0.000	100	13.266	8.992	8.284	6.425
							6.433
三重门槛	16.63	0.560	100	73.869	66.893	49.183	6.610

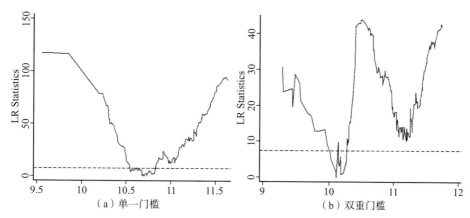

图 8 - 1　经济规模单一门槛与双重门槛的似然检验

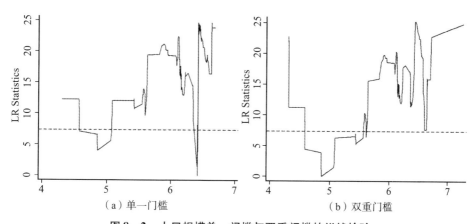

图 8 - 2　人口规模单一门槛与双重门槛的似然检验

如表 8 - 6 所示，双重门槛下经济规模位于（min，8.632］时，协同集聚对经济增长的影响系数为 - 2.493（1% 的显著性水平）；当经济规模位于（8.632，14.268］时的影响系数为 0.903（1% 的显著性水平）；当经济规模位于（14.268，max］时的影响系数为 0.263 并通过了 1% 的显著性，即当经济体量过小时，受制于贸易成本和市场规模等因素（对有限资源的争夺），协同集聚对于经济增长具有显著的抑制作用。当经济规模进一步扩大后，由于市场容量扩大、交易成本降低，使得产业合作互补的机会增加以及空间联系的加强，资源配置空间和效率得以提升，使得协同集聚的经济增长效应由负转正。当经济规模过大超出一定范围时，由于空间和资源的限制作用以及竞争的加剧，使得协同集聚的经济增长效应开始减弱（"挤出效应"逐渐显现）。而经济规模的单一门槛回归结果也支持上述结论，当经济规模处于（min，8.609］时，协同集聚对经济增长的影响系数为 -1.247 并通过 1% 的显著性，当经济规模位于（8.609，max］时，协同集聚对经济增长的影响系数为 -0.226 且通过了 5% 的显著性。从人口规模来看，双重门槛下人口规模处于（min，125.234］时，协同集聚对经济增长具有显著的抑制作用，当人口规模处于（125.234，490.956］时，协同集聚对经济增长的影响系数为 1.373 并通过了 1% 的显著性；当人口规模处于（490.956，max］时协同集聚对经济增长仍有一定的促进作用，但边际贡献减少，不确定性因素增加，同时，单一人口规模下的门槛回归结果同样也支持上述结论。总体来看，长三角生产性服务业与制造业协同集聚的经济增长效应具有显著的城市规模门槛特征，考虑经济规模和人口规模的限制后，协同集聚的经济增长效应都呈现出先抑后扬的动态调整趋势。

表 8－6　　　　　　　　　门槛回归结果（经济规模/人口规模）

解释变量	经济规模		人口规模	
	单一门槛	双重门槛	单一门槛	双重门槛
L. lnAGDP	0.214 ***	0.214 ***	0.465 ***	0.488 ***
	(0.045)	(0.045)	(0.058)	(0.059)
lnMar	-0.144	-0.143	-0.276	-0.279
	(0.129)	(0.129)	(0.117)	(0.179)
lnUrb	0.090	0.094 *	0.124 **	0.260 **
	(0.076)	(0.082)	(0.149)	(0.160)
lnHum	-0.045	-0.045 *	-0.021	0.014
	(0.026)	(0.023)	(0.032)	(0.032)

续表

解释变量	经济规模		人口规模	
	单一门槛	双重门槛	单一门槛	双重门槛
ln*Info*	0.030	0.029	0.015	0.022
	(0.035)	(0.036)	(0.065)	(0.066)
ln*Gov*	−0.039*	−0.039**	−0.002**	0.040**
	(0.023)	(0.021)	(0.511)	(0.515)
ln*Open*	−0.575	−0.574	−0.146	−0.585
	(0.974)	(0.874)	(1.121)	(1.225)
ln*Inve*	0.186***	0.187***	−0.212	−0.147
	(0.141)	(0.127)	(0.176)	(0.178)
ln*ri_1* $(pn\_c \leqslant \gamma_1)$	−1.247***	−2.493***	−0.455*	−0.178**
	(0.136)	(0.219)	(0.203)	(0.129)
ln*ri_2* $(\gamma_1 \leqslant pn\_c \leqslant \gamma_2)$		0.903***		1.373***
		(0.121)		(0.378)
ln*ri_3* $(pn\_c \geqslant \gamma_2)$	−0.226**	−0.263***	0.007*	0.006
	(0.105)	(0.096)	(0.129)	(0.166)
常数项	8.437***	8.453***	6.364***	5.988***
	(0.584)	(0.538)	(0.690)	(0.702)
时间/地区双固定	Yes	Yes	Yes	Yes
R^2 (*within*)	0.749	0.769	0.882	0.823

第二节 产业协同集聚对产业结构优化升级的影响

一、理论背景及作用机理

(一)理论背景分析

供给侧结构性改革的重要目标是以产业结构调整升级为突破口转变经济

发展方式，实现经济结构的全面优化升级。生产性服务业与制造业协同集聚作为经济高质量发展的"新引擎"是否影响了产业结构优化升级？其对产业结构变迁的具体影响是什么？这些都是具有重要现实价值和理论意义的问题。已有文献研究了生产性服务业集聚对产业结构优化升级的影响，但目前直接讨论生产性服务业与制造业协同集聚对产业结构影响的较少，更多仍是拘泥于对制造业效率（或全要素生产率）的影响上（刘叶、刘伯凡，2016；唐晓华等，2018），且大部分研究未将产业结构的优化调整和转型升级分开处理，而是仅着重分析某一方面。诸多研究实际上提出了协同集聚效应促进产业结构优化升级的间接机制（伍先福、杨永德，2018；唐晓华等，2018；原毅军、郭然，2018；崔书会等，2019），但对二者关系的直接考察目前较缺乏。另外，由于协同集聚存在适当规模区间和非效率性（Helsley，2014），协同集聚对产业结构优化升级可能存在非线性影响或抑制效应也不容忽视，而目前较少被研究。因此，本节系统考察生产性服务业与制造业协同集聚对产业结构优化和升级的具体作用和影响机制，这也为新时代如何提升城市产业能级、加快新旧动能转换指明了方向和重点。

（二）影响机理分析

（1）协同集聚对产业结构合理化的影响机理。产业结构优化或合理化水平，即各产业比例的合理程度和产业间的耦合程度。主流观点是从资源配置与产出组合的耦合度出发，评价要素资源在整体产业结构中的利用效率和协调程度（干春晖等，2011）。因此，协同集聚对产业结构合理化的影响机理主要是多样化经济，其中最关键的是投入－产出关联和市场分工水平提升带来的规模效应和资源优化配置。投入－产出关联是生产性服务业与制造业协同集聚影响产业结构合理化的重要机制。有国外研究分析了制造业协同集聚中的因素，发现重要性的排序为消费－产出关联、投入－产出关联、劳动力池化和知识溢出（Ellison et al.，2010）。中国技术密集型制造业与科技类生产性服务业协同集聚最为紧密（江曼琦、席强敏，2014），但协同集聚带来的要素集聚可能产生拥挤效应，阻碍产业结构进一步优化。经济活动密度的增加会导致规模不经济，这种规模不经济下的拥挤效应形成了分散力，使产业要素在空间上的分布离散化，形成了产业协同集聚发展的挑战（陈建军等，2016）。集聚效应对结构调整和经济发展动力的影响依赖要素配置情况（郝大江、张荣，2018）。要素拥塞或者要素配置状况与经济结构不匹配，都会使得集聚外部性的优化效应无法有效发挥。

（2）协同集聚对产业结构高级化的影响机理。产业结构升级从要素投入来看是要素密集类型的升级，即从劳动密集型到技术密集型的转换过程；从最终产品来看是产品附加值的上升过程。协同集聚对产业结构高级化的影响机理主要是专业化经济中人力资本积累和知识溢出带来的技术创新。诸多研究表明，集聚外部性对产业结构升级的影响可能是非线性的：知识溢出的集聚外部性引发的技术创新对区域产业结构升级产生推动，而要素集聚会对产业结构高级化产生非线性影响（陶长琪、周璇，2016）。生产性服务业集聚显著促进技术创新，而制造业集聚则存在倒 U 形影响（原毅军、郭然，2018）。生产性服务业与制造业协同发展能显著促进制造业效率提升，在产业发展特征上存在门槛效应（唐晓华等，2018）。而且，进一步的研究表明，目前我国城市群生产性服务业与制造业协同集聚可以提高制造业的技术进步，却无法显著提升制造业的技术效率（刘叶、刘伯凡，2016）。最后，由于协同集聚外部性的发挥必须要基于一定的市场规模特征和发展水平，在不同地区、不同产业中，协同集聚对产业结构优化升级的影响可能是不一致的。生产性服务业与制造业协同集聚能同时发挥专业化与多样化外部性，提升产业结构合理化和高级化水平，同时，无效率集聚和集聚拥挤效应都有可能产生非线性或抑制作用。因此，协同集聚对产业结构优化和升级的影响因素可能存在差异。

二、研究设计

（一）产业结构升级指标——合理化

产业结构合理化衡量的是产业部门之间资源配置的合理程度，反映的是资源和生产要素在经济体系中的利用效率，国外学者大多采用产业结构偏离度来衡量产业结构的合理化程度，但是忽略了不同产业在国民经济中的不同作用，这里借鉴干春晖（2011）的方法，用泰尔指数来衡量产业结构的合理化程度，其计算公式如下所示：

$$TL = \sum_{i=1}^{n} \left(\frac{Y_i}{Y}\right) \ln\left(\frac{Y_i/L_i}{Y/L}\right) \qquad (8-4)$$

公式（8-4）中，Y 代表地区生产总值，Y_i 表示的是地区第 i 个产业的产值，L 表示地区总就业人数，L_i 表示第 i 个产业的总就业人数，本节研究的是三次产业部门，i 因此取值为 3。当 $TL = 0$ 时，此时产业结构最为合理，TL 越大，产业结构偏离合理化程度越远，表示产业结构越不合理。泰尔指数在保留了产业结构偏离度含义的前提下，考虑了不同产业部门在国民经济中的不同地位，可以更好地作为产业结构合理化的指标。

（二）产业结构升级指标——高级化

产业结构高级化反映的是经济发展的重点由第一产业逐渐向第二产业和第三产业转移的过程，实质是由于技术创新带来的生产效率在不同产业部门的不同表现，由此表现出"经济服务化"的趋势，而经济服务化的主要特点便是第三产业的发展速度超过第二产业。因此，用第三产业增加值与第二产业增加值比值（IS）来代表产业结构高级化的程度，该值大于 1，说明经济结构日趋高级化。式（8-5）中，TI_{it} 表示第三产业总产值，SI_{it} 表示第二产业的总产值，IS 指数越大，产业结构越高级。

$$IS = \frac{TI_{it}}{SI_{it}} \qquad\qquad (8-5)$$

（三）变量选择

（1）核心解释变量。

产业协同集聚指数（RI），计算方式已由前文给出。

（2）控制变量。

控制变量共计 6 个：生产性服务业和制造业集聚度（LQs 和 LQz）、人力资本水平（Hum）、信息化水平（$Info$）、政府干预度（Gov）、投资水平（$Inve$）和经济发展水平（$AGdp$）。其中，经济发展水平用人均 GDP 作为经济发展水平的代理变量，产业结构与经济发展水平有着密切的联系，在模型中加入经济发展水平的控制变量，能有效衡量协同集聚对产业结构的影响。其余 5 个控制变量的表征方式等同于本章第一节（具体可参见表 8-1），下标 it 表示面板数据的地区和时间变量。此外，相关数据来源及处理方式也同于前文，具体的分析模型如下：

$$
\begin{aligned}
\ln TI_{it} = & \alpha_0 + \alpha_1 \ln RI_{it} + \alpha_2 \ln LQz_{it} + \alpha_3 \ln LQs_{it} + \alpha_4 \ln Hum_{it} + \alpha_5 \ln Info_{it} \\
& + \alpha_6 \ln Gov_{it} + \alpha_7 \ln Inve_{it} + \alpha_8 \ln AGdp_{it} + \mu_{it} \qquad (8-6)
\end{aligned}
$$

$$
\begin{aligned}
\ln IS_{it} = & \beta_0 + \beta_1 \ln RI_{it} + \beta_2 \ln LQz_{it} + \beta_3 \ln LQs_{it} + \beta_4 \ln Hum_{it} + \beta_5 \ln Info_{it} \\
& + \beta_6 \ln Gov_{it} + \beta_7 \ln Inve_{it} + \beta_8 \ln AGdp_{it} + \varepsilon_{it} \qquad (8-7)
\end{aligned}
$$

三、实证分析

（一）整体样本回归分析

本节对模型采用面板数据回归的分析方法，结果发现，Stata 默认用 GLS 方法对随机效应（RE）模型进行估计，此时 simga_e 通过固定效应（FE）模型计算，而 sigma_u 通过 simga_e 的估计值和组间模型的系数估计值计算而来。其中，sigma_u = sigma_e = 0，此时 OLS 和 RE 固定结果一致（RE 固定方法被拒绝），此时因选择 MLE（极大似然估计法）对模型进行估计，为了作对比分析，将 OLS、FE 和 MLE 分析结果如表 8 - 7 所示。

表 8 - 7　　　　　　　　　协同集聚对产业结构影响的估计结果

变量	(1)	(2)	(3)	(1)'	(2)'	(3)'
	OLS	FE	MLE	OLS	FE	MLE
	合理化	合理化	合理化	高级化	高级化	高级化
$\ln RI$	0.546 **	- 0.263 **	- 0.285 ***	0.174 *	0.314 ***	0.306 ***
	(0.0200)	(0.011)	(0.003)	(0.076)	(0.001)	(0.001)
$\ln LQz$	0.210 **	0.215 **	0.186 **	- 0.142 *	- 0.0144 *	- 0.0708 *
	(0.028)	(0.021)	(0.031)	(0.072)	(0.089)	(0.086)
$\ln LQs$	0.146	- 0.120 *	- 0.123 *	0.204 *	0.110 *	0.122 *
	(0.432)	(0.092)	(0.070)	(0.056)	(0.092)	(0.051)
$\ln Hum$	0.104	- 0.0958 ***	- 0.0895 ***	0.0558	0.00162	0.00157
	(0.112)	(0.001)	(0.001)	(0.225)	(0.949)	(0.513)
$\ln Info$	0.257 ***	- 0.150 ***	- 0.162 ***	0.0786 **	0.0502 *	0.0698 ***
	(0.003)	(0.001)	(0.001)	(0.028)	(0.063)	(0.005)
$\ln Gov$	0.181 ***	- 0.00399	0.00653	- 0.0590 *	- 0.0325 *	- 0.0468 **
	(0.002)	(0.878)	(0.795)	(0.0889)	(0.174)	(0.0354)
$\ln Inve$	- 0.161 *	0.219 ***	0.195 ***	0.00761	- 0.0701 *	- 0.0571
	(0.0893)	(0.0627)	(0.07436)	(0.893)	(0.081)	(0.314)
$\ln AGdp$	- 0.380 **	- 0.697 ***	- 0.683 ***	0.237 **	0.118 ***	0.143 ***
	(0.0187)	(0.002)	(0.003)	(0.0254)	(0.002)	(0.002)
常数项	- 0.0189	- 2.485 ***	- 2.206 ***	1.527 *	1.852 ***	1.791 ***
	(0.984)	(0.926)	(0.673)	(0.0597)	(0.0012)	(0.0029)
R^2	0.766	0.857	0.863	0.747	0.751	0.869

从估计结果看，固定效应和极大似然估计法的系数较 OLS 更为显著，且拟合优度更高，说明固定效应模型和极大似然估计的效果更好，并且二者的估计值相差不大，说明结果是稳健的。从合理化的角度看，核心解释变量的系数大约为 - 0.27 且在 5% 的水平上显著，说明协同集聚提高 1 个百分点，能促进合理化程度提高 0.27 个百分点。在控制变量中，制造业集聚度的提高

降低了产业结构合理化水平，说明现阶段长三角城市群制造业同质化竞争造成了资源配置的低效率，生产服务业集聚度的提高则提高了合理化水平，人力资本水平提高 1 个百分点，能促进合理化水平提高 0.1 个百分点，信息化水平提高同样促进了合理化水平的提高（系数约为 0.16），政府干预度对合理化的影响不明显，投资水平则抑制了合理化水平的提高，随着人均 GDP 的提高，产业结构日趋合理（系数大小约为 0.7）。从高级化的角度看，核心解释变量协同集聚的系数大约为 0.3，说明协同集聚提高 1 个百分点，促进产业结构高级化指标提升 0.3 个百分点。在控制变量中，制造业集聚度提升不利于高级化发展，生产性服务业集聚度提高 1 个百分点，将提升高级化指标 0.1 个百分点左右，人力资本水平促进高级化的作用不显著（这与本章第一节的分析结论相似）。在其他控制变量中，信息化水平和人均 GDP 的发展均能促进产业结构的高级化，而政府干预度与投资水平则抑制了产业结构高级化，这可能与地区政府宏观产业政策有关，长三角城市群依靠工业和制造业主导经济增长，"二三一"的产业格局与政府的经济行为有紧密的联系。

（二）分行业样本回归分析

在上述行业整体回归分析的基础上，对细分生产性服务业与制造业协同集聚对产业结构优化升级的差异性影响进行检验（由于制造业细分较为繁杂以及统计口径的多次变化，出于研究便利性考虑，这里只对生产性服务业进行行业细分）。由于六大生产性服务业在行业特征、功能定位和产业格局上有显著区别，不同生产性服务业在协同集聚外部性上会发挥不同作用，进而假定，不同生产性服务业与制造业协同集聚对产业结构优化升级的影响存在行业差异，借以考察协同集聚对产业结构优化升级的行业异质性。表 8-8 报告了采用固定效应模型，以细分生产性服务业与制造业协同集聚作为解释变量对产业结构优化升级的检验结果。可以看出，不同生产性服务业与制造业协同集聚对产业结构优化升级的影响的确存在差异。交通运输、仓储和邮政业（简称物流业）与制造业协同集聚对产业结构合理化存在显著促进作用，系数值为 0.099，在 1% 的水平上显著，但对产业结构高级化的影响不显著。

科学研究与技术服务业（研究与试验）仅对产业结构高级化有促进作用，系数值为 0.714，同样在 1% 的水平上显著。金融业对产业结构高级化和合理化均存在促进作用，且对高级化的作用较大，原因是物流业促进了要素的区域流动，提高了资源配置效率，但无法提供金融和科技服务业所具有的知识溢出、人力资本积累等集聚外部性效应，而这些正是产业结构高级化所必需的。张玉华和张涛（2018）的研究也发现，科技金融主要通过研发经费投入和政府科技投入促进产业协同集聚发展。此外，信息技术服务业对产业结构优化升级的影响为负，可能说明当前信息技术服务业与制造业发展目标和发展水平脱节的问题。由于中国信息技术服务业的主体是虚拟经济和网络经济，会对实体制造业产生挤出效应。最后，房地产业、租赁商务服务业作用都不显著，可能的原因是当前中国商务服务业与制造业的耦合关联性较低，而且，近年来长三角房地产业的高速发展一定程度上也对产业间（实体经济）融合创新、转型升级形成了挤压，以上结果进一步验证了协同集聚对产业结构优化升级存在显著的行业异质性。

表 8-8　　　　　　　　细分生产性服务业与制造业协同集聚的估计结果

项目		交通运输、仓储和邮政业	金融业	科学研究和技术服务业（研究与试验）	信息传输、计算机服务和软件业	租赁和商务服务业	房地产业
合理化	统计值	0.099 *** (4.09)	0.039 *** (2.16)	-0.001 (-0.06)	-0.23 *** (-3.64)	-0.017 (-1.61)	-0.023 (-2.08)
	观测值	286	286	286	286	286	286
	adj-R^2	0.528	0.390	0.379	0.510	0.485	0.297
高级化	统计值	0.418 (1.41)	0.769 *** (3.12)	0.714 *** (3.06)	-1.441 * (-1.87)	-0.19 (-1.49)	-0.43 (-2.35)
	观测值	286	286	286	286	286	286
	adj-R^2	0.891	0.802	0.895	0.892	0.876	0.754

注：由于篇幅所限，未报告控制变量。

第三节 产业协同集聚对城市绿色发展的影响

一、现实背景及文献综述

改革开放以来，中国产业集聚发展的成功实践为学界提供了极为丰富的研究素材和分析空间，但随着研究的深入，学者们开始认识到集聚效应犹如"一枚硬币的两面"，一个显著的特征性事实是，近年来一些工业集聚度较高地区多次出现强度高、持续时间长的雾霾及大面积水污染事件。据 2018 年《中国生态环境状况公报》的统计数据显示，虽然中国生态环境质量持续改善，但空气质量、地下水质的整体状况仍不容乐观，而且在节能减排上也面临着较大的国际压力。2019 年的政府工作报告明确提出了"加强污染防治和生态建设，大力推动绿色发展"的目标，而实现绿色发展的关键在于提高绿色全要素生产率（green total factor productivity，GTFP），也就是通过转变经济增长方式来提高经济增长质量（Pearce，2012）。大量研究证实，GTFP 是一个内涵丰富、维度多元、主体交叉的复杂系统，其影响因素也是涵盖多个方面，但毋庸置疑，通过产业集聚来促进产业结构升级、提高资源配置效率仍将是高质量发展阶段提升 GTFP 的根本落脚点。现阶段，在环境规制趋紧与要素成本上升的背景下传统产业集聚的规模效应已捉襟见肘，其在提升城市 GTFP 方面的作用也大打折扣。而生产性服务业把日益专业化的人力资本和知识资本引进制造业，是制造业"聪明的脑袋"和"起飞的翅膀"，且具有低能耗、低污染、技术水平高与规模经济明显等特征。目前，中国各级政府都在不遗余力发展生产性服务业，各类服务业集聚区也如雨后春笋般不断涌现。因此，精准把握（生产性）服务业与制造业协同集聚/分工的特征及其影响城市绿色发展的规律，对于推进区域高质量发展和生态文明建设具有重要意义。

　　已有关于产业协同集聚的研究已初步形成"现象→机制→效应"的完整分析脉络，然而，探究其绿色属性的直接研究尚不多见，相关文献主要围绕产业集聚的（经济）增长效应与（生态）环境效应两个层面系统展开。关于增长效应的研究大都聚焦于产业集聚与 TFP 的关系，并呈现出多视角观察、多学科交叉、多方法并用这三大特征，但并未形成一致的结论。目前，这一领域的探索更多仍聚焦于制造业，而对于生产性服务业集聚增长效应的研究也普遍是移植制造业集聚的分析套路。大多数研究表明，服务业集聚可以通过专业化分工、降低中间服务成本和交易成本、提高技术扩散效率等途径降低企业的运营成本，促进区域经济增长。除了增长效应外，近年来，产业集聚的环境效应也是众多学者争相研究的重点。部分学者指出，得益于技术溢出与规模经济，产业集聚通过产业的融合、互补与竞争能有效抑制环境污染或提高了绿色效率。郭然和原毅军（2019）的实证研究进一步表明，高端生产性服务业集聚在东部省份表现出对环境污染更显著的抑制作用，而低端生产性服务业在中、西部省份抑制作用更显著。现阶段，整体而言，中国服务业的发展还无法贴上绿色环保的标签（庞瑞芝、王亮，2016；白雪洁、孟辉，2017）。相对于单一产业集聚环境效应的诸多不确定性，生产性服务业与制造业协同集聚对雾霾污染存在明显的改善作用（蔡海亚、徐盈之，2018）。周明生和王帅（2018）针对京津冀地区的实证研究发现，协同集聚的污染系数低于制造业集聚。苗建军和郭红娇（2019）针对长三角的经验分析发现，制造业集聚和生产性服务业集聚水平的提高会加重环境污染程度，而产业协同集聚则会降低污染程度。

　　已有关于产业集聚与 TFP 关系的研究普遍忽视产业的绿色属性，对于生产性服务业与制造业协同集聚影响 GTFP 的主要因素及作用强度，尤其是在兼顾空间关联性和行业异质性条件下的实证检验仍显不足。长三角拥有大量的制造业集聚区和相对完备的生产性服务业体系，也是中国产业绿色转型的先行区和示范区，但一直以来产业同构与过度集聚等问题始终无法回避，由此而引致的生态环境问题也更为凸显。有鉴于此，本节突破了封闭的城市空间，以长三角 26 个城市（地级及以上）的面板数据为例进行测度比较与空间计量分析，以期准确回答生产性服务业与制造业协同集聚能否会对 GTFP 产生影响？其作用强度和相互关系如何？是否具有显著的行业异质性和空间溢出性？对上述问题的系统深入研究有助于拓宽和深化产业集聚理论的研究空间，也将为政府适度调整产业政策和优化要素资源空间配置，进而逐步缓解或消弭产业集聚的种种负面影响提供决策佐证。

二、GTFP 的测度方法与演进特征

（一）测度方法与指标选取

关于协同集聚度（*RI*）的测算方法及结果都与前文都一致，这里就不再赘述。本节主要参考菲尔等（Fare et al.，2007）考虑非期望产出的构造模型，以非径向 SBM 方向性距离的 Malmquist-Luenberger 指数为基础，利用 MaxDEA 软件，测算得到 2007～2017 年长三角城市群 26 个城市的 GTFP。具体公式如下：

$$ML(x_{t+1}, y_{t+1}, b_{t+1}; x_t, y_t, b_t) = \sqrt{\frac{E^{t(x^{t+1}, y^{t+1}, b^{t+1})} E^{t+1(x^{t+1}, y^{t+1}, b^{t+1})}}{E^{t(x^t, y^t, b^t)} E^{t+1(x^t, y^t, b^t)}}}$$

$$(8-8)$$

公式（8-8）中，x、y、b 分别为投入指标、期望产出和非期望产出指标，当 *ML* 大于 1，意味着从 t 期到 $t+1$ 期城市 GTFP 增长，反之则表示下降。在投入指标中，劳动力投入选取各个城市年末就业人数（万人）来衡量。能源投入采用全社会用电总量（万千瓦时）来表示。对于资本投入的选择，国内一般运用资本存量代替，但是由于城市的资本存量难以估计，本章运用固定资产投资总额代替资本存量；在产出指标中，期望产出采用地区生产总值（GDP）来衡量，为消除通货膨胀的影响，这里统一以 2006 年为基期，利用平减指数得到实际 GDP。按照常规做法，选取工业废水/二氧化硫/烟尘排放量（单位：万吨）的相关数据来衡量非期望产出，并利用熵值法得到环境污染综合指数进而较准确地度量环境因素。

（二）结构分解与演进特征

已有多项研究表明，GTFP 提升离不开技术进步和技术效率的"双轮"驱动，而这两个分解指数应呈现相互促进的关系。这里也将城市 GTFP 分解为绿色技术效率（Effe）和绿色技术进步（Tech）两个指数。从图 8-3 显示的演化趋势来看，GTFP 及其分解指数呈现出明显的波动特征（先升后降），2014 年均达到了最高点。在这一阶段，绿色技术进步显著提升了 GTFP，而绿色技术效率在前六个时间段的变化较为稳定。这充分说明，近年来长三角在提高对外开放程度和一体化水平的同时，企业通过研发环保新技术与新产品，推动绿色技术创新能力的大幅提升，但绿色技术效率和技术进步的边际贡献尚不明显。

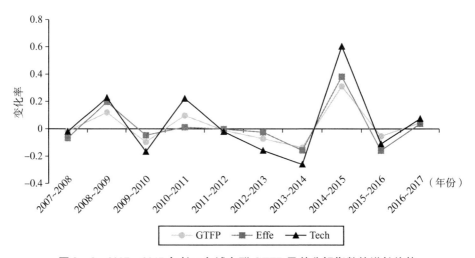

图 8-3 2007~2017 年长三角城市群 GTFP 及其分解指数的增长趋势

综合上述结果并分别选取 GTFP 和 GDP 增速两个指标来构建二维矩阵图，据此分析长三角城市经济发展规模与质量的时空变换特征及其潜力。主要划分为四类组合，分别对应四个象限。这里将 2006~2017 年分为两个时期：第一时期为经济调整时期（2006~2011 年），在整个国际金融危机周期内，中央和地方出台了各种强刺激政策，使得大部分地区经济增速基本高于 10%。

第二个时期为经济转型时期（2012～2017 年），中央多次强调"稳中求进"的工作总基调，并更加注重绿色 GDP 和创新 GDP（质量导向），使得长三角整体经济增速放缓，基本维持在 8% 左右，最低下降到了 2015 年的 6.93%（新常态）。

图 8-4 分别显示了经济进入调整期和转型期城市 GTFP 和 GDP 增速的二维矩阵结果。参照两大指标均值的计算结果，这里将 GTFP 的高低分界值设定为 1.05，GDP 增速分界值设定为 8%。如图 8-4（a）所示，2006～2011年期间约有 73% 的城市位于低 GTFP 区域，位于高 GDP 增速区域的城市占92%，"双高"城市仅占 27%（第一象限）。据此说明，该时期长三角大部分城市仍以 GDP 增速为导向，需要增强对资源和环境的有效投入，进一步调整优化经济结构。图 8-4（b）的结果显示：经济转型时期城市还是以 A、B、C 区域为集中地，处于 C 区域的城市数目没变，但是 A 区域的城市增加了 9个，B 区域的城市减少了 9 个。在 2012～2017 年期间长三角城市群部分城市向低 GDP 增速区域集中，但"双低"城市占比明显提高（第三象限），可能的原因是兼备高 GTFP 和高 GDP 的城市达到一定的饱和度（门槛/挤出效应）。值得注意的是，现阶段该地区仍有诸多城市在减缓经济增速时经济质态与功能仍未达到理想效果，这些也是未来经济高质量发展的重点区域和关键着力点。

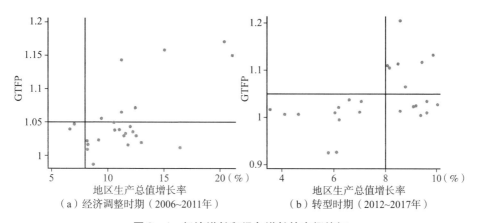

（a）经济调整时期（2006～2011 年）　（b）转型时期（2012～2017 年）

图 8-4　经济增长和绿色增长的空间特征

（三）空间关联性刻画

根据地理学第一定律，"所有事物都与其他事物相关联，但近的事物比较远的事物关系更为密切"。尤其是在信息化、网络化、一体化背景下集聚的本地关联和空间溢出将愈发显著。本节借助 GeoDa-1.12.1.59 软件测算 Moran's I，以期刻画生产性服务业集聚和城市 GTFP 的空间关联特征（如表 8-9 所示）。显而易见，生产性服务业集聚和城市 GTFP 的 Moran's I 都为正值，其中，生产性服务业集聚的空间关联度较高，并呈现上升态势，除 2007 年外，其余年份均通过了显著性检验，且显著性不断增强。而城市 GTFP 的空间关联度呈现一定波动（先减弱后增强），同样，除 2007 年外，其余年份均通过了显著性检验。因此，可以确定的是，长三角生产性服务业集聚和 GTFP 均具有显著的空间关联性。

表 8-9　　　　　　　　双变量全局 Moran's I 及其统计检验

年份	生产性服务业集聚			绿色全要素生产率		
	Moran's I	P 值	z 值	Moran's I	P 值	z 值
2007	0.08	0.14	1.02	0.17	0.12	1.17
2008	0.09	0.09	1.36	0.06	0.10	1.32
2009	0.12	0.06	1.46	0.07	0.08	1.59
2010	0.12	0.07	1.49	0.06	0.09	1.46
2011	0.12	0.08	1.42	0.12	0.09	1.39
2012	0.14	0.07	1.57	0.08	0.03	2.30
2013	0.23	0.02	2.63	0.06	0.06	1.53
2014	0.25	0.01	2.69	0.05	0.04	2.23
2015	0.23	0.01	2.48	0.12	0.05	1.54
2016	0.22	0.01	2.38	0.18	0.08	1.34
2017	0.22	0.01	2.46	0.16	0.08	1.48

图 8 - 5 是利用 2007 年、2010 年、2013 年和 2016 年长三角 GTFP 的 Moran's I 散点图（LISA）进行局域关联性检验，这四个时间节点的 Moran's I 均为正值，说明该地区相邻城市间的 GTFP 同向变动并具有空间关联效应。同时，在演变过程中城市 GTFP 的空间关联度呈现先减弱后增强的态势，在 2007 年 GTFP 集聚点还相对比较分散，随着时间的推移，基本呈现高 - 高集聚区和低 - 低集聚区的分布特征，而且高 - 高集聚的程度与日俱增。到 2016 年，长三角 GTFP 已基本趋于一种稳态收敛的均衡态势。

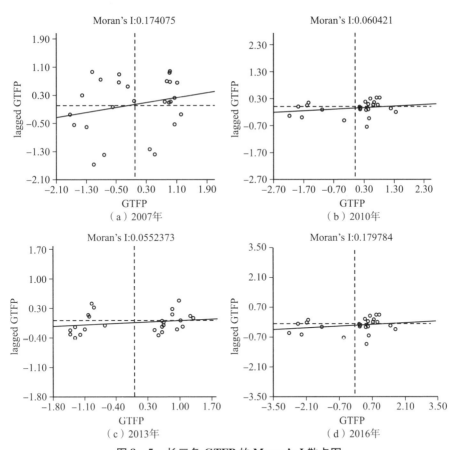

图 8 - 5　长三角 GTFP 的 Moran's I 散点图

三、研究设计

（一）模型选择及说明

这里借鉴米勒等（Miller et al., 2000）[①] 和赫尔滕等（Hulten et al., 2006）[②] 的研究（思路）方法，进一步构建相关空间计量模型，具体公式如下：

$$\ln GTFP_{it} = \rho \sum_{j=1}^{b} w_{ij} \ln GTFP_{it} + \emptyset_1 \ln AGG_{it} + \theta X_{it} + \varepsilon_{it} \qquad (8-9)$$

$$\varepsilon_{it} = \lambda \sum_{j=1}^{n} w_{ij} \varepsilon_{it} + \mu_{it}; \ \varepsilon_{it} \sim N(0, \sigma^2 I); \ \mu_{it} \sim N(0, \sigma^2 I) \qquad (8-10)$$

$$\ln GTFP_{it} = \rho \sum_{j=1}^{b} w_{ij} \ln GTFP_{it} + \emptyset_1 \ln AGG_{it} + \gamma \sum_{j=1}^{n} w_{ij} \ln AGG_{it} + \theta X_{it}$$

$$+ k \sum_{j=1}^{n} w_{ij} X_{it} + \mu_{it} + \varepsilon_{it} \qquad (8-11)$$

其中，GTFP 为城市绿色全要素生产率（被解释变量），AGG 为协同集聚水平（解释变量）。X 为系列控制变量，这里主要参照已有关于服务业集聚对碳排放、能源效率、环境污染影响等方面的研究共设置 7 个控制变量：人力资本水平（HC），采用每万人在校大学生数进行估计；基础设施（ROD），采用人均城市道路面积作为各城市基础设施的代理变量；信息化水平（TEL），采用人均邮电量来衡量信息化水平；政府干预程度（GOV）采用财政支出扣除用于科学、教育支出与财政收入之比表示政府干预程度；技术投入水平（TEC）采用政府财政支出中科学与教育的支出比重来衡量；对外开放程度（OPN）采用当年实际使用外资金额占城市国民生产总值的比重来衡量城市

---

① Miller S M, Upadhyay M P. The effects of openness, trade orientation, and human capital on total factor productivity [J]. Journal of Development Economics, 2000, 63 (2): 399 – 423.

② Hulten C R, Bennathan E, Srinivasan S. Infrastructure, Externalities, and Economic Development: A Study of the Indian Manufacturing Industry [J]. World Bank Economic Review, 2006, 20 (2): 291 – 308.

对外开放程度，其中 *FDI* 根据历年人民币对美元的平均汇率进行折算；市场化水平（*MAR*），基于数据的可获得性考虑，采用城镇私营和个体从业人员占单位从业人员的比重来表示。ε、ρ、λ 分别表示空间计量模型中的随机扰动项、空间滞后系数及空间误差系数。ρ 和 λ 主要反映邻近地区经济产出的相互影响，即经济的空间溢出程度。当 $\lambda = 0$ 时，模型为空间滞后模型（SAR）。当 $\rho = 0$ 时，模型为空间误差模型（SEM）。式（8 – 11）代表的是 SDM 模型，γ 是自变量的空间自回归系数，k 为周边地区控制变量对本地区集聚的影响；w_{ij} 为空间权重，反映不同区域之间的空间联系强度。相关数据主要来源于《中国城市统计年鉴》。同时，利用《中国统计年鉴》中的历年人民币年平均汇率对 FDI 进行换算。此外，为尽可能减少数据偏差，部分缺失数据主要利用线性插值法进行补充（每个指标的样本容量为 $26 \times 11 = 286$）。为消除价格因素波动所带来的影响，相关变量均以 2006 年为基期进行指数平减。

（二）基准回归分析

全样本整体回归结果如表 8 – 10 所示。相关模型的豪斯曼检验均具有较好的显著性，故采用双固定效应模型（地区/时间）较为合理。在四个模型中，生产性服务业与制造业协同集聚对 GTFP 均具有正向促进作用。其中，ρ 或 λ 均通过显著性检验，说明协同集聚的空间溢出效应对城市 GTFP 有重要影响，而且相邻地区的协同集聚也通过误差的冲击传递对 GTFP 有反馈机制。在 SDM 模型中，Wald 检验与 LR 检验均拒绝了原假设，故不可作进一步的模型简化。考虑到 SDM 模型同时包含了解释变量和被解释变量滞后项，因此，在样本容量有限的条件下可选用时空双重固定效应 SDM 模型进行估计，但为了比较和检验各变量参数估计的稳健性，也列出了其余相关模型的估计结果。表 8 – 10 结果显示，SDM 模型中的 ρ 显著为正，协同集聚项的系数显著为正（而其空间项的系数则显著为负），但这只能整体上表征产业集聚对城市

GTFP 的边际影响。本节依据莱萨格和佩斯（LeSage & Pace，2008）的方法[1]，进一步分解空间权重矩阵下的直接（本地）效应与间接（溢出）效应。

表 8 - 10　　　　　产业协同集聚对 GTFP 影响的全样本整体估计结果

变量	混合模型（1）	SAR 模型（2）	SEM 模型（3）	SDM 模型（4）
ln*AGG*	0.1932 ** （1.90）	0.2052 ** （2.21）	0.2041 ** （2.26）	0.2001 ** （2.02）
ln*HC*	-0.0970 *** （-2.57）	-0.0823 ** （-2.35）	-0.0790 ** （-2.14）	-0.0411 （-1.11）
ln*ROD*	-0.0022 （-0.05）	0.0025 （0.07）	0.0086 （0.21）	0.0809 * （1.67）
ln*TEL*	0.0159 ** （0.74）	0.0167 * （0.85）	0.0178 * （0.82）	0.0285 ** （1.15）
ln*GOV*	-0.1209 * （-1.39）	-0.1087 ** （-2.36）	-0.0979 * （-1.18）	-0.0638 ** （-0.76）
ln*TEC*	0.1179 * （1.08）	0.0904 ** （2.19）	0.0895 ** （2.46）	0.0069 * （1.06）
ln*OPN*	-0.0637 （-1.48）	-0.0677 *** （-2.72）	-0.0731 * （-1.80）	-0.0994 ** （-2.41）
ln*MAR*	0.0009 （0.02）	-0.0058 （-0.17）	-0.0127 （-0.36）	-0.0098 （-0.28）
$w \times \ln AGG$				-0.4361 * （-0.98）
$w\ln HC$				-0.3110 ** （-2.41）

[1]　莱萨格和佩斯（LeSage & Pace，2008）指出，在包含全局效应设定的空间计量模型中，变量的参数估计并未直接捕获解释变量对被解释变量的全部影响，他们提出使用变量变化的偏微分解释，即使用直接效应来解释某地区自变量对该地区因变量的影响，使用间接效应来解释某地区自变量对其他地区因变量的影响。

续表

变量	混合模型（1）	SAR 模型（2）	SEM 模型（3）	SDM 模型（4）
$w \times \ln ROD$				-0.0752
				(-0.57)
$w \times \ln TEL$				-0.0248
				(-0.41)
$w \times \ln GOV$				-0.3874 ***
				(1.06)
$w \times \ln TEC$				-0.4158
				(-1.47)
$w \times \ln OPN$				0.0771
				(0.52)
$w \times \ln MAR$				0.3142 **
				(2.24)
地区固定	是	是	是	是
时间固定	是	是	是	是
ρ		0.3989 ***		0.3503 ***
		(2.57)		(2.19)
λ			0.3902 **	0.3726 ***
			(2.26)	(2.32)
R^2	0.1051	0.1124	0.1013	0.1959
Hausman 检验	31.64 ***	23.69 ***	41 83 ***	56.78 ***
样本数	312	312	312	312

注：上述结果均由 Stata 14.0 回归并整理得出。***、** 和 * 分别代表 1%、5% 和 10% 的显著性水平；括号里的数字是双尾检验的 t 值。下同。

从表 8 - 11 可以看出，生产性服务业与制造业协同集聚通过知识溢出、规模经济、要素重组等能显著提升本地 GTFP，而其空间溢出效应显著为负，则说明协同集聚对 GTFP 的提升仍是限于一业、囿于一隅，对邻近城市 GTFP 反而起到一定的阻碍作用，最主要的原因可能还是城市之间产业发展缺乏有效的区域分工和协作机制，某种程度上还形成了对优质制造业资源的激烈争夺，进而弱化了城市间第二、第三产业协同集聚的形成，这一点在一体化程度相对较高的长三角内各城市之间也不例外。从控制变量参数估计来看，人力资本和市场化水平的直接效应未通过检验，其中，人力资本的间接效应显著为负，而市场化水平反而更有利于邻近城市的绿色发展。这一看似与预期相悖的结论也表明，在一体化的初期阶段，由于各城市间市场化水平的差异，会导致多元化的"知识蓄水池"和"劳动力蓄水池"在提升集聚区期望产出的同时也会增加非期望产出（短期行为），而且前期对于人力资本的投入方面也普遍缺乏绿色考量。政府干预则明显不利于本地 GTFP 提升，同时对周边地区也会产生负面影响，说明过多的行政藩篱与利益束缚会阻碍区域间分工合作，会在更大范围造成资源配置效率的损失。对外开放程度对本地绿色发展起到显著的抑制作用，这充分说明，长期以来以牺牲生态环境为代价的大宗贸易往来和集中在价值链低端产业（项目）的全球招商引资已成为提升GTFP 的短板所在。此外，技术研发、信息化水平的提升和交通基础设施的完善对本地产业的绿色发展都有显著的促进作用，但间接效应为负，这意味着尽管区域互联互通、交通运输协作以及信息化水平的提升扩展了服务业集聚的作用范围，但在城市间的溢出效应却并不显著，这也为今后推进长三角高质量一体化发展明确了重点。

表 8-11　　　产业协同集聚对城市 GTFP 的直接效应与间接效应

变量	直接效应		间接效应		总效应	
	系数	t 值	系数	t 值	系数	t 值
lnAGG	0.8079 **	2.35	− 0.6492 *	− 1.02	0.1587 **	2.04
lnHC	− 0.0375	− 3.02	− 0.3832 **	2.41	− 0.4207 **	2.06
lnROD	0.0924 *	1.86	− 0.0632	− 0.67	0.0292 *	1.54

续表

变量	直接效应		间接效应		总效应	
	系数	t 值	系数	t 值	系数	t 值
ln*TEL*	0.0384 **	1.76	−0.0218	−0.36	0.0166 **	1.32
ln*GOV*	−0.0650 **	−0.84	−0.3879 ***	1.28	−0.4529 ***	−1.69
ln*TEC*	0.0069 *	1.26	−0.4236	−1.62	−0.4167	−1.58
ln*OPN*	−0.9932 **	−3.17	0.0746	0.65	−0.9186	−2.46
ln*MAR*	−0.0084	−0.38	0.3876 **	2.87	0.3792 **	2.74

（三）行业异质性检验

这里参照文丰安（2018）的分类方法，根据创新研发力度、产出效率等衡量标准，将生产性服务业粗略划分为低端和高端两类，以具体考察协同集聚对 GTFP 影响的行业异质性。低端生产性服务业主要涵盖"交通运输、仓储和邮政业"和"租赁和商务服务业"；高端生产性服务业以"金融业""信息传输、计算机服务和软件业"和"科学研究、技术服务和地质勘查业"为主。考虑到 SDR 模型的空间解释力与全面性，简便起见本节只选用 SDR 模型进行行业层面的空间计量估计。如表 8 - 12 所示，两大类行业在加入控制变量后模型的整体解释力都得以提升，主要结论与表 8 - 10 整体一致，而且低端和高端生产性服务业的集聚对 GTFP 均具有促进作用，但是高端的效果更加显著，这主要源于行业本身的不同特质。高端生产性服务业的知识密集度高、附加价值高、路径依赖程度低、辐射带动能力强，而且无论对城市内还是城市间制造业服务化、智能化、高端化、绿色化的促动作用也更为明显。相形之下，低端生产性服务业的服务范围相对狭窄，转型升级的难度较大，其空间/技术外溢的作用不太明显，因而对城市整体 GTFP 的影响程度不高。此外，在这两大类行业中，交通设施状况、信息化程度、市场化水平的作用均不显著。

表 8 – 12　　　　　　　　　行业层面的空间计量检验结果（SDM）

变量	行业分类			
	低端生产性服务业（5）		高端生产性服务业（6）	
lnAGG	0.0254 *	0.0272 **	0.2059 *	0.2192 ***
	（1.16）	（1.39）	（2.64）	（2.83）
lnHC		− 0.0889 **		− 0.0668 *
		（− 2.51）		（− 1.88）
lnROD		0.0140		0.0022
		（0.37）		（0.06）
lnTEL		0.0140		0.0150
		（0.70）		（0.77）
lnGOV		− 0.1019		− 0.1099 *
		（− 1.26）		（− 1.38）
lnTEC		0.0824 *		0.0759 **
		（1.81）		（2.76）
lnOPN		− 0.0449		− 0.0846 **
		（− 0.17）		（− 2.01）
lnMAR		0.0197		− 0.0191
		（0.59）		（− 0.54）
地区/时间固定	是	是	是	是
ρ	0.3253 *	0.3789 ***	0.4074 **	0.4126 ***
	（2.12）	（2.43）	（2.53）	（2.67）
λ	0.3890	0.3926 **	0.3972 ***	0.3908 **
	（2.15）	（2.27）	（2.53）	（2.42）
R^2	0.0995	0.099	0.1183	0.1198
样本数	312	312	312	312

（四）作用路径检验

在新增长理论和集聚经济的指引下，众多学者开始考察集聚对城市生产率的影响，由此产生了两大类观点：一类观点认为，地方产业专业化（同一产业）更有利于促进知识溢出和经济增长（即马歇尔外部性－地方化经济）；另一类观点认为，地理临近产业的多样化和差异化更有利于创新和增长（即雅各布斯外部性－城市化经济）①。考虑到，中国城市生产性服务业模式对制造业（工业）效率的显著提升作用（席强敏等，2015），因此，这里主要通过分别构建专业化集聚（SP）和多样化集聚（DV）指标来替代原有的解释变量，以期检验生产性服务业不同集聚模式对城市 GTFP 的不同影响。

专业化集聚（SP）指标的构建方法主要参照埃斯库拉等（Ezcurra et al., 2006）的研究，其中，E_{is} 代表城市 i 生产性服务行业 s 的就业人数，E_i 为城市 i 总就业人数，E'_s 表示除城市 i 以外的某生产性服务行业 s 的就业人数，E' 为除城市 i 之外的全国总就业人数。

$$SP_i = \sum_s \left| \frac{E_{is}}{E_i} - \frac{E'_s}{E'} \right| \qquad (8-12)$$

多样化集聚（DV）指标的构建方法主要参照韩峰和谢锐（2017）的研究，其中，E_s 代表全国生产性服务业 s 的就业人数，E 则为全国总就业人数。

$$DV_i = \sum_s \frac{E_{is}}{E_i} \left[\frac{1 \Big/ \sum_{s'=1,s'\neq s}^{n} [E'_{is}/(E_i - E_{is})]^2}{1 \Big/ \sum_{s'=1,s'\neq s}^{n} [E'_s/(E - E_s)]^2} \right] \qquad (8-13)$$

检验结果如表 8-13 中的模型（7）所示，专业化集聚对本地 GTFP 的正向影响较为明显，而多样化集聚对本地 GTFP 的影响与预期相悖。其主要原因在于两方面：一是对很多城市而言（除少数中心城市），专业化的工业发展方式仍占有主导地位，这其中，一些专业化能力强的高端生产性服务业能否在制造业价值链中的有效嵌入并带动关联企业进行绿色转型升级显得尤为关键。二是现阶段的服务业集聚区发展势头迅猛，但各城市生产性服务业集

---

① 格雷泽等（Glaeser et al., 1992）指出生产性服务业在不同发展阶段和不同规模等级的城市中可同时存在专业化和多样化两种集聚模式，且能够通过知识或技术外溢效应，规模经济效应和产业结构升级效应促进制造业转型升级，改善能源利用结构，提高能源利用效率。

聚的内部关联度、协作配套水平不高，"高水平、低质量"的非相关多样化集聚模式比比皆是，而且在"地方锦标赛"驱动下还面临着新一轮的集聚区重复投资、服务业同构化隐忧。此外，从模型（8）和模型（9）对 GTFP 的分解回归分析中可以看出，生产性服务业集聚对绿色技术进步具有显著的促进作用，技术不断进步与持续创新带动了城市 GTFP 提升（与基准回归结论吻合）。从绿色技术效率路径来看，生产性服务业集聚的正外部性并未得以充分发挥，或者说受到集聚负外部性的冲击较大，从而导致了绿色技术效率的下降。从控制变量来看，人力资本、技术创新可以显著提升绿色技术进步，但不能提高绿色技术效率，而且多数控制变量也存在类似状况，这说明绿色技术/产品本身的研发周期较长、要求较高，而且长三角在高级要素投入规模与产出效率之间的传导机制还不通顺。基于内在路径的影响差异，提高 GTFP 不仅要从整体出发，也应考察其分解指数的性质，构建绿色技术效率和绿色技术进步之间相辅相成、互动互促的双轮驱动模式。

表 8-13　　　　　　　　作用路径的空间计量检验结果（SDM）

变量	集聚分解（解释变量）	效率分解（被解释变量）	
	专业化集聚/多样化集聚（7）	绿色技术效率（8）	绿色技术进步（9）
$\ln AGG$		0.0652	0.0167**
		(0.29)	(2.16)
$\ln SP$	0.2001**		
	(2.02)		
$\ln DV$	0.0324		
	(2.26)		
$\ln HC$		-0.0737	0.0699*
		(-0.88)	(1.80)
$\ln ROD$		-0.1778*	-0.0093
		(-1.90)	(-0.22)
$\ln TEL$		-0.0592	0.0219*
		(-1.24)	(0.99)

续表

变量	集聚分解（解释变量）	效率分解（被解释变量）	
	专业化集聚/多样化集聚（7）	绿色技术效率（8）	绿色技术进步（9）
lnGOV		−0.1966	−0.1111 *
		（−1.01）	（−1.24）
lnTEC		0.1369 *	0.0754 **
		（−1.56）	（2.67）
lnOPN		−0.0401	0.0132
		（−0.42）	（0.30）
lnMAR		−0.0487	−0.0284
		（−0.57）	（−0.73）
地区/时间固定	是	是	是
ρ	0.7725 ***	0.7917 *	0.4030 **
	（2.73）	（6.58）	（2.07）
λ	0.3843 ***	0.3902 *	0.3527 **
	（2.86）	（2.45）	（2.58）
R^2	0.2108	0.1461	0.1101
样本数	312	312	312

（五）稳健性检验

上述空间计量估计均基于二进制邻接矩阵（把具有共同边界的空间样本定义为邻接单元，取值为 1，否则为 0），那么空间权重矩阵的替换是否会对上述估计结果造成不同影响（是否保持稳健）？这里尝试从经济属性、经济/距离嵌套属性来设置新的空间权重矩阵进行空间溢出效应的计量估计。具体的构建方法分别如下：

（1）经济距离矩阵。参考张学良（2012）的研究方法，用 $\overline{Q}_i$ 表示城市 i 在样本期间内的人均地区生产总值，经济距离 W_e 可设定为：

$$W_e = 1 / \left| \overline{Q}_i - \overline{Q}_j \right|, \ i \neq j \tag{8-14}$$

（2）嵌套权重矩阵。该矩阵能够同时兼顾空间效应中的经济因素和距离因素，从而能够更全面、综合地表征空间样本间的空间关联，记为 $W_{d/e}$，其设定如下：

$$W_{d/e} = \omega W_d + (1 - \omega) W_e \qquad (8-15)$$

其中，W_d、W_e 分别为地理距离矩阵和经济距离矩阵，ω 表征 W_d 所占比重（取值范围为 0~1），简便起见，这里参考多数研究的做法将 ω 取 0.5。表 8-14 中的直接效应估计结果与表 8-10 基本一致，但间接效应仍不显著，这也说明空间单元权重矩阵的不同设置方法会使估计结果有一定的偏差。同时，各控制变量直接效应的参数估计也基本没有太大变化，但在对邻近城市的空间溢出效应方面仍有一定的差异。这再次证实，无论是在何种空间权重矩阵下，本章所设置空间计量模型的参数估计结果都具有较好的稳健性。

表 8-14　　　　　不同空间权重矩阵下的稳健性检验结果（SDM）

变量	经济距离矩阵			经济与地理距离嵌套矩阵		
	直接效应	间接效应	总效应	直接效应	间接效应	总效应
lnAGG	0.1957 **	0.0967	0.2924	0.2007 **	-0.0762	0.1254
	(2.23)	(1.02)	(1.68)	(2.54)	(-1.45)	(1.13)
其他控制变量	控制	控制	控制	控制	控制	控制
地区/时间固定	是	是	是	是	是	是
R^2	0.1352			0.1627		
样本数	312			312		

第四节　本　章　小　结

当前，长三角正处于服务业集聚度稳步上升和经济增长质量快速转换阶段，而加快推进产业协同集聚也是长三角高质量一体化发展的关键突破口和根本落脚点。本章从城市经济高质量发展的三个维度（经济增长、产业结构优化升级、绿色发展）出发，对产业协同集聚的综合效应及其动态演化、空间溢出特征进行系统地实证分析，具体结论和启示如下。

一、主要结论

（1）从基准回归结果来看，生产性服务业与制造业协同集聚能促进经济规模/效率提升（但弹性系数较小），并具有一定的时滞效应和非线性动态演进特征。其中，信息化水平、投资水平、对外开放度的影响显著为正，政府干预度的影响显著为负，而在多种情境下，市场化水平与人力资本水平却没有起到预期的积极作用。从门槛回归结果来看，产业协同集聚的经济增长效应只有在跨越一定的经济体量和人口规模后才能充分显现。值得注意的是，受制于要素成本、市场容量、空间承载力等客观因素，协同集聚对经济增长的边际贡献在跨越拐点后将逐步降低，这就需要根据城市人口规模、经济发展水平做出适应性调整。

（2）从产业层面看，生产性服务业集聚度提高能促进合理化和高级化水平的改进，制造业集聚度提高则会抑制产业结构的优化，协同集聚能促进产业结构合理化和高级化，效应大小分别为 0.27 和 0.3。人力资本水平和信息化水平能促进合理化水平提高，投资水平则抑制合理化水平的提高。人力资本水平促进高级化的作用不显著，信息化水平和人均 GDP 的发展均能促进产业结构的高级化，而政府干预度与投资水平则抑制产业结构高级化。生产性服务业的分项检验显示，交通运输业与制造业协同集聚仅促进合理化水平提升，科学技术服务业与制造业协同集聚仅对高级化有促进作用。金融业与制造业协同集聚对产业结构高级化的促进作用更大，而信息服务业、房地产业与制造业协同集聚对产业结构优化升级起抑制作用。

（3）产业协同集聚对 GTFP 的影响具有多因素、多尺度、多主体等权变特征，部分影响因素的作用和强度也与预期相悖，这其中对绿色技术进步及绿色技术效率的促动作用具有一定的非协同性特征。生产性服务业与制造业协同集聚通过知识溢出、规模经济、要素重组等能显著提升本地 GTFP，而其空间溢出效应显著为负。人力资本和市场化水平的提升作用不显著，而政府干预无论是在本地还是对周边都有明显的抑制作用。技术研发、信息化水平的提升和交通基础设施的完善对本地产业的绿色发展有显著促进作用。此外，从分行业结果来看，低端和高端生产性服务业的集聚对 GTFP 均具有促进作用，但是高端的效果更加显著。

二、政策启示

（1）对于人口规模较小且经济能级略低的城市而言，不能盲目推进生产性服务业与制造业协同集聚的"双轮驱动"，当务之急应在制造业专业化集聚和产业链延伸上做足文章，并通过制造业的优先发展来带动生产性服务业的内生性增长，引导人口和资源不断向城市集中。同时，尽快推动生产性服务业集聚区或功能园区建设，并依托交通设施、信息化建设来增强与其他城市之间的有机联系，进而促进城市规模和经济发展水平的快速提升。对于人口规模较大且经济能级较高的城市而言，应致力于培育一些处于价值链高端且辐射带动能力强的生产性服务业，推动制造业向价值链高端攀升，并顺应区域一体化、同城化发展趋势，逐步探索高端生产性服务业与先进制造业在核心区发展，一般制造业在周边城市发展的跨界"中心－外围"模式，着力形成不同层级城市之间分工互补格局。

（2）对一些产业结构不平衡、发展不全面的城市而言，应从产业间投入－产出关联性出发，充分发挥协同集聚外部性对资源配置的优化作用和效率提升功能。对已经产生要素拥挤的部分大城市而言，一方面应主动推进产业结构的区域梯度转移，另一方面应促进市场分工和强化区域联系，以协同集聚推动要素配置纵深和辐射范围扩大。因此，不能盲目追求地方产业部门"大而全"，应更加重视协同质量的提高。政府应采取功能性产业政策改善区域禀赋结构，在地方优势主导性产业的基础上，科学规划和构架具有互补性的生产性服务业发展体系，以最大程度促进跨产业知识溢出和技术耦合，驱动产业结构向高端化迈进。而对陷入路径锁定使得产业结构升级困难的地区来讲，政府必须发挥跨区域协调能力，改善区域市场分割，从而在承接梯度转移的基础上构建区域竞争优势。

（3）一方面，部分中心（大）城市应在集聚的质量提升和功能优化上做足文章，致力于培育一些处于价值链高端且辐射带动能力强的生产性服务业，并通过空间外溢持续为（周边）中小城市提供专业人才和先进技术支撑；另一方面，各类二、三线城市要破除路径依赖，尽快推动形成产业集聚区或功能园区。现阶段，可以物流、商贸服务等相对低端行业为主，依托交通设施、信息化建设形成不同层级城市之间分工互补格局。同时，在一些产业基础较好的城市，应以有效提升价值链嵌入能力为抓手，为产业集聚由专业化跃迁向多样化共荣转变创造条件。此外，在一些产业结构相对偏重的城市，应突出生产性服务业集聚对传统产业转型升级的重要支撑作用，在这过程中生产性服务业不但要推动制造业绿色"硬技术"提升，而且还要注重"软技术"作用的发挥，提高资源的利用效率和节能减排管理水平。

（4）应从长三角城市群的整体框架进行系统顶层设计和有效规划对接，从单一/盲目追求集聚度逐步迁移到以提升集聚能力/质量为导向的空间、行业与制度抉择上来。在产业结构优化与转型升级中兼顾协同集聚的"正外部性"和城市发展的"规模红利"，竭力熨平产业"洼地"，积极跨越"中等收入陷阱"，从而为产业协同集聚积极作用的发挥赢得时间和空间。在此基础上，应打破行政隔绝和利益藩篱以进一步释放"制度红利"，积极发挥市场一体化和人力资本对产业集聚的关键支撑作用，并以创新资源的快速流动与高效整合为契机，通过降低成本、补齐短板、优化环境来积极打造"共同市场"和"创新共同体"。此外，可尝试利用区块链技术、互联网等手段推进所在城市企业与协同集聚度较高的异地城市相关企业进行跨域交流和互动。

第九章

主要结论、政策启示及研究展望

　　产业协同集聚是一个地区工业化和城市化进程到了一定阶段后一个无法回避的实践话题，也是近年来关于产业集聚研究向纵深拓展的一个重要论题。国内的相关研究还大都停留在从产业维度进行的一些理论推演、现象描述及比较分析，空间视角普遍缺乏，而从产业、空间和制度综合视角的系统研究尚属空白。对这一论题的深入研究，不仅有益于对地区产业分布的局部差异进行分析和探讨，而且还有望对产业转型升级与城市空间优化提出新的建议。本书的主旨就是在于围绕这一论题展开从理论到实证的全面系统求证，通过以下五个方面的工作系统梳理出长三角生产性服务业与制造业协同集聚的形成机理及其效应变化，并试图找到相关经验证据：一是对现有相关理论与实证研究进行归纳；二是利用 E-G 修正指数对产业协同集聚度进行多维综合考察，并对相关联产业进行两两配对组合与排序比较，基于此构建生产性服务业与制造业协同集聚的"产业－空间"四象限分布图；三是分别对生产性服务业与制造业的产业关联、集聚依存性及其空间协同定位进行实证分析；四是借助理论模型阐释产业协同集聚的生成机理，并从"产业－空间－制度"三个维度进行协同集聚影响因素的计量检验；五是从互补效应与挤出效应来解构产业协同集聚这个"黑箱"，并以双重集聚效应的协调度为核心变量，从价值链、城市空间两个层面进行计量检验，在此基础上，对不同城市规模下协同集聚效应对城市发展质量的影响进行拓展分析。本章是对全书主要研究结果的一个归纳总结并形成相应的政策启示，指出有待进一步深化研究的问题。

第一节　主要研究结论

（1）从理论分析上来看，产业协同集聚不仅包括因投入产出关联引起的产业联动还包括空间联动，而且作为生产性服务业与制造业协同集聚的双重属性，产业互动和空间联动不是对立的，而是可以互相传导的，这一传导过程中制度优劣及其匹配程度起着很重要的作用。其中内外部规模经济、价值链匹配是产业联动导致空间联动的充分条件，而空间临近性、较低的运输费用和商务成本也是从空间联动引致产业协同集聚的必要条件。当然，制度匹配是实现协同集聚中产业属性与空间属性得以衔接的基本前提，也是协同集聚过程中最大化互补效应、最小化挤出效应的基本保障。此外，城市有形空间的有限性使得土地租金水平所决定的产业协同集聚存在一个均衡值使得互补效应最大化，而无形空间这只"看不见的手"使得产业协同集聚在固定空间范围内经历了从挤出效应到互补效应的协调过程，上述观点构成了全书实证分析的理论基础与逻辑起点。

（2）从现实数据的统计分析中可以看出：第一，目前中国省级层面的生产性服务业与制造业存在很强的协同集聚关系，而对长三角城市群而言，生产性服务业与制造业协同集聚度要低于预期水平，且存在着明显的地区和行业异质性。产业关联度强而且空间协同集聚度高的行业配对组合占总配对组合数的比例仍旧偏低，该地区产业协同集聚水平具有很大的提升空间。第二，生产者服务业与制造业的融合性在城市空间上并没有明显地展现出来，且只有一部分技术密集型的制造业与相应的生产性服务业有较强的空间协同集聚倾向。对于长三角城市群内的一线城市而言，产业协同集聚度有所降低；第三，从细分行业情况看，生产性服务业中交通运输和通信业的发展对关联产业的空间布局发挥了重要导向作用。

（3）基于时间序列数据的 VAR 模型分析结果显示：第一，长三角城市群制造业发展动力主要来自其自身的增强效应，而生产性服务业对其自身发展的促进作用不明显。而且，产业间的关联效应并不对称，在短期内制造业对生产性服务供给的拉动作用要大于生产性服务业对制造业需求的促进作用。而在长期内生产性服务业与制造业之间存在协整关系。从集聚依存性角度来看，两大产业集聚本身都具有明显的路径依赖特征，产业间的集聚效应在短期内并不显著。第二，有关生产性服务业与制造业空间协同定位关系的两方程联立模型分析结果显示：体现需求关联的制造业可获得性对生产性服务业区位熵具有显著的正向影响，而体现成本关联的生产性服务业可获得性也对制造业区位熵具有显著正向影响，但相对而言后者的影响程度会更大一些，而且，制造业区位与生产性服务业区位的相互影响作用由于城市规模的不同而存在差异，由此决定了不同城市产业发展顺序的差异。此外，交易成本也会对产业间的协同定位产生重要作用。

（4）前后向关联、知识存量、商务成本、中心城市辐射、国有化程度及地方保护主义等因素影响产业协同集聚的实证检验结果显示：第一，生产性服务业和制造业前后向联系促成相关专用性资产投资与要素流动，并进而带动产业协同集聚。第二，知识存量通过行业间的知识外溢进而有助于产业协同集聚的实现。第三，存在均衡的商务成本水平使得生产性服务业与制造业协同集聚度达到最优，而区域性中心城市（如省会城市）对周边地区的产业协同集聚有进一步的带动作用，但上海作为区域特大型核心城市对外围城市辐射作用与预期不太相符。第四，对外开放度（FDI）对产业协同集聚并没有出现预期显著作用，国有化程度提高不利于产业协同集聚，而地方保护的影响作用在长三角正被逐渐弱化。

（5）由于产业价值链的多元交织以及城市空间（有形与无形空间）的异质性使得生产性服务业与制造业协同集聚呈现出一种互补效应与挤出效应的动态交替，因此在诠释双重集聚效应的过程中，以协调度来表征生产性服务业与制造业协同集聚的互补效应与挤出效应，其中有两个经验研究结果值得关注：一是在控制其他变量的情况下，存在一个均衡土地租金水平值使得双重效应的协调度达到最大（倒 U 形趋势）。二是在价值链匹配性问题上，中心（省会）城市对该省其他城市的影响是显著的，城市无形空间（市场规模）对双重集聚效应协调度的影响符合预期。此外，基于不同城市规模分组的协同集聚效应对劳动生产率影响的进一步研究发现，在任何规模下城市双重集聚效应对劳动生产率都有促进作用，但这种促进作用随着城市规模的增加，影响大小也呈现先上升后下降的倒 U 形趋势。

（6）以产业协同集聚进行空间布局调整，从而实现城市发展质量增进，对新时代促进发展动力由要素驱动、投资驱动向创新驱动的转变具有重要现实意义。第一，在运输成本和面对面接触需求的主导下，产业协同集聚与城市空间结构形成循环累积的因果关系并互相强化。动态面板回归和门槛回归的实证结果验证了产业协同集聚对城市经济规模及效率的增进作用，并具有一定的时滞效应和非线性动态演进特征，而周边城市效率提升也能带动本地效率增进。受制于要素成本、市场容量、空间承载力等客观因素，协同集聚对经济增长的边际贡献在跨越拐点后将逐步降低，这就需要根据城市人口规模、经济发展水平做出适应性调整。第二，协同集聚能促进产业结构合理化和高级化，但在这过程中也展现出一定的行业/区域异质性。其中，人力资本水平促进高级化的作用不显著，而政府干预度对产业结构的合理化及高级化都有显著的抑制作用。在生产性服务业的细分行业中，信息服务业、房地产业与制造业协同集聚对产业结构优化升级起抑制作用。第三，产业协同集聚对对绿色技术进步及绿色技术效率的促动作用具有一定的非协同性特征。协同集聚通过知识溢出、规模经济、要素重组等能显著提升本地 GTFP，而其空间溢出效应显著为负。其中，人力资本和市场化水平的提升作用不显著，而政府干预无论是在本地还是对周边都有明显的抑制作用。技术研发、信息化水平的提升和交通基础设施的完善对本地产业的绿色发展有显著的促进作用。

第二节　相关政策启示

决策者们应从长三角城市群的整体框架进行系统顶层设计和有效规划对

接，从单一/盲目追求集聚度逐步迁移到以提升集聚能力/质量为导向的空间、行业与制度抉择上来。这不仅需要差别化和精细化指导，还需要突破行政区划限制进行协调。这一点对于新时期长三角建设世界级城市群并打造具有全球竞争力的先进制造业集群具有极强的理论及实践指导价值。因此，上述研究结论也蕴含着丰富的政策启示：

（1）针对目前长三角城市群产业关联度强且空间协同集聚度高的行业配对组合占总配对组合数的比例仍旧偏低这一现实状况，地方政府应切忌陷入"为集聚而集聚"的怪圈中去，应注重产业、空间和市场"三位一体"的链式协同效应和涓滴效应，在大力推进产业协同集聚的过程中应做到：第一，积极发展生产性服务业的一些新领域与新业态，尤其是要加强技术研发、信息、商务科技类生产性服务业发展，努力打造一些产业互动交流平台并实现"标准化"和"定期化"，以提升与相关制造业（企业）组合配对成功的概率；第二，在城市空间布局中，总体上可以忽略生产性服务业与一般制造业之间的空间布局约束以及一、二、三线城市之间的人为隔阂，在广域空间维度来组织生产性服务业与制造业的布局（考虑产业结构层次性并兼顾文化共同性）；第三，要注重不同能级城市之间的辐射与延伸，积极利用交通基础设施的发展契机来合理引导生产性服务业集聚区与制造业集聚区的合理布局与协同集聚，并完善地区间的利益分配机制及分工协作机制。

（2）产业协同集聚并不完全等同于产业同步、对称集聚，地方政府应根据自身城市规模的大小采取差异化的产业发展政策以强化生产性服务业与制造业的协同定位效应。具体而言，大城市要重点培育生产性服务业的集聚发展，积极促进现代化中央商务区（CBD）的形成，充分发挥"生产性服务业中心"的规模经济与集聚经济优势，尤其是要提升作为长三角龙头城市与全国经济中心的上海市的服务能力及辐射半径。对于长三角一些商业较为发达，而制造业基础较为薄弱的中小城市而言，应充分发挥在产业协同集聚中"船小好掉头"的特点，积极熨平产业"洼地"，着力推进原有各类园区的功能转型，提升其对资本密集型和技术密集型先进制造业的吸收能力。对于工业基础较好而服务业相对滞后的一些城市而言，应深化分工并提高生产的专业化水平，竭力降低各种要素成本与交易成本，积极引导制造业非核心业务（服务）外包，并鼓励生产性服务组织（市场）与跨区域服务平台的建设，全程参与到制造业的结构优化与转型升级过程中来，在"工厂经济"与"总部经济"空间分离中实现"专业性"与"区域性"的融合。

（3）鉴于双重集聚效应协调度对城市劳动生产率的影响随城市规模变化呈现倒 U 形变化趋势，当前长三角城市体系优化的重点应该放在那些市场机制完善、集聚效应显著而公共服务平台滞后的城市（互补效应的发挥余地较大）。此外，由于城市规模一般都具有明显的路径依赖特征，因此要做到：第一，就城市内部而言，简单的空间范围拓展已经无助于协调生产性服务业与制造业所产生的互补效应与挤出效应。因此，不能一味地、无限制地追求产业集聚度，而是要以最大化产业协同集聚互补效应为根本宗旨，通过制定合理有序的产业引导政策来引导城市内部的产业结构调整，提升城市产业的服务半径以及消化吸收中心城市辐射的能力，并积极提高城市的人力资本水平，积极发挥劳动力蓄水池在产业协同集聚中的作用。第二，就城市间互动而言，必须突破静态城市规模的固有思维，将孤立封闭的城市概念拓展至开放的都市圈空间，通过协同集聚效应的动态协调以达到最优城市规模。因此，不要过于纠结于产业布局战略的均衡抑或非均衡，应以资源整合和层级分工为基础，尝试将若干个城市打造成具有区域特色的"城市集聚区"，缓解"资源诅咒"和"专业化诅咒"。同时，打破行政分割及体制壁垒，进一步释放长三角区域经济一体化、上海自贸区和长江经济带建设等国家战略的制度红利，全面促进广域空间范畴的产业协同集聚。

（4）无论是在产业协同集聚的形成或是在双重集聚效应的协调层面，长三角城市群 FDI 这一重要变量并未表现出明显的促进作用，甚至还出现了一些负面影响，当然这并不能成为我们排斥 FDI 的理由，造成上述结果的主要原因是这一地区低端嵌入的外向型经济模式。因此，当前长三角在吸收制造业 FDI 的基础上，应注重产业协同集聚效应的行业异质性与区域差异性，积极调整招商引资战略：第一，在行业选择上，把重点逐渐转移到高技术、高产出和高附加值的大型项目和商贸配套服务项目上，特别是要突出引入一些跨国公司的研发中心和营销网络，从而增加跨国公司对长三角的生产性服务业 FDI，进而通过溢出效应培育本土生产性服务业品牌和市场。第二，在空间布局上，应协调好"总部经济"与"工厂经济"的职能分工以及"全球价值链"与"国内价值链"的协调对接。因此，每个城市都必须有清晰的功能定位，以集聚效应为基础，做好城市等级与产业布局的匹配，避免盲目追求产业结构的高级化。第三，逐步提升外资引进门槛和质量，注重补链与强链，强调外资（项目）的高级化/轻型化，全面增强 FDI 的绿色技术溢出效应。同时，应合理利用市场机制引导生产性服务业 FDI 的产业链各节点在城市群内部的布局调整。

（5）以协同集聚进行空间布局调整和产业结构优化升级是实现城市发展质量增进的现实选择。第一，对于人口规模较小且经济能级略低的城市而言，不能盲目推进生产性服务业与制造业协同集聚的"双轮驱动"，当务之急应在制造业专业化集聚和产业链延伸上做足文章。对于人口规模较大且经济能级较高的城市而言，应致力于培育一些处于价值链高端且辐射带动能力强的生产性服务业，推动制造业向价值链高端攀升，并顺应区域一体化、同城化发展趋势，逐步探索高端生产性服务业与先进制造业在核心区发展，一般制造业在周边城市发展的跨界"中心–外围"模式。第二，对一些产业结构不平衡、发展不全面的城市而言，应从产业间投入–产出关联性出发，充分发挥协同集聚外部性对资源配置的优化作用和效率提升功能。对已经产生要素拥挤的部分大城市而言，一方面应主动推进产业结构的区域梯度转移，另一方面应促进市场分工和强化区域联系，以协同集聚推动要素配置纵深和辐射范围扩大。第三，在一些产业基础较好的城市，应以有效提升价值链嵌入能力为抓手，为产业集聚由专业化跃迁向多样化共荣转变创造条件。此外，在一些产业结构相对偏重的城市，应突出生产性服务业集聚对传统产业转型升级的重要支撑作用，在这过程中生产性服务业不但要推动制造业绿色"硬技术"提升，而且还要注重"软技术"作用的发挥，提高资源的利用效率和节能减排管理水平。

（6）对于区域内的相关企业（行业组织）来讲，本研究也可引申出一些有益启示：第一，企业在融入集聚区（圈）时要能足够分享产业协同集聚而带来的各种效应，因此，产业关联和空间集聚是首先要考虑的两大因素。对一些大型的制造业企业（集团）而言，其运营总部不必与生产部门整合在一起，可选择落户于信息沟通更为顺畅的城市核心区，而生产加工环节则定位于要素成本和交易成本较低的边缘地区（实现"身首分离"），通过这种"腾笼换鸟"方式来缓解城市内部的资源、要素拥挤效应，减少协同集聚的挤出效应，并实现广域空间的协同集聚。第二，对于集聚区内相关企业而言，应根据不同的集聚模式（内生型、外生型和嵌入型）而选择不同的企业间分工协作与错位发展模式，并积极整合创新要素、主动进行价值链重构与升级，增强产品或服务的"标准化"程度，提高自身的快速响应能力，增加其与关联企业组合配对成功的概率。也可逐步提升与相关外资企业的产业关联度及空间协同性，实现国内价值链与全球价值链有效对接与同步升级。第三，对于诸如物流业、金融业等一些产业关联性强、服务半径大的生产性服务企业而言，可积极扩大自身的经营范围与服务空间，并可尝试与周边地区的相关联企业形成虚拟式或链群式协同集聚共同体。而对于一些有条件的制造业企业而言，也不必纠结于"服务外包"或"服务自给"，可积极实施"服务平台"创新战略。浙江传化集团、虎牌集团和江苏沙钢集团的案例已充分表明，这不仅可使企业获得源于服务业的新利润，也有利于自身产业升级，更有利于配套生产性服务业的集聚与衍生。第四，对于相应的行业协会或公共组织而言，应着力打造宽松、和谐和规范的外部环境，并注重整个产业链的配套效应、协作效应及创新网络效应，降低协同集聚过程中相关企业的交易成本，注重培育辖区内各类集聚区的根植性，积极打造区域性的科技创新平台、电子商务平台和融资平台，允分发挥这些公共服务平台在产业协同集聚过程中的助推器、协调者与守护神等重要角色。

第三节　不足之处与研究展望

本研究以长三角城市群 26 个城市（地级及以上）为例，对生产性服务业与制造业协同集聚问题展开了较为系统的理论与实证分析，目前国内针对产业协同集聚的理论和实证研究才刚刚起步，全书仅仅对此做了一个初步的尝试，囿于本人的研究能力、数据、时间及篇幅方面所限，其中当然也存在许多不足之处，这也是未来进一步的研究方向。概括来讲，本书的局限及有待深入挖掘之处主要包括以下三个方面：

（1）理论方面，虽然拓展了维纳布尔斯（Venables，1996）的垂直关联模型用以解释产业协同集聚的形成机理，但上述模型更多地讨论两大产业区位选择的相互影响关系，理论解释张力明显不够，若能综合新经济地理学的多个模型并将"产业 - 空间 - 制度"同时纳入产业协同集聚的理论分析体系中来，并充分考虑产业协同集聚的多因素、多阶段和异质性等特征，可能会更好地解释现实中的产业协同集聚何以产生、受哪些因素影响以及有什么样的演进规律。同时，本书虽然基于文献资料梳理提出了产业协同集聚中双重集聚效应动态交替的特征和事实，仅限于定性的或经验的讨论，但缺少相应的数理模型，没有在一般空间均衡模型下分析互补效应与挤出效应协调度的均衡条件及其作用机理。而且，也没有将产业协同集聚与空间结构互动及区域协调发展等问题纳入统一的空间经济学分析框架进行系统解释。这是下一步在理论方面可以继续努力、有所突破的内容之一。

（2）实证方面，本书中的实证分析多数是从生产性服务业和制造业整体维度展开，并没有过多地考虑细分行业的情况（两位数的行业代码分类以及地级市分类取样也是比较笼统的），实际上不同类别的生产性服务业与制造业在价值链匹配与空间诉求上大相径庭，这也会引致其协同集聚效应的极大差异，这些内容尽管已在文中的现实考察部分得到初步印证，但实证分析中并没有将其纳入到考察范畴，这也是一个很有意义的研究方向。在相关指标选取方面，需要指出的是，虽然制度因素分析是本书的一个亮点，但鉴于数据可获得性及可比较性，只能列出一些宏观层面的政策因素，而诸如行业规则、价格制度、协作制度、创新管理制度等却未能涉及。此外，对于协同集聚效应的刻画（用相对多样化指数）、城市无形空间的刻画（用人均 GDP）都略显单薄，若能将上述指标进行修正与完善，并进一步从自组织效应、行业效应、空间效应和制度效应对协同集聚效应进行全面解构，必将开拓产业协同集聚实证研究的一个新场域。

（3）政策建议方面，由于时间和精力所限，本书未能对长三角城市群、粤港澳大湾区、京津冀等三大区域进行有针对性的全面综合比较分析（准确把握生产性服务业与制造业协同集聚的时间窗口和机会窗口），也没有做更多的微观案例研究和深入走访调研，对集聚区内相关行业（企业）积极参与分工、主动分享协同集聚效应的意愿、能力水平与主要制约因素等缺乏全面洞察，因此也未能基于长三角城市群产业发展实践规律归纳总结出几种具有普遍意义的产业协同集聚基本模式（形态），对集聚区内相关行业（企业）参与协同并基于此形成推进城市协同集聚区、加快区域产业转型升级的具体思路与对策建议，若能在这一方面做进一步的引申和拓展，那么全书的研究将更具实践针对性。此外，若能借鉴演化经济学、产业组织理论及博弈论的思想对产业协同集聚过程进行推理演绎，有利于理解产业协同集聚源于集聚又高于集聚的属性及其阶段性特征，这将充实生产性服务业与制造业协同集聚的理论研究，更有利于其向动态化方向发展。

参考文献

中文部分

［1］安树伟，常瑞祥．中国沿海地区生产性服务业与制造业空间关系演变研究：基于 113 个城市面板数据的分析［J］．中国软科学，2017（11）：101－110．

［2］白雪洁，孟辉．服务业真的比制造业更绿色环保？：基于能源效率的测度与分解［J］．产业经济研究，2017（3）：1－14．

［3］白重恩，杜颖娟，陶志刚，等．地方保护主义及产业地区集中度的决定因素和变动趋势［J］．经济研究，2004（5）：36－48．

［4］蔡海亚，徐盈之．产业协同集聚、贸易开放与雾霾污染［J］．中国人口·资源与环境，2018（6）：93－102．

［5］曹东波，于诚，徐保昌．高端服务业与先进制造业的协同机制与实证分析：基于长三角地区的实证研究［J］．经济与管理研究，2014（3）：76－86．

［6］陈国亮，陈建军．产业关联、空间地理与二三产业共同集聚：来自中国212个城市的经验考察［J］．管理世界，2012（4）：82－100．

［7］陈国亮．海洋产业协同集聚形成机制与空间外溢效应［J］．经济地理，2015（7）：113－119．

［8］陈国亮，唐根年．基于互联网视角的二三产业空间非一体化研究：来自长三角城市群的经验证据［J］．中国工业经济，2016（8）：76－92．

［9］陈国亮．新经济地理学视角下的生产性服务业集聚研究［D］．杭州：浙江大学，2010．

［10］陈建军，陈国亮，黄洁．新经济地理学视角下的生产性服务业集聚及其影响因素研究：来自中国 222 个城市的经验证据［J］．管理世界，2009（4）：83 – 95.

［11］陈建军，陈菁菁．生产性服务业与制造业的协同定位研究：以浙江省 69 个城市和地区为例［J］．中国工业经济，2011（6）：141 – 150.

［12］陈建军，崔春梅，陈菁菁．集聚经济、空间连续性与企业区位选择：基于中国 265 个设区城市数据的实证研究［J］．管理世界，2011（6）：63 – 75.

［13］陈建军，胡晨光．产业集聚的集聚效应：以长江三角洲次区域为例的理论和实证分析［J］．管理世界，2008（6）：68 – 83.

［14］陈建军，刘月，陈怀锦．市场潜能、协同集聚与地区工资收入：来自中国 151 个城市的经验考察［J］．南开学报（哲学社会科学版），2016（1）：77 – 88.

［15］陈建军，刘月，邹苗苗．产业协同集聚下的城市生产效率增进：基于融合创新与发展动力转换背景［J］．浙江大学学报（人文社会科学版），2016（3）：150 – 162.

［16］陈建军，杨书林，黄洁．城市群驱动产业整合与全球价值链攀升研究：以长三角地区为例［J］．华东师范大学学报（哲学社会科学版），2019（5）：90 – 98，238.

［17］陈建军，袁凯．企业异质性视角下产业空间分布的"二重性"：基于前沿文献的讨论［J］．浙江大学学报（人文社科版），2013（6）：95 – 106.

［18］陈菁菁．空间视角下的生产性服务业与制造业的协同集聚研究［D］．杭州：浙江大学，2011.

［19］陈良文，杨开忠．集聚与分散：新经济地理学模型与城市内部空间结构、外部规模经济效应的整合研究［J］．经济学季刊，2007（10）：53 – 70.

［20］陈晓峰．长三角生产性服务业集聚的水平测度与效率评价：兼以金融业为例的实证分析［J］．工业技术经济，2014（2）：52 – 58.

［21］陈晓峰．长三角生产性服务业与制造业的互动关系检验：基于 VAR 模型的动态实证分析［J］．国际商务，2014（2）：54 – 63.

［22］陈晓峰，陈昭锋．生产性服务业与制造业协同集聚水平及效应：来自东部沿海地区的经验证据［J］．财贸研究，2014（2）：49 – 57.

［23］陈晓峰．生产性服务业与制造业的协同集聚效应分析：以长三角地区为例［J］．城市问题，2016（12）：63 – 70.

［24］陈迅，童华建．西部地区集聚效应计量研究［J］．财经科学，2006（11）：103 – 109.

［25］陈艳莹，鲍宗客．行业效应还是企业效应？：中国生产性服务业企业利润率差异来源分解［J］．管理世界，2013（10）：81－93．

［26］陈阳，唐晓华．服务业集聚对城市绿色生产效率的影响［J］．城市问题，2018（11）：49－56．

［27］程中华，李廉水，刘军．生产性服务业集聚对工业效率提升的空间外溢效应［J］．科学学研究，2017（3）：364－371．

［28］崔向林，罗芳．"互联网＋"背景下上海市生产性服务业与制造业协调发展研究［J］．上海经济研究，2017（11）：68－74．

［29］窦宗军．京津冀区域经济一体化发展模型研究［D］．天津：天津大学，2006．

［30］杜传忠，王鑫，刘忠京．制造业与生产性服务业耦合协同能提高经济圈竞争力吗？［J］．产业经济研究，2013（6）：19－27．

［31］范剑勇，冯猛，李方文．产业集聚与企业全要素生产率［J］．世界经济，2014（5）：51－68．

［32］冯泰文．生产性服务业的发展对制造业效率的影响：以交易成本和制造业成本为中介变量［J］．数量经济技术经济研究，2009（3）：56－65．

［33］傅十和，洪俊杰．企业规模、城市规模与集聚经济：对中国制造业企业普查数据的实证分析［J］．经济研究，2008（11）：112－115．

［34］高峰，刘志彪．产业协同集聚：长三角经验及对京津冀产业发展战略的启示［J］．河北学刊，2008（1）：35－43．

［35］高鸿鹰，武康平．集聚效应、集聚效率与城市规模分布变化［J］．统计研究，2007（3）：43－47．

［36］高静，黄繁华．信息不对称下生产性服务业 FDI 的空间集聚的实证研究［J］．产业经济研究，2011（4）：35－43．

［37］高觉民，李晓慧．生产性服务业与制造业的互动机理：理论与实证［J］．中国工业经济，2011（6）：34－52．

［38］顾乃华．生产性服务业对工业获利能力的影响和渠道：基于城市面板数据和SFA 模型的实证研究［J］．中国工业经济，2010（5）：48－58．

［39］顾乃华，朱卫平．产业互动、服务业集聚模式与产业转移政策悖论：基于空间计量方法和广东数据的实证研究［J］．国际经贸探索，2010（12）：52－58．

［40］管志伟．制造业空间集聚、生产要素拥挤与集聚适度研究［D］．杭州：浙江工

业大学，2009.

［41］郭然，原毅军. 生产性服务业集聚、制造业集聚与环境污染：基于省级面板数据的检验［J］. 经济科学，2019（1）：82－94.

［42］郭晔. 我国三大经济区的发展比较基于城市与区域集聚效应的面板数据分析［J］. 中国工业经济，2010（4）：35－45.

［43］韩峰，王琢卓，李玉双. 生产性服务业集聚与城市经济增长：基于湖南省地级城市面板数据分析［J］. 产业经济研究，2011（6）：19－27.

［44］韩峰，谢锐. 生产性服务业集聚降低碳排放了吗?：对我国地级及以上城市面板数据的空间计量分析［J］. 数量经济技术经济研究，2017（3）：40－58.

［45］何雄浪，等. 我国产业集聚原因的探讨：基于区域效应、集聚效应和空间成本的新视角［J］. 南开经济研究，2007（6）：43－52.

［46］贺灿飞，肖晓俊. 产业集聚、产业共聚与中国制造业生产率［J］. 哈尔滨工业大学学报（社会科学版）2012（1）：111－120.

［47］胡翠，谢世清. 中国制造业企业集聚的行业间垂直溢出效应研究［J］. 世界经济，2014（9）：77－79.

［48］胡大立. 产业关联、产业协同与集群竞争优势的关联机理［J］. 管理学报，2006（6）：709－727.

［49］胡霞. 中国城市服务业空间集聚变动趋势研究［J］. 财贸经济，2008（6）：103－107.

［50］胡晓鹏，李庆科. 生产性服务业与制造业共生关系研究：对苏、浙、沪投入产出表的动态比较［J］. 数量经济技术经济研究，2009（2）：33－46.

［51］胡艳，朱文霞. 基于生产性服务业的产业协同集聚效应研究［J］. 产经评论，2015（3）：5－14.

［52］胡尊国，王耀中，尹国君. 劳动力流动、协同集聚与城市结构匹配［J］. 财经研究，2015（12）：26－39.

［53］黄繁华，程佳，王晶晶. 长三角地区生产性服务业集聚实证研究［J］. 南京邮电大学学报（社科版），2011（12）：9－15.

［54］黄莉芳，黄良文，郭玮. 生产性服务业对制造业前向和后向技术溢出效应检验［J］. 产业经济研究，2011（4）：29－37.

［55］吉亚辉，甘丽娟. 中国城市生产性服务业与制造业协同集聚的测度及影响因素

[J]. 中国科技论坛，2015（12）：64-68.

[56] 吉亚辉，杨应德. 中国生产性服务业集聚的空间统计分析 [J]. 地域研究与开发，2012（1）：1-5.

[57] 吉昱华，蔡跃洲，杨克泉. 中国城市集聚效益实证分析 [J]. 管理世界，2004（3）：67-74.

[58] 江波，李江帆. 政府规模、劳动-资源密集型产业与生产服务业发展滞后：机理与实证研究 [J]. 中国工业经济，2013（1）：64-76.

[59] 江静，刘志彪. 商务成本：长三角产业分布新格局的决定因素考察 [J]. 上海经济研究，2006（11）：54-62.

[60] 江静，刘志彪. 生产性服务发展与制造业在全球价值链中的升级：以长三角地区为例 [J]. 南方经济，2009（10）：36-44.

[61] 江曼琦，席强敏. 生产性服务业与制造业的产业关联与协同集聚 [J]. 南开学报（哲学社会科学版），2014（1）：153-160.

[62] 江小涓. 服务业增长：真实含义、多重影响和发展趋势 [J]. 经济研究，2011（4）：4-14.

[63] 姜长云. 我国服务业集聚区发展现状、问题及原因 [J]. 经济研究参考，2014（10）：153-160.

[64] 矫萍，林秀梅. 生产性服务业 FDI 与制造业 FDI 协同集聚对制造业增长的影响 [J]. 经济问题探索，2016（6）：85-93.

[65] 金相郁. 中国城市规模效率的实证分析：1990~2001 [J]. 财贸经济，2006（6）：78-82.

[66] 金祥荣，朱希伟. 专业化产业区的起源和演化：一个历史与理论视角的考察 [J]. 经济研究，2008（8）：74-82.

[67] 金晓雨. 城市规模、产业关联与共同集聚：基于制造业与生产性服务业产业关联和空间互动两个维度 [J]. 产经评论，2015（11）：35-46.

[68] 金煜，陈钊，陆铭. 中国的地区工业集聚. 经济地理、新经济地理与经济政策 [J]. 经济研究，2006（4）：79-89.

[69] 柯善咨，赵曜. 产业结构、城市规模与中国城市生产率 [J]. 经济研究，2014（4）：76-87.

[70] 孔德洋，徐希燕. 生产性服务业与制造业互动关系研究 [J]. 经济管理，2008

（12）：74－79.

[71] 孔婷，孙岩林，冯泰文．生产性服务业对制造业效率调节效应的实证研究 [J].科学学研究，2010（3）：357－364.

[72] 李平，付一夫，张艳芳．生产性服务业能成为中国经济高质量增长新动能吗 [J].中国工业经济，2017（12）：5－21.

[73] 李强．基于城市视角下的生产性服务业与制造业双重集聚研究 [J].商业经济与管理，2013（1）：70－78.

[74] 李筱乐．政府规模、生产性服务业与经济增长：基于我国206个城市的面板数据分析 [J].国际贸易问题，2014（5）：105－112.

[75] 李子叶．我国生产性服务业集聚对经济增长方式转变的影响：异质门槛效应视角 [J].经济管理，2015（3）：21－30.

[76] 连飞，周国富．制度安排、资本成本与产业集聚：基于空间经济视角的研究 [J].财经论丛，2019（2）：3－11.

[77] 梁红艳，王健．中国生产性服务业与制造业的空间关系 [J].经济管理，2012（11）：19－29.

[78] 刘长全．中国制造业集聚经济特征与最优集聚问题：对112个三位数产业的实证研究 [J].上海经济研究，2010（9）：3－13.

[79] 刘利民．产品内贸易对中国制造业集聚的影响研究 [D].沈阳：辽宁大学，2011.

[80] 刘明宇，芮明杰，姚凯．生产性服务价值嵌入与制造业升级的协同演进关系研究 [J].中国工业经济，2010（8）：66－75.

[81] 刘胜，顾乃华．行政垄断、生产性服务业集聚与城市工业污染：来自260个地级及以上城市的经验证据 [J].财经研究，2015（11）：95－107.

[82] 刘曙华．生产性服务业集聚对区域空间重构的作用途径和机理研究 [D].上海：华东师范大学，2012.

[83] 刘修岩．产业集聚与经济增长：一个文献综述 [J].产业经济研究，2009（3）：70－78.

[84] 刘修岩．空间效率与区域平衡：对中国省级层面集聚效应的检验 [J].世界经济，2014（1）：55－77.

[85] 刘叶，刘伯凡．生产性服务业与制造业协同集聚对制造业效率的影响：基于中

国城市群面板数据的实证研究［J］.经济管理，2016（6）：16 – 28.

　　［86］刘奕，夏杰长，李垚.生产性服务业集聚与制造业升级［J］.中国工业经济，2017（7）：24 – 42.

　　［87］刘志彪.现代服务业与攀升全球价值链［R］.南京大学产业经济学讨论稿系列，2012.

　　［88］陆剑宝.基于制造业集聚的生产性服务业协同效应研究［J］.管理学报，2014（3）：396 – 401.

　　［89］陆剑宝，梁琦.生产性服务业与制造业的空间与产业二重协同：研究述评与展望［J］.中大管理研究.2012（2）：106 – 119.

　　［90］陆铭，向宽虎.地理与服务业——内需是否会使城市体系分散化？［J］.经济学季刊，2012（4）：1079 – 1096.

　　［91］罗能生，郝腾.生产性服务业集聚对中国绿色全要素生产率的影响［J］.系统工程，2018（11）：67 – 76.

　　［92］马国霞，石敏俊，李娜.中国制造业产业间集聚度及产业间集聚机制［J］.管理世界，2007（8）：58 – 65.

　　［93］苗建军，郭红娇.产业协同集聚对环境污染的影响机制：基于长三角城市群面板数据的实证研究［J］.科学学研究，2019（3）：70 – 76.

　　［94］邱爱莲，崔日明，徐晓龙.生产性服务贸易对中国制造业全要素生产率提升的影响：机理及实证研究［J］.国际贸易问题，2014（6）：71 – 80.

　　［95］邱灵，申玉铭，任旺兵.国内外生产性服务业与制造业互动发展的研究进展［J］.世界地理研究，2007（3）：71 – 77.

　　［96］任皓，周绍杰，胡鞍钢.知识密集型服务业与高技术制造业协同增长效应研究［J］.中国软科学，2017（8）：34 – 45.

　　［97］任英华，徐玲，游万海.金融集聚影响因素空间计量模型及其应用［J］.数量经济技术经济研究，2010（5）：61 – 69.

　　［98］邵骏，张捷.中国服务业增长的制度因素分析：基于拓展索洛模型的跨地区、跨行业实证研究［J］.南开经济研究，2013（2）：132 – 152.

　　［99］沈能.局域知识溢出和生产性服务业空间集聚：基于中国城市数据的空间计量［J］.科学学与科学技术管理，2013（5）：61 – 69.

　　［100］沈能，赵增耀，周晶晶.生产要素拥挤与最优集聚度识别：行业异质性的视

角 [J]. 中国工业经济, 2014 (5)：83-95.

[101] 沈玉芳, 刘曙华. 长三角地区生产性服务业布局的结构与趋势分析 [J]. 城市发展研究, 2011 (4)：70-78.

[102] 盛丰. 生产性服务业集聚与制造业升级：机制与经验：来自 230 个城市数据的空间计量分析 [J]. 产业经济研究, 2014 (2)：32-110.

[103] 盛龙, 陆根尧. 中国生产性服务业集聚及其影响因素研究：基于行业和地区层面的分析 [J]. 南开经济研究, 2013 (5)：14-19.

[104] 宋勇超, 散长剑. 后向关联陷阱与双重集聚悖论；基于新经济地理学的分析框架 [J]. 当代财经, 2013 (8)：99-108.

[105] 孙久文. 中国区域经济发展的新趋势 [N]. 光明日报（理论版）, 2013-04-05.

[106] 孙晓华, 郭玉娇. 产业集聚提高了城市生产率吗?：城市规模视角下的门限回归分析 [J]. 财经研究, 2013 (2)：103-112.

[107] 孙晓华, 翟钰, 秦川. 生产性服务业带动了制造业发展吗?：基于动态两部门模型的再检验 [J]. 产业经济研究, 2014 (1)：23-30.

[108] 谭洪波. 生产者服务业与制造业的空间集聚：基于贸易成本的研究 [J]. 世界经济, 2015 (3)：171-190.

[109] 谭洪波, 郑江淮. 中国经济高速增长与服务业滞后并存之谜：基于部门全要素生产率的研究 [J]. 中国工业经济, 2012 (9)：5-17.

[110] 唐晓华, 张欣玉, 李阳. 中国制造业与生产性服务业动态协调发展研究 [J]. 经济研究, 2018 (3)：79-93.

[111] 陶纪明. 上海生产者服务业空间集聚研究 [D]. 上海：上海社会科学院, 2008.

[112] 汪彩君. 过度集聚、要素拥挤与产业转移研究 [D]. 杭州：浙江工业大学, 2011.

[113] 汪彩君, 唐根年. 长江三角洲地区制造业空间集聚、生产要素拥挤与集聚适度识别研究 [J]. 统计研究, 2011 (2)：59-64.

[114] 汪德华, 江静, 夏杰长. 生产性服务业与制造业融合对制造业升级的影响：基于北京市与长三角地区的比较分析 [J]. 首都经济贸易大学学报, 2010 (2)：15-22.

[115] 王俊, 李佐军. 拥挤效应、经济增长与最优城市规模 [J]. 中国人口·资源与环境, 2014 (27)：45-50.

[116] 王丽丽，范爱军．空间集聚与全要素生产率增长：基于门限模型的非线性关联研究 [J]．产业经济研究，2009（12）：105 – 110.

[117] 王硕，郭晓旭．垂直关联、产业互动与双重集聚效应研究 [J]．财经科学，2012（9）：34 – 41.

[118] 王硕．生产性服务业区位与制造业区位的协同定位研究：基于长三角 27 个城市的面板数据 [J]．上海经济研究，2013（3）：13 – 21.

[119] 王文，孙早．制造业需求与中国生产性服务业效率：经济发展水平的门槛效应 [J]．科学学研究，2017（7）：136 – 155.

[120] 王耀中，任英华，姚莉媛．服务业集聚机理研究新进展 [J]．经济学动态，2010（4）：104 – 109.

[121] 王永齐．产业集聚机制：一个文献综述 [J]．产业经济评论，2012（1）：57 – 94.

[122] 魏江，周丹．生产性服务业与制造业互动机理研究：以乐清低压电器产业链为例 [J]．科学学研究，2010（8）：1172 – 1180.

[123] 魏守华，李婷，汤丹宁．双重集聚外部性与中国城市群经济发展 [J]．首都经济贸易大学学报，2013（9）：30 – 40.

[124] 魏守华，汤丹宁，孙修远．本地经济结构、外部空间溢出与制造业增长：以长三角为例 [J]．产业经济研究，2015（1）：71 – 81.

[125] 魏守华，周山人，千慧雄．中国城市规模偏差研究 [J]．中国工业经济，2015（4）：5 – 17.

[126] 文东伟，冼国明．中国制造业产业集集的程度及其演变趋势：1998 ~ 2009 年 [J]．世界经济，2014（3）：3 – 31.

[127] 文丰安．生产性服务业集聚、空间溢出与质量零经济增长：基于中国 285 个城市的实证研究 [J]．产业经济研究，2018（6）：36 – 49.

[128] 吴福象，蔡悦．中国产业布局调整的福利经济学分析 [J]．中国社会科学，2014（2）：96 – 115.

[129] 吴福象，曹璐．生产性服务业集聚机制与耦合悖论分析：来自长三角 16 个核心城市的经验证据 [J]．产业经济研究，2014（4）：13 – 21.

[130] 吴学花．中国产业集聚分析 [D]．济南：山东大学，2006.

[131] 吴义爽，徐梦周．制造企业"服务平台"战略、跨层面协同与产业间互动发展 [J]．中国工业经济，2011（11）：18 – 57.

［132］吴玉鸣 . 空间计量经济模型在省域研发与创新中的应用研究 ［J］. 数量经济技术经济研究，2006（5）：96 – 115.

［133］吴玉鸣，李建霞 . 中国区域工业全要素生产率的空间计量分析 ［J］. 地理科学，2006（8）：33 – 39.

［134］伍先福，杨永德 . 生产性服务业与制造业协同集聚提升了城镇化水平吗 ［J］. 财经科学，2016（11）：79 – 90.

［135］席敏强，陈曦，李国平 . 中国城市生产性服务业模式选择研究：以工业效率提升为导向 ［J］. 中国工业经济，2015（2）：18 – 30.

［136］席强敏，罗心然 . 京津冀生产性服务业与制造业协同发展特征与对策研究 ［J］. 河北学刊，2017（1）：122 – 129.

［137］席强敏 . 外部性对生产性服务业与制造业协同集聚的影响：以天津市为例 ［J］. 城市问题，2014（10）：53 – 59.

［138］谢里 . 制度安排与产业集聚：理论与经验研究 ［D］. 长沙：湖南大学，2009.

［139］徐从才，丁宁 . 服务业与制造业互动发展的价值链创新及其绩效：基于大型零售商纵向约束与供应链流程再造的分析 ［J］. 管理世界，2008（8）：77 – 86.

［140］徐康宁，陈健 . 跨国公司价值链的区位选择及其决定因素 ［J］. 经济研究，2008（3）：138 – 149.

［141］宣烨 . 生产性服务业空间集聚与制造业效率提升：基于空间外溢效应的实证研究 ［J］. 财贸经济，2012（4）：121 – 128.

［142］宣烨，余泳泽 . 生产性服务业层级分工对制造业效率提升的影响：基于长三角地区 38 城市的经验分析 ［J］. 产业经济研究，2014（3）：1 – 10.

［143］闫逢柱，乔娟 . 产业集聚一定有利于产业成长吗?：基于中国制造业的实证分析 ［J］. 经济评论，2010（5）：63 – 71.

［144］杨洪焦，孙岩林，吴安波 . 中国制造业集聚度的变动趋势及其影响因素研究 ［J］. 中国工业经济，2008（4）：64 – 72.

［145］杨林生，曹东坡 . 生产者服务业集聚与制造业低端锁定的突破：基于俘获型治理视角的研究 ［J］. 商业研究，2017（4）：143 – 153.

［146］姚永玲，赵宵伟 . 城市服务业动态外部性及其空间效应 ［J］. 财贸经济，2012（12）：101 – 107.

［147］叶宁华，包群，邵敏 . 空间集聚、市场拥挤与我国出口企业的过度扩张 ［J］.

管理世界，2014（1）：58 - 72.

[148] 殷广卫. 新经济地理学视角下的产业集聚机制研究 [D]. 天津：南开大学，2009.

[149] 于斌斌，胡汉辉. 产业集群与城市化的共同演化机制：理论与实证 [J]. 产业经济研究，2013（6）：1 - 9.

[150] 于斌斌. 生产性服务业集聚能提高制造业生产率吗？：基于行业、地区和城市异质性视角的分析 [J]. 南开经济研究，2017（2）：122 - 132.

[151] 余珮，孙永平. 集聚效应对跨国公司在华区位选择的影响 [J]. 经济研究，2011（1）：71 - 82.

[152] 余泳泽，刘凤娟. 生产性服务业空间集聚对环境污染的影响 [J]. 财经问题研究，2017（8）：23 - 29.

[153] 余壮雄，杨扬. 大城市的生产率优势：集聚与选择 [J]. 世界经济，2014（10）：31 - 51.

[154] 张萃. 生产性服务业集聚对中国城市生产率增长的影响：基于城市等级体系视角的分析 [J]. 经济地理，2015（11）：61 - 69.

[155] 张浩然. 生产性服务业集聚与城市经济绩效：基于行业和地区异质性视角的分析 [J]. 财经研究，2015（5）：67 - 77.

[156] 张明志，余东华. 服务业集聚对城市生产率的贡献存在拐点吗？：来自中国275个地级及以上城市的证据 [J]. 经济评论，2018（6）：15 - 27.

[157] 张学良. 中国交通基础设施促进了区域经济增长吗？：兼论交通基础设施的空间溢出效应 [J]. 中国社会科学，2012（3）：60 - 77，206.

[158] 张一力，周康和张俊森. 海外市场、制度环境与本土集聚 [J]. 经济研究，2018（10）：142 - 157.

[159] 张益丰. 基于 GVC 与 NVC 嵌套式地方产业集群升级研究：兼论高端制造业与生产者服务业双重集聚 [J]. 上海经济研究，2010（1）：65 - 72.

[160] 张勇. 生产性服务业空间集聚的实证研究 [D]. 沈阳：辽宁大学博士学位论文，2012.

[161] 张玉华，张涛. 科技金融对生产性服务业与制造业协同集聚的影响研究 [J]. 中国软科学，2018（3）：47 - 55.

[162] 张志彬. 城市蔓延、生产性服务业集聚与污染排放：基于京津冀、长三角和

珠三角城市群的实证研究［J］.产业经济评论（山东大学），2017（4）：78－92.

［163］张治栋，陈竞.异质性产业集聚及其协同发展对经济效率的影响：以长江经济带108个城市为例［J］.工业技术经济，2019（6）：97－104.

［164］赵放.制造业与物流业的空间协同集聚及其增长效应研究［D］.天津：南开大学，2012（5）：1－147.

［165］赵伟，王春晖.区域开放与产业集聚：一个基于交易费用视角的模型［J］.国际贸易问题，2013（7）：38－49.

［166］赵伟，郑雯雯.生产性服务业：贸易成本与制造业集聚：机理与实证［J］.经济学家，2011（2）：67－75.

［167］赵伟.制度灵活性助推产业集聚［N］.中国社会科学学报，2014－02－26（A06）.

［168］赵勇，魏后凯.政府干预、城市群空间功能分工与地区差距：兼论中国区域政策的有效性［J］.管理世界，2015（8）：14－29，187.

［169］赵增耀，夏斌.市场潜能、地理溢出与工业集聚：基于非线性空间门槛效应的经验分析［J］.中国工业经济，2012（11）：71－82.

［170］郑凯捷.制造业产业链区域间分工与服务业不平衡增长［J］.世界经济研究，2008（1）：60－66.

［171］仲鑫，游曼淋.生产性服务业影响制造业出口的实证研究［J］.中国科技论坛，2016（2）：48－53.

［172］周圣强，朱卫平.产业集聚一定能带来经济效率吗：规模效应与拥挤效应［J］.产业经济研究，2013（3）：12－21.

［173］周小亮，宋立.生产性服务业与制造业协同集聚对产业结构优化升级的影响［J］.首都经济贸易大学学报，2019（4）：53－64.

［174］朱慧，周根贵，任国岩.制造业与物流业的空间共同集聚研究：以中部六省为例［J］.经济地理，2015（11）：117－124.

［175］祝佳.生产性服务业与制造业双重集聚效应研究：基于政府行为差异的视角［J］.武汉大学学报（哲学社会科学版），2012（1）：52－60.

外文部分

［1］Alonso W. Location and Land Use［M］. Harvard University Press，1964.

［2］Amin A，Thrift N. Globalization Institutions and Regional Development in Europe

[M]. Oxford University Press, 1995.

[3] Amin M. Location of Vertically Linked Industies: Agglomeration Versus Comparative Advantage [J]. European Economic Review, 2005, 49 (4): 809 – 832.

[4] Andersson M. Co-location of Manufacturing & Producer Services: A Simultaneous Equation Approach [M]//In Karlsson C, Johansson B, Stough R, Entrepreneurship and Dynamics in the Knowledge Economy. New York: Routledge, 2006: 94 – 124.

[5] Arellano M, Bond S. Some Tests of Specification for Panel Data: Monte Carlo Evidence and an Application to Employment Equations [J]. Review of Economic Studies, 1996 (58): 277 – 297.

[6] Ariu A. Crisis-proof Services: Why Trade in Services did not Suffer During the 2008 – 2009 Collapse [J]. Journal of International Economics, 2016, 98: 138 – 149.

[7] Baldwin J R, Brown M W, Righy D L. Agglomeration Economics: Microdata Panel Estimates From Canadian Manufaturing [J]. Journal of Regional Science, 2010 (5): 915 – 934.

[8] Blundell R, Bond S. GMM Estimation with Persistent Panel Data: An Application to Production Functions [J]. Econometric Review, 1999, 19 (3): 321 – 340.

[9] Brakman S, Garrctscn H, Gigcngack R, von Marrewijk C, Wagenvoort R. Negative Feedbacks in the Economy and Industrial Location [J]. Journal of Regional Scicncc, 1996, 36 (4): 631 – 651.

[10] Bruce E. Hansen. Sample Splitting and Threshold Estimation [J]. Econometrica, 2000, 68 (3): 575 – 603.

[11] Brulhart M, Sbergami F. Agglomeration and Growth: Empirical Evidence [R]. ETSG Working Paper, 2006.

[12] Ciccone A, Agglomeration Effects in Europe [J]. European Economics Review, 2002, 46 (2): 213 – 227.

[13] Coffey W J. The Geographies of Producer Services [J]. Urban Geography, 2000, 21 (2): 170 – 183.

[14] Desmet K, Fafchamps M. Changes in the Spatial Concentration of Employment across US Counties: A Sectoral Analysis, 1972 – 2000 [J]. Journal of Economic Geography, 2005, 5 (3): 261 – 284.

[15] Ellision G, Glaeser E L. Geographic Concentration in U. S. Manufacturing Industries:

A Dartboard Approach [J]. Journal of Political Economy, 1997, 105: 889 – 927.

[16] Ellison G, Glaeser E L, Kerr W. What Causes Industry Agglomeration? Evidence From Co-agglomeration Patterns [R]. NBER Working Paper, Cambridge, MA 02138, 2007 (4).

[17] Eswaran M, Kotwal A. The Role of the Service Sector in the Process of Industrialization [J]. Journal of Development Economics, 2002, 68 (2): 401 – 420.

[18] Ezcurra R, Pascual P, Rapun M. Regional Specialization in the European Union [J]. Regional Studies, 2006, 40 (6): 601 – 616.

[19] Fare R, Grosskopf S, Jr Pasurka C A. Environmental Production Functions and Environmental Directional Distance function [J]. Energy, 2007, 32 (7): 1055 – 1066.

[20] Forslid R, Midelfart K H. Internationalisation, Industrial Policy and Clusters [J]. Journal of International Economics, 2005, 66 (1): 197 – 213.

[21] Francois J F, Woerz J. Producer Services, Manufacturing Linkages, and Trade [J]. Journal of Industry, Competition and Trade, 2008, 8 (3 – 4): 1566 – 1679.

[22] Fujita M, Krugman P, Venables A J. The Spatial Economy [M]. Cambridge, MA: MIT Press, 1999.

[23] Fujita M, Thisse J F. Economic of Agglomeration: Cities, Industrial Location [M]. Cambiidge University Press, 2002.

[24] Gabe T M, Abel J P. Shared Knowledge and the Co-Agglomeration of Occupations, Staff Report, Federal Reserve Bank of New York [EB/OL]. http: //rsa. tandfonline. com /doi/ abs/10. 1080/00343404. 2015. 1010498, 2015 – 12 – 23.

[25] Gallagher R M. The Economics of Industrial Location: Agglomertion, Co-Agglomeration, and Inventory Managemnet [D]. University of Illinois at Chicago, 2007.

[26] Gaulier G, Lemoine F, Kesenci D. China's Intergration in East Asia: Production Sharing, FDI and High-Tech Trade [J]. Economic Change and Restructing, 2007, 40 (12): 27 – 63.

[27] Guerrieri P, Meliciani V. International Competitiveness in Producer Services [J]. Social Science Electronic Publishing, 2004 – 10 – 25.

[28] Helsley R W, Strange W C. Coagglomeration, Clusters, and the Scle and Composition of Cities [J]. Journal of Political Economy, 2014, 122 (5): 1064 – 1093.

[29] Henderson V, Lee T, Lee J Y. Scale Externalities in Korea [J]. Journal of Urban

Economics, 1997, 49 (3): 479 – 504.

[30] Hendriks P. Why Share Knowledge? The Influence of ICT on the Motivation for Knowledge Sharing [J]. Knowledge & Process Management, 2015, 6 (2): 91 – 100.

[31] Hirschman A O. The Strategy of Economic Development [M]. New Haven, Conn.: Yale University Press, 1958.

[32] Hoover, E. M. The Measurement of Industrial Localization [J]. Review of Economics and Statistic, 1936, 18: 62 – 171.

[33] Jacobs J. The Economics of Cities [M]. New York: Vintage, 1969.

[34] Jofre-Monseny J, Marin-Lopez R, Viladecans-Marsal E. The Mechanisms of Agglomeration: Evidence from the Effect of Inter-Industry Relations on the Locaton of New Firms [J]. Journal of Urban Economics, 2011, 70 (5): 61 – 74.

[35] Kandampully J. The Dynamics of Service Clusters: A Phenomenon for Further Study [J]. Managing Service Quality, 2011, 11 (2): 112 – 121.

[36] Koh H J, Riedel N. Assessing the Localization Pattern of German Manufacturing and Service industries: A Distance-based Approach [J]. Regional Studies, 2014, 48 (5): 823 – 843.

[37] Kolko J. Agglomeration and Co-agglomeration of Service Industries [J]. Urban Studies, 2007 (50): 191 – 229.

[38] Kolko J. The Death of Distance? The Death of Cities? Evidence from the Geography of Commercial Internet Usage [M]//In Vogelsang I, Conpaine BM (eds), The Internet Upheaval, Cambridge MA: MIT Press, 2000b.

[39] Krena A. Services Sector Agglomeration and Its Interdependence with Industrial Agglomeration in the European Union [C]. CEGE Discussion Paper, 2010 (7): 1 – 20.

[40] Krugman P. Geography and Trade [M]. Cambridge MA: MIT Press, 1991.

[41] Krugman P, Venables A J. Globalization and the Inequality of Nations [J]. Quarterly Journal of Economics, 1995, 110 (4): 857 – 880.

[42] Macpterson A. Producer Services Linkages and Iudustrial Innovation: Results of a Twelve-Year Tracking Study of NewYork State Manufatures [J]. Growth and Change, 2008, 39 (1): 1 – 23.

[43] Markusen J R, et al. Trade and Direct Investment a Producer Services and the Domestic Market for Enterprise [J]. Canadian Journal of Economics, 2005, 38 (3): 758 – 777.

［44］ Markusen J R. Trade in Producer Services and Other Specialized Intermediate Inputs ［J］. American Economic Review, 1989, 79 （1）: 85 – 95.

［45］ Marshall A. Elements of the Economics of Industry ［M］. London: Macmillan and Co. , Ltd. , 1920.

［46］ Marshall A. Principles of Economics ［M］. London: Macmillan and Co. , Ltd. , 1890.

［47］ Marshall J N. Linkage between Manufaturing Industry and Business Services ［J］. Environment and Planning A, 1982, 14 （11）: 1523 – 1540.

［48］ Martin P, Mayer T, Mayneris F. Spatial Concentration and Plant-Level Productivity in France ［J］. Journal of Urban Economics, 2011, 69 （2）: 182 – 195.

［49］ Meyer S P. Finance, Insurance and Real Estate Firms and The Nature of Agglomeration Advantage Across Canada and Within Metropolitan Toronto ［J］. Canada Journal of Urban Research, 2007, 16 （2）: 149 – 181.

［50］ Myrdal G. Economic Theory and Underdeveloped Regions ［M］. London: Duckworth, 1957.

［51］ Naresh R P, Gary C. The Benefits of Industrial Clusle-Rinn ［J］. Journal of Financial Services Marke Lina, 2003, 7 （3）: 230 – 245.

［52］ O'Sullivan A. Urban Economics ［M］. New York: McGraw-Hill, 1996.

［53］ Ottaviano G I P. Model of New Eeonomic Geography: Faetor Mobility vs Vertical Linkages ［J］. New Directions in Economic Geography, 2007.

［54］ Pearce D. Blueprint 2: Greening the World Economy ［M］. New York: Routledge, 2013.

［55］ Perroux F. Note sur la Notion de Pole de Croissance Economique Appliquee, 1955, 1 （2）: 307 – 320.

［56］ Pierre-Philippe C. Economic Structrue and Local Growth: France, 1984 – 1993 ［J］. Journal of Urban Economis, 2002, 47 （3）: 329 – 355.

［57］ Poter M E. Clusters and New Economics of Competetion ［J］. Harvard Business review, 1998 （11）: 77 – 91.

［58］ Qi Y, Liu Y. Industrial Spatial Structure and Evolution of Producer Services and Manufacturing ［J］. Metallurgical and Mining Industry, 2015, 3: 127 – 135.

［59］ Richard G W. Factors Associated with the Development of Nonmetropolitan Growth

Nodes in Producer Services Industries, 1980 – 1990 [J]. Rural Sociology, 2002, 67 (3): 416 – 441.

[60] Rosenthal S, Strange C. Evidence on the Nature and Sources of Agglomeration Economies. In J. V. Henderson and Jacques-Francois Thisse (eds) [J]. Handbook of Regional and Urban Economics, 2004 (4): 2119 – 2171.

[61] Scott A J. Flexible Production Systems and Regional Development: the Rise of New Industrial Spaces in North America and Western Europe [J]. International Journal of Urban and Regional Research, 1988, 12: 71 – 86.

[62] Stein R. Producer Services, Transaction Activities, and Cities: Rethinking Occupational Categories in Economic Geography [J]. European Planning Studis, 2002, 10 (6): 723 – 743.

[63] Swann G M P, Prevezer M, Stout D, et al. The Dynamics of Industrial Clustering: International Comparisons in Computing and Biotechnology [M]. Oxford University Press, 1998.

[64] Venables A J. Equilibrium Location of Vertical Linked Industries [J]. International Economic Review, 1996, 37 (2): 341 – 360.

[65] Weber A. Theory of thr Location of Industries [M]. University of Chicago Press, Chicago, 1929.

[66] Williamson J G. Regional Inequality and the Process of Natonal Development: A Description of the Patterns [J]. Economic Development and Cultural Change, 1965, 13 (4): 1 – 84.

[67] Wood P. Urhan Development and Knowledge Intensive Business Services: Too Many Unanswered Questions? [J]. Growth and Change, 2010, 37 (3): 335 – 361.

[68] Wouter J, Koster H R A, van Oort F. Co-Agglomeration of Knowledge Intensive Business Services and Multinational Enterprises [J]. Journal of Economic Geography, 2014, 14 (2): 443 – 472.